Heidelberger Katechismus

52주 스터디
하이델베르크 요리문답

김홍만 지음

생명의말씀사

52주 스터디 하이델베르크 요리문답

© 생명의말씀사 2013

2013년 6월 15일 1판 1쇄 발행
2024년 7월 29일 8쇄 발행

펴낸이 | 김창영
펴낸곳 | 생명의말씀사

등록 | 1962. 1. 10. No.300-1962-1
주소 | 서울 종로구 경희궁1길 6 (03176)
전화 | 02)738-6555(본사)・02)3159-7979(영업)
팩스 | 02)739-3824(본사)・080-022-8585(영업)

기획편집 | 유선영, 홍경민, 최은용
디자인 | 박소정, 송민재
인쇄 | 영진문원
제본 | 보경문화사

ISBN 978-89-04-02063-8 (03230)

저작권자의 허락없이 이 책의 일부 또는 전체를
무단 복제, 전재, 발췌하면 저작권법에 의해 처벌을 받습니다.

**52주 스터디
하이델베르크
요리문답** 김홍만 지음

하이델베르크 요리문답서의 역사적 배경과 구조 및 실천

　하이델베르크 요리문답서는 개혁 교회 신앙고백의 표준 문서 가운데 하나다. 『기독교 강요』가 종교개혁 제1세대의 중요한 작품이라고 한다면, 하이델베르크 요리문답서는 그 성질과 내용 면에 있어서 종교개혁의 제2세대 작품이라고 할 수 있다. 『기독교 강요』나 하이델베르크 요리문답서는 사도들의 가르침을 그 시대에 다시 설명하고 강조한 것으로서 중요성을 가진다.

　하이델베르크 요리문답서는 종교개혁이 유럽으로 확산되는 가운데 작성되었다. 하이델베르크(팔라티네이트) 지역은 종교개혁이 시작될 때, 종교개혁을 환영한 지역은 아니었다. 그러나 1556년 오토 헨리 백작이 선제후가 된 후 달라졌다. 그는 처음에는 루터교의 고백을 좋아했지만, 나중에 개혁 교회로 기울어졌다. 그래서 하이델베르크 대학의 신학교수들을 개혁신학자들로 지명했다. 그리고 동시에 그들로 하이델베르크 지역의 교회들을 돌보도록 했다. 그래서 그가 죽을 때(1559년)에는 개혁파 설교자들이 루터교 설교자들보다 많았다.

　프리드리히 3세가 그의 뒤를 이어 선제후가 되었다. 그는 개혁 교회의 예배 순서를 정했고, 십자가와 형상들, 촛불들과 제단들을 제거했다. 이러한 것들은 오토 헨리 아래에서는 개혁되지 않은 것들이었다. 그리고 그는 시편 송들을 도입했다. 프리드리히 3세는 신학자였으며 경건한 자였다.

1560년 프리드리히 3세는 올레비아누스를 하이델베르크의 궁정 목사로 초빙했다. 그리고 1561년에는 우르시누스를 하이델베르크 교수로 초빙했다. 프리드리히 3세는 학교마다 가르치는 지침이 다르다는 것을 발견하고, 학교에서 공통적으로 사용할 수 있는 요리문답서를 만들 필요성을 깨닫게 되었다. 그는 이 일을 올레비아누스와 우르시누스에게 일임하였고, 두 신학자는 요리문답서를 만들었다.

　1563년 1월, 프리드리히 3세는 이 요리문답서의 승인을 위해 하이델베르크의 교수들과 목회자들, 그리고 지역 감독들로 구성된 공회에 제출하였다. 하이델베르크 요리문답서는 이 공회에서 받아들여졌고 승인되었다. 요리문답서의 작성 기간이 비록 짧긴 했지만, 포괄적comprehensiveness이면서 정확했기에 모두 만족하였다. 요리문답서는 공적으로 하이델베르크에 있는 모든 교회와 학교에서 신앙교육 용도로 받아들여졌다.

　올레비아누스(1536-1587)는 복음의 은혜를 깨달은 다음, 특히 법학부를 마친 후 개혁자들의 신학을 공부하기 시작했다. 그는 피터 마티어, 칼빈, 베자의 영향을 받았다. 특히 칼빈의 작품들을 연구했다. 그리고 베자와 친분을 가졌는데, 그의 생애 마지막까지 교제하였다. 1559년, 그는 고향인 트레베스에 돌아와서 사역을 시작했다. 그의 사역 가운데 복음의 능력이 나타났다. 그는 미신을 조장하던 요셉의 거룩한 코트에 대해서 반대하다가 옥에 갇혔다. 이때 프리드리히 3세가 감옥에서 나올 수 있도록 도움을 주었다.

　우르시누스(1534-1584)는 1561년 프리드리히 3세의 청빙으로 하이델베르크 대학의 신학부 교수가 되었으며 얼마 있다가 도시의 법정 설교자court preacher 중에 한 사람이 되었다. 그는 멜란히톤의 영향을 지대하게 받은 인물이다. 그는 1557년 멜란히톤과 보름스 회의에 같이 참여하였다. 그 후 제네바와 파리를 방문하고 비텐베르크로 돌아와서 강의를 하였다. 그러나 그의 정통적인 신학은 루터교의 반대에 부딪히게 되었다. 우르시누스는 강사직을 그만두었고, 1561년 하이델베르크 대학의 신학부 교수로 초빙을 받았다. 그는 설교에는 탁월한 재능이 없었지만 학문적 강의는 뛰어났다.

프리드리히 3세는 이 두 사람에게 개혁신앙의 요리문답서 작성을 요청하게 되었다. 두 사람이 요리문답서를 작성하고, 라틴어와 독일어로 된 요리문답서를 하인리히 불링거에게 보냈다. 그리고 그에게 '우리가 당신과 스위스 개혁자들에게 매우 큰 빚을 진 것만은 분명합니다. 우리는 이것을 하나의 자료가 아니라 여러 자료들을 가지고 만들었습니다. 오직 하나님께만 영광을 돌립니다.'라고 했다.

프리드리히 3세가 죽고 루이스가 선제후가 되면서 하이델베르크에 정치적 변화가 일어났다. 루이스는 루터교를 강조했다. 결국 두 사람은 하이델베르크 대학에서 쫓겨났다. 올레비아누스는 헬본으로 가서 교회를 개혁하는 일을 계속하였다. 그곳에서 1578년 갈라디아서 주석을 출판했는데, 베자가 서문을 썼다. 우르시누스는 뉴스다트로 옮겼으며, 여기서 요리문답서를 강해하였다. 그의 강의가 편집되어 그의 사후에(1584년) 하이델베르크 요리문답서 주석으로 출판되었다.

하이델베르크 요리문답서는 하이델베르크라는 지역에 개혁신앙을 세우려는 목적으로 작성되었다. 그러나 하이델베르크 요리문답서는 단지 교리의 체계만이 아니다. 교리가 삶의 형태 안에서 설명되고 있다. 하이델베르크 요리문답서는 인간의 자연적인 상태가 비참하다는 사실로부터 시작해서, 영광스러운 구속의 계획을 설명하고, 마지막으로는 큰 구원의 실제적 열매에 대해 서술하고 있다.

하이델베르크 요리문답서가 이러한 구조를 가지고 있는 이유는 복음과 구원에 대해 무지한 자들을 깨우치기 위해서다. 진정한 구원의 은혜에 대한 체험은 자신이 죄인이라는 것을 깨닫는 데서부터 시작된다. 그러한 죄인은 반드시 용서의 방법을 찾게 되어 있다. 용서를 찾고, 구원의 은혜를 갈망하는 선택된 죄인은 결국 하나님의 은혜로 그리스도 안에서 용서를 체험한다. 이렇게 용서를 체험한 죄인은 자신의 죄를 미워하고 죄와 싸우며, 한편으로 하나님의 계명을 지키게 된다.

하이델베르크 요리문답서는 바로 이러한 과정을 설명한다. 따라서 매우 복음적이며, 실제로 영혼이 각성되는 과정을 설명하고 있다. 하이델베르크 요리문답서의 이러한 특징은 오늘날에도 여전히 교회 안에서 영혼을 각성시키는 좋은 교재로 쓰임 받기에 충분하다.

하이델베르크 요리문답서의 또 하나의 특징은 로마 가톨릭교회의 오류들에 대해서 날카롭게 책망하고 있다는 것이다. 질문 80번의 경우에는 로마 가톨릭교회로부터 공격을 받은 질문이다. 이렇게 하이델베르크 요리문답서는 교리상의 오류들을 지적하는가 하면, 다른 한편으로는 정통적인 가르침이 무엇인가를 분명하게 보여 주고 있다. 이러한 특징으로 말미암아 하이델베르크 요리문답서는 전체 개혁 교회들 가운데 널리 받아들여졌다. 스위스, 프랑스, 영국, 스코틀랜드, 화란의 개혁 교회에서 사용되었다.

모든 목회자는 매년 하이델베르크 요리문답서를 매 주일(52주) 설교하도록 되어 있었다. 물론 학교와 대학교에서도 하이델베르크 요리문답서를 가르치게 했다. 하이델베르크 요리문답서는 이러한 목적으로 만들어졌다. 하이델베르크 요리문답서를 통해 모든 교회에 정기적인 교리 교육시스템이 세워졌다. 매 주일 오후에는 어린이를 포함해 모든 교인들이 하이델베르크 요리문답서 강론을 들었다.

이러한 방식은 오늘날에도 적용 가능하다. 화란 개혁 교회의 경우 이전과 똑같은 방식으로 요리문답서를 사용하고 있다. 좀 더 구체적으로 하이델베르크 요리문답서의 유용성을 말하자면 다음과 같다.

첫째로, 하이델베르크 요리문답서는 교회에서 어린이를 포함해 청소년과 청년들을 가르치는 데 더할 나위 없이 좋은 교재다. 믿음의 체계를 설명하는 데 매우 요긴하고, 더 나아가 중요한 성경 구절들을 기억하게 함으로써도 유용하다. 하이델베르크 요리문답서는 성령의 역사를 전제로 하고 있기 때문에 단지 지적인 지식 습득만으로 끝나지 않고 체험적이다. 따라서 어린이들과 청소년과 청년들이 성경 구절들을 기억하고, 그 바탕에 성령이 역사하시면 보다 분명하고 바른 믿음의 체험이 일어날 것이다.

둘째로, 가정에서 부모들이 자녀들을 가르치기에 좋은 교재다. 질문과 대답으로 구성되어 있어 질문을 읽고 그 대답을 따라하며 근거 구절들도 함께 찾아 읽게 할 수 있다. 이때 부모는 각 항목마다 보충 설명을 해주면 된다. 요리문답서의 근거 구절들은 중요한 성경 구절들이다. 자녀들에게 성경 전체를 이해하게 하는 데 상당한 도움을 줄 수 있다.

셋째로, 우르시누스가 요리문답서 주석을 쓰면서 의도했던 것처럼 신학교 학생들을 위한 신학교과서로 사용될 수 있다. 신학을 연구하는 신학생들에게 더할 나위 없이 좋은 교재다. 그리고 목회자들 자신에게도 유익한데, 하이델베르크 요리문답서를 사용함으로 좀 더 간략하고도 체계적으로 믿음의 구조에 대해 설명할 수 있다. 그리고 교리 설교와 신학 강론을 위한 체계를 잡는 데도 유용하다. 이런 측면에서 하이델베르크 요리문답서는 지침서의 역할을 한다.

하이델베르크 요리문답서는 탁월한 구조를 가지고 있다. 참된 복음적 믿음true evangelical faith이 무엇인가를 설명하는 구조로 짜여져 있다.

질문 1, 2번은 믿음과 구원의 중요성을 말하는 서론에 해당된다. 질문 3-5번은 인간의 전적 타락과 부패에 대한 설명이며, 질문 6, 7번은 인류의 전적 타락에 대한 확증을 다루고 있다. 질문 8번은 죄가 인류 전체에 미친 영향을 설명한다. 질문 9-11번은 하나님의 거룩한 법에 따라 심판받을 수밖에 없는 죄인의 상태에 대해 말한다. 이렇게 질문 3-11번까지는 하이델베르크 요리문답서의 제1부에 해당되는 것으로 죄로 인한 인간의 비참함을 설명하고 있다.

질문 12-18번까지는 아담 안에서 모든 인류가 죄인이 되었는데, 선택하신 죄인들을 구속하기 위해 하나님께서 그리스도를 마련하신 진리에 대해 설명하고 있다. 질문 19번은 복음이 그리스도에 대한 것임을 설명한다. 그러나 모든 자가 그리스도를 받아들이는 것은 아니다(질문 20번). 오직 믿음으로 그리스도의 은덕을 누릴 수 있다(질문 21번). 질문 22, 23번은 이러한 믿음은 기독교 교리에 대한 이해를 포함한다고 설명하면서 이것은 사도신경에 간략하게 표현되어 있다고 말한다.

결국 사도신경은 삼위 하나님께서 죄인들을 구속하시는 역사에 대한 설명이다. 성부에 대해서는 질문 25-28번, 성자와 우리의 구속에 대해서는 질문 29-52번, 성령과 그의 거룩하게 하시는 사역에 대해서는 질문 53-59번에서 다루고 있다. 그리고 종교개혁에 있어서 가장 핵심적인 교리인 이신칭의에 대해 질문 60-64번에서 설명하고 있다. 질문 65번은 이러한 믿음을 발생하게 하는 수단으로써 복음 설교에 대해 말하고 있다. 질문 67-85번은 성례를 다룬다. 하이델베르크 요리문답서 전체의 세 부분 중 12-85번까지는 두 번째에 해당되는 부분으로 은혜에 해당된다.

질문 86-129번까지는 전체 내용 중 세 번째에 해당되는 부분으로 중생한 자로부터 나오는 열매들에 대해 설명하고 있다. 중생한 자에게서는 반드시 선행이 나오게 되어 있다(질문 86, 87번). 질문 88-90번은 회심에 대한 설명이다. 질문 91번은 선행의 성질에 대해 설명하고 있으며, 92-115번까지는 중생한 자에게 요구되는 마땅한 행위의 원리인 십계명에 대한 강론이다. 질문 116-118번은 중생한 자에게 중요한 은혜의 수단인 기도에 대해 설명하고, 질문 119-129번은 기도의 모범인 주기도문에 대해 설명하고 있다. 이렇게 제3부는 중생한 자에게서 나타나는 경건의 특징들을 다루고 있는데, 구원의 은혜에 대한 감사를 삶 속에서 어떻게 실현하는지에 대한 설명이다.

하이델베르크 요리문답서의 구조에서 살펴볼 수 있는 특징들은 하나같이 다 복음적이다. 영혼을 깨우치는 면에서 개혁 교회가 가지고 있는 소중한 영적 유산이라고 할 수 있다. 지금 이 시대의 영적 각성 도구로서도 부족함이 없다.

차례

하이델베르크 요리문답서의 역사적 배경과 구조 및 실천

서론   믿음과 구원의 중요성

1주 | 질문1, 질문2

1부   죄로 인한 인간의 비참함

2주 | 질문3, 질문4, 질문5
3주 | 질문6, 질문7, 질문8
4주 | 질문9, 질문10, 질문 11

2부   하나님의 은혜

5주 | 질문12, 질문13, 질문14, 질문15
6주 | 질문16, 질문17, 질문18, 질문19
7주 | 질문20, 질문21, 질문22, 질문23
8주 | 질문24, 질문 25
9주 | 질문 26
10주 | 질문27, 질문28
11주 | 질문 29, 질문30
12주 | 질문31, 질문32
13주 | 질문33, 질문34
14주 | 질문35, 질문36
15주 | 질문37, 질문38, 질문39
16주 | 질문40, 질문41, 질문42, 질문43, 질문44
17주 | 질문45
18주 | 질문46, 질문47, 질문48, 질문49
19주 | 질문50, 질문51, 질문52
20주 | 질문53
21주 | 질문54, 질문55, 질문56
22주 | 질문57, 질문58
23주 | 질문59, 질문60, 질문61
24주 | 질문62, 질문63, 질문64
25주 | 질문65, 질문66, 질문67, 질문68
26주 | 질문69, 질문70, 질문71
27주 | 질문72, 질문73, 질문74
28주 | 질문75, 질문76, 질문77
29주 | 질문78, 질문79
30주 | 질문80, 질문81, 질문82
31주 | 질문83, 질문84, 질문85

3부   중생한 자에게서 나타나는 경건

32주 | 질문86, 질문87
33주 | 질문88, 질문89, 질문90, 질문91
34주 | 질문92, 질문93, 질문94, 질문95
35주 | 질문96, 질문97, 질문98
36주 | 질문99, 질문100
37주 | 질문101, 질문102
38주 | 질문103
39주 | 질문104
40주 | 질문105, 질문106, 질문107
41주 | 질문108, 질문109
42주 | 질문110, 질문111
43주 | 질문112
44주 | 질문113, 질문114, 질문115
45주 | 질문116, 질문117, 질문118, 질문119
46주 | 질문120, 질문121
47주 | 질문122
48주 | 질문123
49주 | 질문124
50주 | 질문125
51주 | 질문126
52주 | 질문127, 질문128, 질문129

Heidelberger Katechismus

제1주

질문 1. 삶과 죽음 가운데 유일한 위로는 무엇입니까?

답 | 삶과 죽음 가운데[01] 내 자신이 나의 소유가 아니며,[02] 몸과 영혼 모두가 나의 신실한 구주이신 예수 그리스도의 것입니다.[03] 그리스도께서는 자신의 보배로운 피로써 나의 모든 죗값을 지불하셨으며,[04] 나를 마귀의 모든 권세로부터 구원하셨습니다.[05] 그리스도께서는 또한 나를 보존하시며, 나의 하늘 아버지의 뜻이 없이는[06] 나의 머리에서 머리카락 하나라도 떨어지지 않게 하십니다.[07] 그리고 모든 일들이 나의 구원에 도움이 되도록 하십니다.[08] 따라서 그리스도께서는 성령으로서 나의 영생을 확신시켜 주셔서,[09] 지금부터 나로 하여금 신실하고, 자발적으로 주를 위해 살도록 만드십니다.[10]

---

01 로마서 14:7-9.
02 고린도전서 6:19-20.
03 고린도전서 3:23; 디도서 2:14.
04 베드로전서 1:18-19; 요한일서 1:7; 2:2.
05 요한복음 8:34-36; 히브리서 2:14-15; 요한일서 3:8.
06 마태복음 10:29-31; 누가복음 21:16-18.
07 요한복음 6:39-40; 10:27-30; 데살로니가후서 3:3; 베드로전서 1:5.
08 로마서 8:28.
09 로마서 8:15-16; 고린도후서 1:21-22; 5:5; 에베소서 1:13-14.
10 로마서 8:14.

❶ 첫 번째 질문은 하이델베르크 요리문답서의 전체 대의를 말하고자 하는 질문이다. 즉, 인생의 유일한 위로를 얻을 수 있는 길은 그리스도인이 되는 것이라고 말하기 위한 질문이다. 그렇다면 왜 유일한 위로가 필요한가? 인간은 죄가 세상에 들어온 이후 죄로 인하여 비참한 생활에 굴복되어 살고 있다(창 3:16-19). 고통, 근심, 후회에 짓눌린 채 죽음의 두려움 가운데 살고 있다(욥 18:14; 히 2:15; 10:27).

또한 심판의 두려움 가운데 놓여졌다. 따라서 몸과 영혼 모두 고통을 받고 있다. 왜냐하면 몸과 영혼이 함께 묶여 있기 때문이다. 이러한 비참함은 죄의 비참함이다. 따라서 이러한 것들을 극복할 수 있게 해줄 위로가 우리에게 필요하다(사 38:17; 시 25:17; 116:3). 그 위로는 이 땅에서, 그리고 죽음에 직면해서도 모두 필요한 것이다(창 5:29; 사 38:17; 시 25:17; 116:3). 이 위로는 우리의 삶을 움직이는 힘이 된다.

❷ 잘못된 위로를 찾는 경우도 있다. 인생들은 압박과 슬픔, 고통으로부터 벗어나기 위해서 여러 가지 위로의 방법들을 찾아 추구한다. 부와 사치스런 삶을 통하여 위로를 얻고자 한다(욥 31:24; 눅 16:19). 그러나 아무리 부를 축적하고 그것을 통해 즐거움을 누릴지라도 죽음을 맞게 되면 자신이 가지고 있는 부를 통해서도 더 이상 위로를 얻지 못한다(눅 12:19-20; 16:22).

한편으로는 육신의 건강을 통하여 위로를 추구한다. 건강을 최고의 위로의 수단으로 삼고자 한다. 그러나 인생은 풀과 같아서 결국 마르고 만다(시 90:6). 또한 많은 사람들이 세상적 즐거움을 통하여 위로를 얻고자 한다. 예를 들면 세상적인 오락에 탐닉하기도 하며, 술에 취하며 방탕한 삶을 통해 괴로움을 떨쳐 버리고 위로를 얻고자 한다(사 22:13-14; 눅 6:25). 이러한 것들은 진정한 위로를 주지 못하고, 술과 오락에서 깬 후에는 오히려 더욱 큰 허망함을 느끼게 해줄 뿐이다.

또 하나의 잘못된 위로로 인생들은 사람들을 통하여 위로를 얻고자 한다. 욥을 위로하기 위해 왔던 친구들은 더욱 욥을 괴롭게 하였다. 사람을 통해 위로를 얻으려는 것은 오히려 괴로움과 실망을 가중시킬 때가 많다(욥 16:2). 물론 고상하게 악에 대항하여 최대한 선을 행하려고 노력할 수도 있다. 그러나 인생의 무능함 때문에 위로는 고사하고 오히려 더욱 큰 허무와 좌절에 빠지기도 한다. 이렇게 이 땅의 임시적인 것들은 진정한 위로를 줄 수 없는 헛되고 헛된 것들이다(전 2:11). 이러한 것들은 다 영원한 것이 아니기 때문이다.

❸ 인생에게 줄 수 있는 위로가 진정한 위로가 되려면 모든 경우에 적용되어야 한다. 어떤 경우의 삶의 상황에서도 적용되어서 위로를 줄 수 있어야 한다. 그것만이 유일하고 진정한 위로가 될 수 있다. 그것은 그리스도의 보배로운 피로 구속함을 얻는 것이다(벧전 1:18-19). 그리고 그리스도께서는 우리의 주가 되시며, 우리는 그의 소유물이 되는 것이다.

그리스도께서는 또한 우리를 그의 소유물로서 돌보시고 보호하신다. 그리스도께서는 우리를 다스리실 것이다. 신자들에게 질병과 같은 많은 어려움과 고난이 있다 할지라도 그러한 것들이 우리를 무너뜨리지 못한다. 오히려 그리스도께서 우리의 구원을 위해 유익하게 하실 것이다(요 10:28). 따라서 그리스도는 우리의 모든 불안과 염려를 가라앉히고 진정한 위로를 주시는 것이다(벧전 2:9; 롬 14:8). 우리는 그리스도의 사랑과 능력에 안주함으로 위로를 얻는다.

❹ 인생은 죄로 인해 자기 자신을 자신의 소유로 생각한다. 그래서 이기적인 목적과 목표를 가지고 욕심껏 살아간다. 이러한 인생은 하나님으로부터

멀어져 있으며, 하나님을 그 마음에 두기를 싫어한다. 자신을 위해 남의 것을 빼앗기도 하며 속이기도 한다. 세상은 이러한 인생들로 인하여 죄악으로 넘쳐나게 되고, 그 죄악의 결과가 자신에게 돌아오기도 한다. 그래서 자기 스스로를 위로하려고 해도 위로를 얻을 수 없다.

자기 자신을 자신의 것으로 여기고 살아가는 삶에는 희망이 없다. 가인은 자기 스스로가 주인이 되었다(창 4:7-8, 13). 에서도 마찬가지다(히 12:17). 사울 역시 자기만을 위한 인생을 살았다(삼상 15:19, 23; 31:4). 이런 인생들에게는 염려가 더욱 커지고 문제가 더욱 확산되어서 결코 위로를 얻을 수 없다.

그런데 하나님께서 자신의 선택한 백성을 위해 그리스도를 보내시고, 피 흘려 죽게 하심으로 백성의 죄를 그리스도에게 담당시키셨다. 그리고 그리스도의 피로 구속하시고, 그리스도의 소유물이 되게 하셨다. 따라서 선택된 죄인들은 그리스도의 피를 통해 용서를 얻게 되었다. 이제는 자신의 삶을 자신이 주관하는 것이 아니라 주의 소유물로서 주께 의탁해야 하는 존재가 되었다(사 44:5). 죄와 허망한 것을 다 벗어버리고, 이제 그리스도 안에서 참된 위로를 얻을 수 있게 되었다(마 11:28-29). 주께서 나를 돌보실 것이기에 모든 염려는 가라앉을 것이다. 이것만이 진정한 안식을 줄 수 있다(벧전 2:9; 롬 14:8).

❺ 마귀와 죄의 지배에서 벗어나는 것은 우리에게 진정한 위로가 된다. 마귀는 인생을 죄에서 벗어나지 못하게 하고, 계속하여 죄를 짓게 해서 희망을 소멸시킨다. 마귀는 독재자와 같이 죄인들을 주관하고 벗어나지 못하게 한다. 죄인들은 마귀의 손에 끌려다닐 수밖에 없다. 더욱이 인생의 본성 가운데 깊이 자리해 있는 죄성은 죄의 달콤함으로 인하여 죄로부터 떠날 수 없도록 만든다. 마귀의 지배와 우리 속에 있는 죄성은 인생으로 하여금 어떤 위로도 받을 수 없는 상황에 처하게 만들어 버린다.

그런데 그리스도께서 선택된 죄인들을 마귀의 권세로부터 건져내셨다(딤후 2:26). 죄로부터의 구원을 통해 우리는 마귀의 권세로부터 해방된다(요일 3:8, 10; 엡 2:3; 롬 6:23; 히 2:14-15). 그리스도의 피로 우리를 구속하셨다는 것은 우리가 죄의 종 됨에서 자유하게 되었다는 것이다. 더욱이 그리스도께서는 택하신 성도에게 성령을 보내주셔서 죄성과 육신을 이길 수 있도록 하셨다(롬 8:2). 따라서 그리스도 안에서만 죄의 지배에서 벗어날 수 있기 때문에 거기서만 참된 위로를 얻을 수 있다.

❻ 보존의 은혜는 우리에게 위로가 된다. 인생은 수많은 어려움과 위험한 일들과 괴로움 속에서 살아간다. 그래서 인생은 염려하고 걱정하고 근심한다. 보통의 인생들에게 먹고 입고 사는 것은 염려를 주는 걱정거리다. 더욱이 인생은 재물을 얻거나 모으기 위해서 상당한 근심과 자기 염려 속에서 살아간다.

그러나 그리스도께서는 선택한 백성을 구원하시고 보존하신다. 하늘 아버지의 뜻이 없이는 우리의 머리에서 머리카락 하나 떨어지지 않는다. 우리 자신도 머리카락이 떨어지는 것을 인식하지 못할 때가 많은데, 하늘 아버지께서는 우리를 이렇게까지 돌보시고 보존하신다. 다니엘은 사자 굴에서도 몸이 상하지 않았고(단 6장), 바울은 독사에 물렸지만 해를 당하지 않았다(행 28장). 갈 바를 몰랐던 야곱을 인도하시고(창 32:10), 장래가 깜깜하였던 요셉을 인도하셨으며(창 50:20), 원수들에 둘러싸여 목숨이 위태로웠던 다윗이 "내가 죽지 않고 살아서 여호와께서 하시는 일을 선포하리로다"(시 118:17) 하며 찬양할 수 있게 했던 것은 모두 하나님의 보존의 은혜다.

❼ 구원의 확신을 얻는 것은 우리에게 위로가 된다. 우리 자신의 구원에

대해 확신을 가질 수 없다면 크게 불안할 수밖에 없다. 우리 스스로의 상상력이나 감정들은 우리에게 도움을 주지 못한다. 따라서 성령의 내적인 증거 inward witness of the Holy Spirit를 통하여 우리가 하나님의 선택된 자녀라는 확신을 가질 수 있게 하신다(고후 1:20-23; 엡 1:13-14; 4:30). 성령께서는 우리가 하나님의 자녀임을 증거하시며(롬 8:16), 하나님의 사랑이 우리에게 부어졌음을 확인하게 하신다(롬 5:5). 그리고 영원한 생명에 대한 확신을 주신다(엡 1:13-14). 따라서 그리스도에게 속해 있다는 것은 이 땅의 삶에서나 죽음에서 모두 완전한 위로다.

❽ 주를 위해 살게 하시는 것이 우리에게 위로가 된다. 인생의 목적을 어디에 두겠는가? 이 땅의 일시적인 것에 두면 위로는 고사하고 실망으로 끝난다. 모든 것이 일시적이요, 임시적인 것이기 때문이다. 인생 자체에 목적을 두면 결국 허무한 것으로 끝난다. 인생이 무능하여 그 어떤 것도 이룰 수 없고, 설령 무엇을 이루었다 하더라도 죽음이 모든 것을 끝나게 만들기 때문이다.

인생의 바른 목적과 목표는 주를 위해 사는 것이다. 주를 위해 사는 것은 자신을 부정하고 그리스도의 일을 위하여 사는 것이다(빌 2:30). 그리고 장차 주를 만나기 위한 갈망 때문에 거룩하게 사는 것이다(히 12:14). 이러한 삶은 하나님의 계명을 지키는 데 있어 신속하고(시 119:60), 온전함을 추구하는 삶이다(빌 3:12-14). 이렇게 주를 위해 사는 것은 후회도 없으며 공허함도 없다. 오히려 가장 귀한 것을 얻은 만족과 위로가 넘치는 삶이다(빌 3:8).

❾ 따라서 자신의 만족을 추구하면서 사람들로부터 환호를 받으며, 수많은 재물을 취하고, 화려한 집에서 아름다운 옷을 입고 보석으로 치장하며,

맛있는 음식으로 자기 자신에게 탐닉하여 사는 자들은 결국 자신의 생명을 잃게 될 것이다. 헛된 것으로 자신의 마음을 즐겁게 하며, 게으른 생각들로 부패된 자신의 마음에 따라 죄악 가운데 사는 자는 반드시 멸망할 것이다 (잠 2:14). 진정한 하나님의 백성은 자기중심의 환상에 따라 사는 자들이 아니다. 자신의 뜻을 성취하기 위해 사는 인생도 아니다. 그리스도에게 속한 자는 자신이 즐거워하던 죄에서 떠났으며, 자기 자신을 완전히, 그리고 기꺼이 그리스도에게 드린 자다.

질문 2. 당신이 이러한 위로 속에서 살고 복된 죽음을 맞기 위해 반드시 알아야 할 것들은 무엇입니까?

답 | 세 가지입니다. 첫 번째로 나의 죄가 얼마나 크며, 비참한지를 알아야 합니다.[01] 둘째로 내가 나의 모든 죄와 비참함으로부터 어떻게 구원받았는지를 알아야 합니다.[02] 셋째로 이와 같은 구원에 대해서 하나님께 내가 얼마나 감사해야 할지를 알아야 합니다.[03]

❶ 문답서의 첫 번째 질문은 그리스도 안에 있는 구원과 영생을 바라보게 하는 것이었다. 두 번째 질문은 구원의 선물을 누리기 위해 반드시 알고 있어야 할 세 가지 지식, 혹은 3단계 지식을 말하기 위한 것이다. 이것은 성경의 내용을 요약한 것으로 한편으로 하이델베르크 요리문답서 전체 구조를

---

01 로마서 3:9-10; 요한일서 1:10.
02 요한복음 17:3; 사도행전 4:12; 10:43.
03 마태복음 5:16; 로마서 6:13; 에베소서 5:8-10; 베드로전서 2:9-10.

나타내는 것이다.

이 세 가지 지식은 로마서 7장 24-25절에서 발견할 수 있으며, 로마서 전체 구조로도 볼 수 있다. 즉, 로마서 1장 18절에서 3장 21절까지는 이방인이나 유대인 모두 정죄된 죄인으로서의 비참한 상태를 설명하고 있으며, 3장 21절부터 11장 36절까지는 그리스도를 통한 구속에 대해 가르치고 있다. 그리고 12장 1절에서 16장 27절까지는 그리스도인의 삶을 통한 감사에 대해 권고하는 것으로 볼 수 있다.[04]

❷ 첫 번째 부분은 자신의 죄가 얼마나 큰지 볼 수 있어야 하고, 죄로 인한 자신의 비참함에 대해 고통을 느낄 수 있어야 한다는 것이다. 질병에 걸린 사람이 자신의 질병에 대해서 고통을 느끼지 못한다면 의사를 찾아가지 않을 것이다(막 2:17). 죄는 가장 무겁고 심각한 질병과 같아서 몸과 영혼을 완전히 망가뜨린다. 이러한 자신의 죄에 대해 중압감을 느끼지 못한다면 그는 구원을 갈망하지 않을 것이다.

그러므로 영혼이 구원을 갈망하기 위해서는 먼저 자신의 죄와 그 비참함에 대해 깨달아야 하고, 죄와 비참함으로부터 구원을 갈망해야 한다(렘 31:18-19; 시 51:3-5; 마 5:4; 고후 7:9-11). 집을 나간 탕자는(눅 15장) 자신의 비참함을 가장 처절하게 맛본 후에야 자신의 집의 풍성함과 소중함을 깨닫고 돌아서게 되었다. 따라서 하이델베르크 요리문답서의 첫 번째 부분에 담긴 목표는 죄에 대한 각성을 일으켜 구원을 갈망하게 하는 것이다(마 9:12; 렘 3:13).

로마서에서도 죄에 대한 각성이 율법을 통해 일어난다고 말씀하고 있다(롬 3:19; 7:13). 율법을 통해 죄인은 자신의 죄를 구체적으로 깨닫게 되고, 죄에

---

[04] 보통 3G로 표현한다. 유죄(Guilt), 은혜(Grace), 감사(Gratitude)이다.

대한 하나님의 심판을 깨닫게 된다. 그러면 자신이 용서받아야 할 필요성을 절감하게 되고 구원을 갈망하게 될 것이다.

❸ 두 번째 부분은 자신의 죄와 비참함으로부터 어떻게 구원을 얻는지 반드시 알고 있어야 한다는 것이다. 먼저 하나님께서 은혜의 언약 속에서 죄인을 용서하기 위해 그리스도를 마련하신 것을 알아야 한다. 또한 그리스도께서 죄인을 구속하기 위해 무엇을 행하셨는지를 알아야 한다. 이렇게 그리스도를 아는 지식 가운데서만 성령의 역사하심으로 그리스도께서 우리를 구원하시기에 충분하시고, 또 기꺼이 우리를 구원하시고자 한다는 것을 이해하게 된다(사 53:11).

이렇게 그리스도를 알게 되고 깨닫게 됨으로써 죄인은 그리스도에게로 간다. 그리고 그리스도를 붙잡으며 그리스도를 소유하게 되는데 이것이 믿음이다. 예를 들면, 누가복음 7장 37-38절에서 죄인인 한 여자가 향유를 담은 옥합을 가지고 예수님께로 온다. 그 여인은 예수님의 뒤로 가 그 발 곁에 서서 울며 그 발을 적시고 자기 머리털로 씻고는 그 발에 입 맞추고 향유를 부었다.

이 여인의 이러한 행동은 자신의 죄에 대해 가슴을 찢고 용서를 구하기 위해 예수님 앞에 굴복한 것으로, 믿음에서 나온 것이다. 그래서 예수님은 이 여인에게 죄 용서를 선포하셨다(눅 7:48). 이렇게 그리스도에게로 나아갈 때, 진정한 믿음은 그리스도에게 나아가지 못하게 방해하는 것들을 극복하게 한다.

마태복음 9장 27절 이하에 보면 두 소경이 예수님을 뒤따라 나서 결국 예수님이 계신 집에까지 따라 들어갔다. 그 과정이 두 소경에게는 어려운 일이었지만 그들은 그 장애를 극복하였다. 마가복음 2장 1절 이하에서 중풍병

자의 친구들이 지붕을 뜯어 구멍을 내고 중풍병자가 누운 상을 달아내려 예수님께 이른 것 역시 믿음으로 방해물을 극복한 사례다. 그리스도의 귀중함을 깨닫게 된다면 이와 같이 그리스도를 붙잡아야 한다. 이것이 진정한 믿음이다. 자신의 비참함을 철저히 깨달은 자가 그리스도의 소중함을 알게 되면서 경험하는 변화다.

❹ 세 번째 부분은, 이와 같이 구원을 체험했다면, 하나님의 무한한 사랑과 은혜에 대해 마땅히 감사하게 됨을 설명한다. 자신이 이러한 구원의 은혜를 누릴 수 있는 어떤 자격이나 가치가 없음에도 불구하고 허락하신 은혜에 감사하면서 기뻐해야 한다. 로마서 7장 24-25절은 이러한 감사를 외치고 있다. "오호라 나는 곤고한 사람이로다 이 사망의 몸에서 누가 나를 건져내랴 우리 주 예수 그리스도로 말미암아 하나님께 감사하리로다."

하나님께 감사한다는 것은 우리 자신을 하나님께 굴복하며 봉사하고 마음을 다하여 하나님을 찬양하고 영광을 돌린다는 것이다(시 103, 104편). 그리고 나 자신을 하나님께 의의 병기로 드리는 것이며, 하나님의 계명을 따라 지키는 것이다. 물론 이때, 감사하는 심령으로 인하여 하나님의 계명은 무거운 것이 아니라 즐거운 것이 된다(요일 5:3).

❺ 그러나 은혜 혹은 구원의 지식이 부족한 경우에는 구원받지 못한다. 가인(창 4:13)의 경우에는 죄에 대한 하나님의 책망과 심판의 선고를 받았지만, 자신의 죄에 대해 가볍게 생각하고, 오히려 하나님의 심판에 대해 무겁다고 불평했으며, 결국 여호와의 앞을 떠나갔다(창 4:16). 가룟 유다(마 27:3-4)의 경우에도 자신의 죄에 대해 깨닫고 후회하고 실망에 빠졌지만, 주께 용서를 구하지 않았다. 은혜의 원리를 자신에게 적용하지 않았던 그는 결국 자기

고집을 따라 멸망하였다(행 1:25).

그러므로 구원의 진정한 은혜는 반드시 자기 자신의 죄인 된 상태를 아는 데서부터 시작된다. 그리고 복음을 통해 하나님의 용서와 은혜의 원리를 깨닫게 된다. 따라서 죄인들에게 먼저 율법을 알게 해야 한다. 율법은 하나님의 거룩하심, 의로우심, 선하심을 반영한 것이다. 율법을 통해, 그리고 성령의 역사로 인하여 죄인은 자신이 하나님의 법을 어긴 것을 깨닫고 죄인임을 인정하게 된다.

이렇게 자신이 죄인임을 깨달은 죄인은 심판을 면하기 위해 용서를 구하게 된다. 그리스도 안에서 하나님께서 마련하신 용서의 은혜를 깨달음으로 인하여 그리스도께로 나아오게 되며 그리스도를 붙잡게 되는데, 이것이 믿음이다. 그리고 믿음으로 그리스도께 연합되어서, 그리스도 안에서 하나님께서 마련하신 은덕들을 누리게 된다. 용서를 받으며 의롭다 여김을 받고 성령을 받는다.

성령을 받은 성도는 이제 그 성령으로 말미암아 계명을 지키게 된다(롬 8:4). 그 계명은 하나님을 사랑함과 감사함으로 지키는 것이다(요일 5:3). 따라서 하나님의 백성이 되기 위해서는 반드시 이러한 지식이 있어야 하며, 또한 성령으로 인한 체험이 있어야 한다.

❻ 그렇다면 당신의 구원을 어떻게 확인해 볼 수 있는가? 즉, 당신이 그리스도의 소유인지 어떻게 확인할 수 있는가? 당신의 대화 가운데 주님을 얼마나 찬양하고 있는지 확인해 보라(고전 6:18-19). 그리고 당신이 자신을 얼마나 부정하고 있는지 확인해 보라(마 16:24).

삶 속에서 당신이 어떤 위로를 구하며 기다리고 있는지를 점검하라. 어려움과 고난 속에서 실망하고 있는지, 아니면 주의 돌보심을 기다리고 있는지 확인해 보라(시 37:5; 벧전 4:19; 5:7). 그리고 당신의 심령에 하나님의 말씀으로 성령께서 증거하시는 것에 대해 확신을 가지고 있는지 확인해 보라. 또한 주의 뜻을 실행하기 위해 얼마나 갈망하며 열심을 가지고 있는지 확인해 보라(딛 2:14).

제2주

질문 3. 당신은 어디로부터 당신의 죄와 비참함을 알 수 있습니까?

답 | 하나님의 율법으로부터 알 수 있습니다.[01]

❶ 질문 3번은 당신의 비참함 여부에 대해 묻는 것이 아니라 어디로부터 죄와 비참함에 대해 알 수 있는가를 묻고 있다. 왜냐하면 죄 가운데 있는 인생들은 자신의 비참함에 대해 인식하지 못하고 있기 때문이다. 모든 죄인들은 자신이 죄인이라는 것에 대한 지식이 없다. 따라서 은혜가 시작되는 곳에는 반드시 자신의 죄와 비참함에 대해 깨닫는 것이 먼저 이루어진다.

이는 단지 이론적인 것이 아니다. 자신의 죄에 대한 이러한 지식에는 반드시 마음의 깨어짐이 동반된다(롬 7:24). 이처럼 먼저 자신의 비참함을 알아야 진정한 위로를 얻는 길을 찾을 수 있다. 여기서 진정한 위로는 자신의 비

---

01 로마서 3:20; 7:7-25.

참함에 대해 슬퍼하고 애통하는 자에게 속한 것이다. 그리스도는 바로 이렇게 애통하는 자를 위로하기 위해 보냄을 받았다(사 61:2).

따라서 주께서 자신의 백성에게 가장 먼저 요구하시는 것은 그들이 자신의 불의를 인정하는 것이다. 그리고 그들이 주님께 용서를 구하는 것이다. 그때 주께서는 진노를 거두시고 그들에게 자비로운 은혜를 베푸실 것이다(렘 3:11, 13). 그렇다면 어떻게 죄인들이 자신의 비참함을 알 수 있는가?

❷ 비참함이란 가족과 친구들에게서 분리된 처벌의 상태를 의미한다. 죄와 죄성(죄의 능력)에 대한 결과로서 심판이 내려진다. 죄는 단지 인간의 연약함이 아니다. 죄라는 것은 하나님의 계명을 어긴 것이며(요일 3:4), 따라서 하나님께 대적한 것이다. 따라서 죄는 하나님의 심판을 불러일으키는 것으로서 비참한 상태에 놓이게 하는 것이다.

인류의 첫 조상이 죄를 지음으로 에덴동산에서 쫓겨났으며, 결국 모든 인간으로 비참한 상태에 이르게 하였다. 죄라는 것은 구체적으로 하나님의 법을 어긴 것을 말한다(요일 3:4). 따라서 죄인이 성령의 역사로 율법을 깨닫게 되면 자신이 죄인이라는 사실을 알게 된다(롬 3:19; 7:7). 그리고 그 죄가 하나님의 심판을 불러일으킨다는 것과, 더욱이 인간은 스스로를 구원할 수 있는 능력이 없다는 사실을 깨닫게 된다. 바로 여기에 비참함이 있는 것이다.

❸ 따라서 율법을 통해 우리가 비참한 상태 가운데 놓여 있다는 것을 알 수 있다. 자연적으로는 인간 자신이 비참하다는 것을 알 수 없다. 왜냐하면 비참한 것에 익숙해져서 자신이 비참하다는 사실을 전혀 생각조차 할 수 없기 때문이다. 죄인들이 자신의 비참함을 발견할 수 있게 하는 가장 최선의 수단은 하나님의 율법이다. 율법을 통하여 죄에 대한 지식을 갖게 된다. 율

법은 하나님의 계시된 뜻으로 우리가 무엇을 해야 하며 무엇을 하지 말아야 하는지 가르쳐 준다. 따라서 명령과 금지의 형식을 가지고 있다.

여기서 먼저 우리는 하나님의 자연법(양심)과 계시된 율법, 즉 성경에 있는 율법을 구별해야 한다. 인간이 죄를 범한 후에는 영혼의 기능들이 죄로 인해 부패되었고 양심도 마찬가지다. 따라서 인간의 양심만을 가지고서는 죄에 대한 지식을 얻을 수 없다. 양심은 율법에 의해서 각성되어야 한다.

구약에서의 율법은 삼중적 성격을 가지고 있다. 이것은 편의상 일반적으로 의식법, 시민법, 도덕법으로 나뉜다. 하나님께서는 의식법을 통해 구약의 이스라엘 백성들이 어떻게 예배드려야 하는가에 대해 규정하셨다. 물론 이스라엘 백성들은 의식법을 통해 자신들의 비참함, 혹은 더러움을 어느 정도 인식할 수 있었다. 왜냐하면 자신들의 죄와 부정함으로 인하여 피를 흘리는 제사를 계속 드려야 했기 때문이다(히 10:3). 그러나 의식법은 그리스도의 희생 제사를 통해 성취되어서 더 이상 우리에게 효력이 없다(히 10:9; 골 2:17).[02] 하지만 복음을 이해하는 데에는 유용하다.

율법의 구성 요소로서 또한 시민법이 있다. 시민법은 구약 이스라엘 시대의 백성들에게 필요한 정치적인 문제와 사람들 간의 법적인 관계를 규정하는 것이다. 구약의 이스라엘 백성들은 시민법을 통해 죄를 알 수 있었다. 시민법 속에 들어 있는 도덕적 성격 때문이었다.[03]

율법의 또 다른 구성 요소로서 십계명 가운데 표현된 도덕법이 있다. 도덕법은 모든 인생이 하나님 앞에 죄인인 것과(롬 3:9, 19), 인간 내면에 깊이 숨어있는 부패성과 죄의 탐욕을 드러내는 기능을 한다(롬 7:7).

---

02 그러나 복음을 이해하는 것에 도움을 준다.
03 시민법이 문자적으로 오늘날에는 더 이상 상관성은 없지만, 도덕적 내용들을 포함하고 있는 것들은 오늘날에도 적용이 가능하다.

❹ 따라서 율법을 통해 수많은 악이 자신에게 있다는 것과 본성 자체가 하나님께서 원하시는 것과는 반대되는 것을 행한다는 사실을 알게 된다. 또한 인간의 비참함이 자신의 부패성에 있다는 것과, 그 부패성이 총체적이라는 것을 깨닫는다(시 37:17-18). 하나님의 율법을 통해 우리에게 단지 몇 가지 정도의 죄가 있는 것이 아니라, 총체적으로 죄 가운데 있다는 것을 깨닫게 되는 것이다.

하나님의 거룩한 법이 요구하는 것을 기준으로 우리의 행동과 생각을 비추어보면 우리의 죄가 얼마나 중하고 심각한가를 알 수 있게 된다(요일 3:4). 마치 거울 앞에서 우리의 더러운 부분들을 보는 것과 같다. 이러한 죄에 대한 지식은 단지 이론적인 것이 아니라 죄에 대한 깨달음으로 가슴을 찢게 하는 지식이다.[04]

❺ 그러나 우리는 율법에 대해 피상적인 지식을 가지는 데 그칠 수 있다. 누가복음 10장에 보면 어떤 율법사가 예수님께로 나아와 율법에 대한 자신의 지식을 자랑하려고 했다. 자신이 율법에 대해 얼마나 많이 알고 있는가를 드러내려고 예수님 앞에서 떠벌렸다. 이 율법사는 율법을 진정으로 지키려고 애썼던 자가 아니었다. 만약 그랬더라면 그는 자신의 비참함을 깨닫고 지극히 겸손했을 것이다. 그는 율법에 대한 이론적 지식, 혹은 피상적인 지식으로 오히려 교만해 있었던 것이다.

또한 누가복음 18장에 보면 부자 청년 관원이 영생의 문제를 들고 예수님께로 나아왔다. 이 청년은 예수님께 어려서부터 자신은 계명을 철저히 지켰다고 말했다. 그런데 그 청년은 마음속에 재물에 대한 관심이 많았고 그것

---

[04] 물론 율법의 또 다른 목적으로 새 생명 가운데서 우리가 어떻게 살아가야 하는가를 인도해주는 역할이 있다. 하이델베르크 요리문답서에서 이 부분은 십계명을 설명하고 있는 감사 부분에서 다루고 있다.

에 대한 미련을 버리지 못했다. 즉, 율법에 대한 청년의 지식은 피상적인 것이었다. 율법을 통해 자기 속에 있는 탐욕은 미처 발견하지 못했던 것이다.

❻ 율법을 통해 자신의 죄악을 철저히 깨닫기 전에는 그리스도가 왜 필요한지 인식하지 못한다. 자신이 상당히 좋은 사람이라고 생각하는 자는 스스로를 속이고 있는 것이다(사 44:18, 20). 지금까지 인생을 살아오면서 악한 일을 하지 않았으며, 바른 삶을 살아왔다고 생각하는 자들은 아직 자신의 심령의 부패를 보지 못하고 있는 자들이다. 더욱이 자신의 마음은 선하다고 생각하며 그것에 의지하는 자는 어리석은 자다(잠 28:26). 알미니안주의자들은 자신들의 마음을 믿고 의지하는 자들이다.

우리는 무엇보다 우리가 얼마나 큰 죄인인가를 깨달아야 한다. 자신의 죄가 머리털보다 더 많아 셀 수조차 없는 상태임을 깨닫는 것이 필요하다. 어떻게 자신이 죄인임을 알 수 있는가? 율법으로부터 알 수 있다. 자신이 하나님의 이름을 얼마나 욕되게 하고 이웃의 것을 탐하며 하나님 보시기에 혐오스러운 일들을 얼마나 많이 범하였는지를 깨닫게 된다. 이렇게 죄를 깨달을 때, 자신에 대해 떠벌리던 입술은 침묵할 것이며, 자신의 비참함을 보게 될 것이다. 그래서 울부짖으며 은혜를 구하게 될 것이다(행 16:30).

질문 4. 하나님의 율법이 우리에게 요구하는 것은 무엇입니까?

답 ┃ 그리스도께서 마태복음 22장 37-40절에서 간략하게 가르치셨습니다. "네 마음을 다하고 목숨을 다하고 뜻을 다하여 주 너의 하나님을 사랑하라 하셨으니[01] 이것이 크고 첫째 되는 계명이요 둘째도 그와 같으니 네 이웃을 네 자신 같이 사랑하라 하셨으니[02] 이 두 계명이 온 율법과 선지자의 강령이니라."

❶ 요리문답서 질문 3번에서 우리의 비참함을 하나님의 율법을 통해 알 수 있다고 살펴보았는데, 그렇다면 율법으로 어떻게 우리가 비참한 것을 알 수 있는가 하는 질문을 갖게 된다. 이 질문에 대답하기 위해 우리는 먼저 율법이 우리에게 무엇을 요구하는지 알아야 하고, 그 요구에 우리가 응답하는 삶을 살았는지 비교해 보아야 한다.

예수님께서는 하나님 사랑과 이웃 사랑으로 율법을 요약하셨다. 십계명이 담긴 두 돌판에 대한 해석이다. 첫 번째는 제1계명에서 제4계명에 해당되는 말씀이며, 두 번째는 제5계명에서 제10계명까지의 요약이다. 이처럼 율법이 요구하는 것은 우리에게 마땅한 의무이자 삶의 유일한 규칙이다.

첫째로, 우리는 반드시 하나님을 완전하게 사랑해야 한다. 하나님을 신실하게, 있는 힘을 다하여 지속적으로 사랑해야 한다. 그러나 만약 하나님을 완전하게 사랑하지 못한다면, 그는 죄를 짓고 있는 것이며 반드시 용서를 구하고 하나님과 화해해야 한다.

둘째로, 우리는 반드시 이웃을 우리 자신과 같이 사랑해야 한다. 만약 그렇지 못하고 있다면 죄를 범하고 있는 것이다. 이렇게 율법이 우리로 하늘에 계신 하나님을 완전하게 사랑하고, 이웃을 내 몸과 같이 사랑하라고 말씀하고 있는데, 이러한 계명을 우리 자신의 삶에 갖다 대보면 우리의 양심과 심령이 찔릴 수밖에 없다. 부족하고 온전치 못한 우리의 모습이 여실히 드러나고 만다.

---

01 신명기 6:5.
02 레위기 19:18.

❷ 우리는 십계명을 통해 죄에 대한 지식을 얻을 수 있다.[03] 십계명에서 첫 번째 계명은 하나님 외에 다른 신들을 두지 말 것(출 20:3)을 말씀하고 있는데, 하나님만이 우리의 하나님이시며 우리에게 명령하실 수 있고, 오직 하나님만을 위하여 하나님과 더불어 인생을 살라는 것이다.

둘째 계명은 미신적인 의식으로 하나님을 경배해서는 안 된다는 것이며(출 20:4-5), 셋째 계명은 하나님의 이름을 경외심을 가지고 사용하라는 것이다(출 20:7). 하나님과 그분의 행적들을 비방하고 악평하는 짓은 금하여야 한다. 넷째 계명은 경건하게 주일을 지키고 경건한 예배와 기도에 힘쓰라는 것이다(출 20:8-10).

다섯 번째 계명부터는 인간관계에 필요한 것이다. 다섯 번째 계명은 윗사람을 존경하여 경의를 표하고 그에게 복종하며 감사하는 것이다(출 20:12). 여섯 번째 계명은 살인하지 말라는 것이며(출 20:13), 일곱 번째 계명은 마음의 순결과 몸의 정조를 깨끗하게 지키라는 것이다(출 20:14). 여덟 번째 계명은 다른 사람의 소유를 탐내지 말라는 것이며(출 20:15), 아홉 번째 계명은 거짓말로 남의 재물을 취해서는 안 되며 정직한 삶으로 하나님께 영광을 돌리라는 것이다(출 20:16). 물론 남을 험담하는 것도 제9계명을 위반하는 것이다.

열 번째 계명은 모든 탐욕을 마음속에서 몰아내며, 이웃에게 손실을 입힐 만한 것이라면 생각조차 하지 말고 오직 이웃의 행복과 유익을 위하는 마음만 가지라는 것이다(출 20:17). 결국 십계명을 통해 우리는 하나님을 사랑하지 않았으며 이웃도 사랑하지 않았다는 것을 깨닫고, '하나님 앞에서 저는 죄인입니다.'라고 고백할 수밖에 없다는 것을 알게 된다.

---

03 한편으로, 하이델베르크 요리문답서의 전체 구조 가운데 세 번째 부분에서 감사하는 수단 혹은 그리스도인의 삶의 규칙으로 십계명을 강론하고 있다.

❸ 율법은 우리의 비참함을 분명히 알게 해준다. 율법은 우리가 의무를 다하지 못한 것과 부족한 것을 고발하고 정죄한다(고후 3:7, 9). 우리가 하나님을 사랑하지 않았으며, 하나님을 최고로 높이지도 않았고, 하나님을 찾고 구하지도 않았으며, 하나님의 뜻에 대해 기뻐하지도 않았고 순종하지도 않았음을 분명히 깨닫게 된다. 그뿐만 아니라 이웃을 사랑하지 않고, 자기 사랑으로 자기중심적인 삶을 살았다는 것을 인정하게 된다.

우리는 모두 가인의 후예임을 인정하게 된다. "내가 내 아우를 지키는 자니이까"(창 4:9)라는 말을 하며 살아왔다는 것을 인정할 수밖에 없다. 율법은 이렇게 우리가 완전치 못하다는 것을 분명히 드러내고, 우리의 부족함을 분명히 깨닫게 하여 겸손하게 만든다. 따라서 결국 율법은 우리에게 구원을 찾게 만들고, 그리스도께로 나아가도록 만드는 기능을 한다(갈 3:24).

❹ 하나님의 율법은 하나님께서 인간들에게 순종을 요구하시는 것이다. 따라서 의무를 다하지 못한 것을 깨달을 때, 하나님의 무서운 심판이 기다리고 있다는 것을 깨닫게 된다. 죄인은 심판을 피할 수 있는 길, 죄를 용서받을 수 있는 길과 방법을 찾는다. 결국 율법의 목적은 그리스도께로 피하도록 만드는 것이다(롬 10:4). 그리스도 안에서 용서를 체험하고 구원받은 그는 자신이 어떻게 구원받았는가에 대해 감격하며, 자신의 죄를 미워하게 된다. 그리고 하나님의 형상으로 갱신되는 것이다(딛 3:3, 6; 벧후 1:4). 그리스도 안에 있을 때 율법은 더 이상 정죄하지 못한다(롬 7:4).

질문 5. 당신은 이러한 계명들을 완전하게 지킬 수 있습니까?

답 ┃ 결코 그렇지 못합니다.[01] 왜냐하면 나는 본성상 하나님과 나의 이웃을 미워하는 경향을 가지고 있기 때문입니다.[02]

❶ 율법은 거울과 같다. 우리는 거울 앞에 섰을 때, 우리가 깨끗한지, 아니면 더러운지를 알 수 있다. 그렇다면 율법이 우리에게 요구하는 모든 것을 지킬 수 있는가? 성경은 그렇지 못하다고 분명하게 말한다(롬 2:17; 약 2:10; 요일 1:8; 롬 7:18, 21). 율법은 우리의 죄를 통해 어그러진 것을 드러내어 우리의 비참함의 깊이를 알게 해주는 것이다. 우리가 하나님의 율법을 완전하게 지킬 수 없는 이유가 있다. 인간은 본성상 죄악에 기울어져 있다. 우리는 태어나면서부터 죄악 가운데 있었고, 그 죄악은 큰 세력을 가지고 우리를 주관해 왔다. 그래서 인간의 마음은 죄악으로 가득 차 있다(창 8:21; 엡 2:3; 창 6:5; 렘 13:23; 욥 14:4; 롬 3:10-12).

❷ 따라서 우리는 본성상 하나님을 미워한다. 우리의 자연적 성향은 부패된 상태로 기울어지며, 부패된 속성은 하나님을 미워하는 경향을 가지고 있다(민 10:35; 신 7:10; 32:41; 욥 15:25-26; 시 21:8; 68:1; 81:15; 139:20; 잠 8:36; 롬 1:30; 8:7). 그래서 인간의 모든 생각과 행동은 하나님께서 명령하신 것과는 반대되는 것을 행한다. 부패된 육신적인 마음은 하나님과 원수가 되어 하나님의 법에 굴복하지 않는다.

더욱이 부패된 인간들은 하나님을 아는 지식에 대해 자신들을 속이고 있

---

01 로마서 3:10, 23; 요한일서 1:8, 10.
02 창세기 6:5; 8:21; 예레미야 17:9; 로마서 7:23; 8:7; 에베소서 2:3; 디도서 3:3.

다. 죄 된 속성은 하나님을 미워한다. 죄인들은 그 본성상 오직 죄를 지으며, 그들의 모든 감정은 악하고, 자신들의 즐거움과 명예만을 구한다. 죄인들의 모든 행위의 목적은 자신에게 있다. 본성이 반드시 성령의 역사에 의해 갱신되어야 할 필요성이 여기에 있다.

❸ 죄악 된 인간들은 하나님을 사랑하지 않을 뿐 아니라, 그 본성상 이웃도 사랑하지 않는다. 그들의 뿌리에는 이웃을 사랑하기보다 미워하고, 자기를 사랑하는 마음이 있다. 인간의 죄성 가운데, 악독과 투기로 이웃을 미워하는 마음이 자리잡고 있다(딛 3:3). 더욱이 자신이 최고이며 가장 가치가 있고, 자신이 이웃보다 귀중하다고 생각하기 때문에 이웃을 사랑할 수 없다. 심지어 요셉의 형제들은 자신의 아우인 요셉을 미워하였다(창 37:4). 죄 된 인생들은 이웃으로 인하여 발생된 조그만 손실에 대해서도 화를 내고 복수를 계획하며 행한다.

❹ 하나님의 계명에 비추어 볼 때 이러한 우리의 악한 본성들은 우리가 얼마나 비참하고 혐오스러운 존재인가를 드러내 준다. 실로 어그러지고 굽어진 세대의 사람들이다(빌 2:15). 따라서 정죄와 심판이 우리에게 불가피하다. 우리 스스로 개선하려고 하여도 우리의 행위를 고치지 못한다. 전적으로 부패하였기 때문에 개선하지 못하고 오히려 죄만 더욱 증가시킬 뿐이다.

하나님은 예레미야 선지자를 통해 우리가 전적 부패로 인해 악에 익숙해져서 선을 행할 수 없는 존재임을 다음과 같이 말씀하였다. "구스인이 그의 피부를, 표범이 그의 반점을 변하게 할 수 있느냐 할 수 있을진대 악에 익숙한 너희도 선을 행할 수 있으리라"(렘 13:23). 따라서 율법은 죄인들에게 그들의 비참함을 가르쳐준다. 율법은 죄인들의 잠자는 양심을 깨우쳐서 그들의 의무를 알려주고, 그들의 혐오스러운 죄들을 볼 수 있게 해준다. 물론 이러한 율법의 기능은 성령께서 그 영혼에 영향을 주어서 죄와 의와 심판에 대해 질책하심으로 일어난다(요 16:8). 그래서 죄인들로 죄에 대해 슬퍼하고 애통하게 하며(슥 12:10) 구원을 찾고 갈망하도록 만든다(행 2:37).

❺ 우리는 율법에 대해서 죽었다. 이것은 더 이상 행위 언약의 조건으로 주어진 것이 아니다. 율법으로 생명을 찾지 않는다. 더욱이 율법에 의해 더 이상 정죄되지도 않는다. 그러나 이제 그리스도 안에서 율법은 감사의 규칙으로 주어진 것이다. 이것은 하나님의 형상의 표현이다. 따라서 이제 우리는 하나님을 사랑하고 이웃을 사랑해야 한다. 그리스도의 사랑이 강권하기 때문이다(고후 5:14). 또한 이제 율법을 합당하게 사용해야 한다. 이것이 우리에게 선하기 때문이다(딤전 1:8). 그래서 사도 바울은 이 원칙에 따라 행하는 자에게 평화와 자비가 있을 것이라고 축복하였다(갈 6:16).

❻ 5번 질문과 대답에 대해 반대하는 사상이 있다. 펠라기우스 사상으로서 인간은 죄로 인하여 약화되었지만 여전히 도덕적 능력을 지니고 있어 하나님의 은혜의 도움을 받으면 계명들을 지킬 수 있다는 주장이다. 상당히 그럴듯하지만 성경적이지 않은 주장이다. 인간은 죄로 인하여 완전히 부패되었으므로(신 32:5) 부패된 성품이 변화를 받아 새로운 피조물이 되어야 한다(고후 5:17; 엡 2:10). 그럼에도 펠라기우스 사상은 교회사 속에서 계속 존재하였다. 그래서 죄인은 반드시 중생해야 한다는 교리를 반대하고, 인간 스스로가 그리스도를 택할 수 있으며, 선을 행할 수 있다고 강조하였다.

오늘날 복음주의 교회 내에서도 이러한 펠라기우스 사상이 영향력을 미치고 있다. 그래서 그들은 중생의 필요성을 무시하고, 인간이 하나님의 은혜의 도움을 받아 예수를 믿을 수 있다고 말하며, 전도할 때에도 대상자에게 속히 예수 그리스도를 주로 받아들이는 결정을 하라고 권한다. 결국 이러한 전도 메시지와 방법은 인간의 부패된 본성에 대한 무지에서 비롯된 것들로 성경적이지 못한 것이다.

제3주

질문 6. 그렇다면 하나님께서 인간을 악하게 만드셨습니까?

답 | 결코 그렇지 않습니다. 하나님께서는 인간을 선하게 만드셨고,[01] 자신의 형상을 따라[02] 의로움과 진정한 거룩함으로 만드셨습니다.[03] 그래서 인간은 창조주이신 하나님을 올바로 알았으며,[04] 하나님을 진정으로 사랑할 수 있었고, 하나님을 찬양하고 영광 돌리면서[05] 영원한 행복 가운데 하나님과 함께 살 수 있었습니다.

❶ 만약 인간이 인생 가운데서 죄악을 배운 것이 아니며 본성상 죄가 있다면, 인간 본성의 악한 원인이 어디에 있는가 하는 질문을 하게 된다. 이 질문에 대해 때로는 어리석은 자들이 하나님께서 인간을 악하게 만드셨기 때

---

01 창세기 1:31.
02 창세기 1:26-27.
03 에베소서 4:24.
04 골로새서 3:10.
05 시편 8편.

문이라는 말을 한다. 죄의 원인이 하나님께 있다는 것이다. 이렇게 죄인은 항상 자신의 비참함과 세상에 존재하는 모든 악에 대해 하나님께 책임을 돌리고 비난한다.

그러나 전도서 7장 29절에 의하면, "내가 깨달은 것은 오직 이것이라 곧 하나님은 사람을 정직하게 지으셨으나 사람이 많은 꾀들을 낸 것이니라"고 말씀한다. 하나님께서 사람을 악하게 만드신 것이 아니라는 것이다. 하나님은 인간을 자신의 형상을 따라 선하고 의롭게 만드셨다고 분명히 말씀하고 있다. 하나님은 지극히 선하시고 거룩하신 분으로서 사람을 악하게 만들지 않으셨다.

하나님은 죄악을 기뻐하시는 분이 아니요(시 5:4), 눈이 정결하셔서 악을 차마 보지 못하시며 패역을 차마 보지 못하신다(합 1:13). 더욱이 하나님께서는 악으로 시험하시는 분이 아니시다(약 1:13). 하나님께서는 모든 만물을 지으시고 아름답다고 하셨다. 그리고 특별히 인간을 만드실 때에는 지으신 방법이 각별하였으며[06] 모든 피조물 가운데 으뜸으로 지으셨다. 따라서 인간의 죄악의 원인이 하나님께 있지 않다.

❷ 하나님께서는 인간을 자신의 형상에 따라 만드셨다. 인간이 하나님의 형상으로 지음 받았다는 것은 첫 사람이 하나님에 대한 지식을 가지고 있었으며, 그분에 대해 무지하지 않았다는 의미다. 하나님을 바르게 이해할 수 있었으며, 그분을 사랑할 수 있었다. 또한 첫 사람은 진정한 의로움과 거룩함을 지니고 있었다. 그래서 첫 사람은 하나님께 완전히 마음을 드리면서 자신을 하나님께 굴복시킬 수 있었으며, 하나님의 뜻을 행할 수 있었다. 그

---

06 짐승을 만드실 때 "땅은… 땅의 짐승을 종류대로 내라"(창 1:24)고 하셨으나 인간의 경우에는 "우리의 형상을 따라 우리의 모양대로 우리가 사람을 만들고… 모든 것을 다스리게 하자"(창 1:26)고 하셨다.

리고 하나님의 형상으로 지음 받은 인간은 이성적이며 덕이 높은 존재로서 모든 피조물을 다스릴 수 있었다. 그는 영원한 행복 속에서 하나님과 함께 살 수 있었으며, 하나님께 찬양과 영광을 돌리도록 만들어졌다.[07]

❸ 하나님께서 이렇게 인간을 자신의 형상에 따라 만드신 이유는 인간으로 하여금 하나님을 찬양하고 영화롭게 하기 위한 것이었다. 인간은 하나님을 반드시 찬양해야 하며, 영화롭게 해야 한다(롬 11:36). 인간은 하나님과 교제하면서 하나님의 풍성하심을 나타내야 하며, 하나님의 뜻에 순종함으로써 그의 선하심을 드러내야 한다.

❹ 아담이 죄를 범하기 전에 인간은 이렇게 영광스러운 상태였다. 하나님의 형상을 따라 지음 받음으로 완벽하게 지혜로웠으며, 거룩하고 흠이 없었다. 하나님께로부터 모든 만물을 다스리는 일을 위임받기에 충분했다. 모든 것이 풍성한 에덴동산에서 완벽한 기쁨을 누릴 수 있었다. 창조주 하나님을 사랑하고, 영원한 행복 가운데 하나님을 찬양하면서 살 수 있었다. 그러나 아담의 범죄로 인하여 이러한 지고의 행복을 잃어버리고, 죽음과 고통이 임하게 되었다. 하나님께서 인간을 선하게 만드신 것과 인간이 범죄해서 그 모든 선한 것을 잃어버린 상태를 비교해 보면 죄가 모든 것을 망가뜨리며, 얼마나 지독한 것인가를 깨닫게 된다.

❺ 물론 하나님께서는 인간이 죄를 범함으로 잃어버린 하나님의 형상을

---

[07] 그러나 이러한 하나님의 형상은 첫 사람 아담이 죄를 지음으로 다 망가지고, 우리의 옛사람에게는 흔적만 겨우 남아 있을 뿐이다. 따라서 인간은 새사람을 입어 원래 지음 받은 형상을 회복해야 한다(골 3:10). 하나님의 형상이 회복된 새사람은 의와 진리의 거룩함이 회복되는 것이요(엡 4:23-24), 하나님과 평안을 누리는 것이다(롬 8:6). 또한 형상이 회복된 새사람은 지식이 회복되었기 때문에 하나님과 하나님의 뜻에 대해 올바로 이해하고 즐거이 순종하며, 하나님을 찬양하고 그분께 영광을 돌리게 된다.

회복할 방법을 마련해 두셨다. 둘째 아담을 통해 하나님 형상의 회복을 계획하신 것이다. 우리 인간의 사악함을 없애고 다시 거룩함과 의로움으로의 회복을 그리스도 안에 두셨다. 하나님께서 그리스도로 하여금 지혜와 의로움과 거룩함과 구속이 되게 하신 것이다(고전 1:30).

그러므로 그리스도께로 피해야 한다. 그리스도께로 향하여 나아가서 인간성을 파괴하는 마귀의 지배 아래에서 벗어나야 한다. 그리스도께서는 우리를 악한 자로부터 보호하신다(살후 3:3). 아담은 동산에서 쫓겨났지만 둘째 아담은 우리를 하나님의 낙원으로 부르신다. 따라서 진정한 인간성의 회복은 오직 둘째 아담 안에서만 이루어진다.

질문 7. 그렇다면 인간 본성의 부패는 어디서부터 온 것입니까?

답 | 우리의 첫 번째 부모인 아담과 하와가 낙원에서 불순종하고 타락한 것으로부터 왔습니다.[01] 그로부터 우리의 본성은 극히 부패하게 되었고,[02] 그래서 우리는 죄악 중에 잉태되었고 죄 가운데 태어났습니다.[03]

❶ 하나님께서 인간을 하나님의 형상으로 의롭고 거룩하게 만들었다면, 인간의 고집스럽고 악한 성질은 어디에서부터 온 것인가 하는 질문을 갖게 된다. 그것은 우리의 첫 번째 조상의 타락으로 인한 것이다. 그로 인해 우리의 본성이 부패하게 되었다. 아담의 타락에 대해 이해하기 위해서는 먼저

01　창세기 3장.
02　로마서 5:12, 18-19.
03　시편 51:5.

하나님과 아담과 맺은 언약을 이해해야 한다.

하나님께서는 아담과 행위 언약을 맺었는데, 아담은 인류의 머리로서 언약의 당사자였다. 아담은 언약을 지킬 수 있었다. 아담의 이해력과 의지는 원래의 의로움과 함께 부여되었기 때문에 아담은 하나님을 알 수 있었으며, 하나님을 완전하게 사랑할 수 있었고, 더욱이 언약의 조건들을 이행할 수 있었다. 이렇게 하나님께서는 아담이 하나님의 말씀을 듣고 하나님을 사랑함으로 언약을 지키기를 원하셨다.

하나님께서는 동산의 모든 나무의 실과는 먹되, 선악을 알게 하는 나무의 실과는 먹지 말라고 하셨다. 이것은 하나님께서 인간을 괴롭게 하려고 혹은 올무에 빠지게 하려고 명령하신 것이 아니다. 다만 자신이 가진 능력으로 계명을 지킴으로써 아담 자신이 하나님을 사랑하고 하나님께 붙어 있는 것을 보여주면 되는 것이었다. 선악을 알게 하는 나무는 단지 시험하는 도구였던 것이다. 그럼에도 불구하고 아담은 하나님의 명령에 반대되는 행위, 즉 선악을 알게 하는 나무를 먹음으로 언약을 어기고 말았다(호 6:7). 이것이 타락이다.

❷ 아담의 죄는 결코 작은 죄가 아니다. 단순한 하나의 죄로 여겨 '죄송합니다'라고 말하는 것으로 무마할 수 있는 죄가 아니다. 의도적이고도 뻔뻔한 불순종이었다. 아담은 창조주보다 피조물을 더욱 사랑하였고, 하나님께서 경고하신 죽음의 위협을 우습게 여겼으며, 약속을 어겼다. 그는 생명을 경멸하였고, 자신의 은혜로운 창조주보다 마귀의 말을 더욱 믿었다. 아담은 하나님과의 교제를 거절하고 자신이 원하는 것을 얻기 위해 금지된 것을 행하였다. 더욱이 마귀에게 속아서 하나님과 같이 되기를 원하였다.

이러한 아담의 죄는 불의의 끈이 되어서 인간의 성질을 즉시로 망가뜨렸다. 아담의 죄는 그의 모든 행위에 영향을 미치게 되었고, 모든 악한 일로 기울어지게 만들었다. 즉, 인간에게 있는 하나님의 신적 형상은 완전히 손상되었다. 그의 지혜는 어리석은 것이 되었고, 그의 의로움은 불의한 것이 되었으며, 그의 거룩함은 불순한 것이 되었다.

더욱이 마귀의 말을 듣고 마귀를 선택함으로 마귀의 성질도 얻게 되었다. 결국 인간은 죄의 종으로 살아갈 수밖에 없게 되었다. 하나님의 형상을 잃어버림으로 인하여 의를 행하려고 해도 할 수 없게 되었다. 죄를 통하여 마귀는 죄인을 주관하게 되었다. 인간은 실제적으로 마귀의 종이 되었다(요 8:44; 히 2:14-15).

❸ 아담과 하와가 행한 범죄의 결과는 예외 없이 자신들의 모든 후손에게 미치게 되었다(롬 5:12). 따라서 우리 모두는 죄 가운데 잉태되었고, 죄 가운데서 태어났다. 이러한 부패된 본성을 원죄라고 부른다.[04] 왜냐하면 부패된 본성은 우리의 부모로부터 유전되었기 때문이다. 이것을 다윗은 "내가 죄악 중에서 출생하였음이여 어머니가 죄 중에서 나를 잉태하였나이다"(시 51:5)라고 말하였다. 원죄는 우리의 자연적 유죄 상태를 구성한다(롬 5:12; 시 51:5). 이것을 원죄의 전가라고 부른다. 그리고 이러한 자연적 유죄로 말미암아 인간은 본성상 진노의 자식들이 되었다(엡 2:3).

실제적으로 인간은 죄와 마귀의 주관에 굴복하게 되었고, 하나님의 권세에 저항하게 되었다. 단순한 하나의 죄가 아니라 인간이 죄악에 완전히 기울어져서 말하고 행하는 것 모두가 죄를 구성하게 된 것이다. 이제 인간은 영원한 행복의 상태에서 죽음의 상태로 떨어졌다. 육체의 죽음은 물론이거

---

[04] 원죄로 인한 죄성으로부터 개인이 범하는 실제적인 죄를 자범죄(Actual sins)라고 말한다. 사람은 마음으로 범죄하고 몸으로 범죄하며, 연약하여 범죄하고, 무지하여 범죄하며, 또한 알고도 의도적으로 죄를 범한다.

니와 영적인 죽음이 찾아왔다.

❹ 원죄로부터 실제적인 죄가 증가되었다. 알고 짓는 죄와 무지하여 짓는 죄들이 계속 증가되었다. 그래서 생각과 말과 행동에서 죄가 넘치며, 하나님께서 금하신 것을 어기는 죄, 명령하신 것을 이행하지 않은 죄들이 증가되었다(호 6:7; 약 4:17). 물론 의도적으로 짓는 죄들도 있는데, 이것은 변명의 여지가 없는 것이다.

또한 연약함으로 인하여, 혹은 생각 없이, 유혹에 대해 느슨함으로 인하여 짓는 죄들도 있다. 자기 자신이 직접 짓는 죄가 있으며, 한편으로 다른 사람의 죄에 연루되어서 죄를 짓거나 혹은 다른 사람의 죄를 돕는 경우도 있다. 이 모든 것들이 죄다. 가장 심각하고 무거운 죄로는 성령을 훼방하거나 모독하는 죄가 있는데, 이것에는 죄 사함이 없다. 이는 이미 하나님의 진리를 경험하고 이해하였으나 진리를 내어버리고 의도적으로, 악의를 가지고 진리에 대해 훼방하는 경우다(히 6:4-6).

❺ 아담의 죄는 모든 인간이 태어나면서부터 죄인인 상태가 되게 만들었다. 또한 그의 타락은 인간을 악하게 만들었다. 모든 인간이 자연적으로 죄인이며, 혐오스럽게 부패되어 버린 것이다. 이러한 영적인 상태를 깨달아야 비로소 나 자신을 아는 것이다. 우리는 태어나면서부터 비참한 상태인 것을 깨달아야 한다. 이 깨달음을 통해 죄인은 겸손하게 된다.

이러한 자신의 상태를 깨닫게 될 때, 더 이상 자신을 자랑하는 말을 하지 않으며, 자신을 대단한 존재로 여기던 생각을 버리게 된다. 아직까지 자신의 죄와 그로 인한 비참함을 깨닫지 못하였다면 하나님의 율법을 통해 성령의 역사가 임하기를 구하여야 할 것이다. 성령의 역사가 있어야 자신이 비참한 죄인이라는 것을 비로소 깨달을 수 있기 때문이다.

질문 8. 인간이 그토록 부패되어서 우리는 완전히 어떤 선한 일도 할 수 없고, 모든 악한 일에만 기울어져 있습니까?

답 | 예.[01] 성령으로 거듭나지 않는 한 그렇습니다.[02]

❶ 앞의 질문 7번에서는 아담의 타락이 모든 사람에게 퍼진 것을 언급하였다면, 질문 8번은 이러한 부패가 모든 사람의 본성에 얼마나 깊이 영향을 미쳤는지에 대해 설명하고 있다. 인간에게는 선을 행할 수 있는 능력이나, 악에 대해 저항할 수 있는 어떤 능력도 남아 있지 않다(요 3:6; 롬 8:7; 엡 2:5; 롬 7:14; 마 7:16; 창 8:21). 자연인은 선한 것을 알 수도 없다. 자기 스스로 만든 도덕법을 가지고 행동하지만 이것은 하나님의 법과 조화를 이루지 못하는 것이다(고후 3:5).

그리고 인간은 선을 행할 수 없는데, 죄가 그를 지배하고 있기 때문이다(엡 2:3). 따라서 그의 모든 지체가 죄의 종이 될 뿐 아니라(롬 6:19) 육체가 죄에 익숙해져 습관처럼 형성되었다. 배워서 죄를 행하는 것이 아니라(창 8:21; 욥 14:4) 본성 자체로부터 죄를 범하고 있다. 따라서 본성 자체가 바뀌지 않는 한 죄도 계속되는 것이다.[03] 이러한 인간은 자신 스스로를 돕거나 회복시킬 수 없으며, 구원할 수도 없다. 죄로 인한 무능 그 자체다.[04] 로마서 1장 18-32절에서는 이러한 인간의 부패성이 역사 속에서 어떻게 나타났는지를

---

01 창세기 6:5; 8:21; 욥기 14:4; 이사야 53:6.
02 요한복음 3:3-5.
03 그래서 자연인은 중생이 필요하다.
04 이러한 성경적 가르침에 반대하는 이론들이 있다. 펠라기우스, 반-펠라기우스, 그리고 알미니안주의이다. 이들은 인간이 죄로 인해 어느 정도 약해졌으나, 충분히 자신이 믿어야 할 필요성을 분명하게 인식할 수 있는 능력이 있다고 주장한다. 그래서 이들은 하나님께서 인간 스스로가 믿을 수 있도록 도와주시기만(mere assisting grace) 하면 된다고 생각한다. 이러한 오류의 원인은 결국 교만과 자기 사랑, 죄의 성질에 대한 무지와 거룩에 대한 무식에서 기인한다.

잘 설명하고 있다.

❷ 그래도 어떤 사람들은 자신을 기꺼이 희생하여 남을 돕거나 선한 일들을 행하지 않는가 하는 질문을 할 수 있다. 그리고 세상에 나쁜 사람보다는 좋은 사람이 더 많이 살고 있지 않느냐는 반론을 제기할 수도 있다. 물론 자연인 상태에서 외적으로 선한 사업을 하거나 좋은 일들을 행할 수 있다. 그러나 이러한 선한 행위들은 하나님을 사랑하거나 하나님의 영광을 위한 것이 아니기 때문에 진정으로 선한 행위라고 할 수 없다.

즉, 자신의 이기적인 목적 혹은 자신의 명예 또는 처벌의 두려움 가운데 행하는 것이어서 선한 일로 간주될 수 없다. 또한 인간들이 악함에도 불구하고 세상이 완전히 악으로 치우치지 않은 것은 하나님께서 인간들의 악을 제어하시기 때문이다. 결코 인간 스스로의 덕 때문에 세상이 평화로운 것이 아니다.

❸ 인간은 자신이 이토록 완전히 부패되었고 악하다는 것을 알기 전까지는 구원의 필요성을 인식하지 못한다. 또한 자신의 부패를 깨달았다 하더라도 스스로의 힘으로 자신을 개선하거나 개혁할 수가 없다. 본성 자체가 부패되었기 때문에 능력이 없다. 그럼에도 불구하고 사람들은 자신을 개혁한 것처럼 말하고 그것에 따라 스스로의 의에 빠지기도 한다(렘 13:23; 사 57:10, 12; 계 3:17). 그러나 이것은 스스로를 속이는 것에 불과하다.

또한 혹자는 교육을 통하여 인간의 심성 변화를 추구한다. 어느 정도의 외적 효과는 있을 수 있으나, 인간의 본성을 바꾸지는 못한다. 따라서 자신의 부패성과 무능, 악에 익숙한 의지를 바르게 깨닫는다면 겸손해질 수밖에 없다. 그리고 자신을 신뢰할 수 없다는 것을 알게 된다. 따라서 자신의 그러한 비참한 상태에서 구원받기를 갈망하게 되는 것이다(롬 7:24).

❹ 인간은 이렇게 전적으로 부패된 자신을 바꾸거나 개혁할 수 없다. 죄를 짓지 않으려고 하지만 여전히 죄 가운데 있는 자신만을 발견할 뿐이다. 인간의 부패한 본성을 바꿀 수 있는 것은 오직 성령의 역사로 인한 중생, 혹은 거듭남을 통한 본성의 변화밖에는 없다.

거듭남이란 하나님 말씀의 씨가 심령에 떨어지고 성령의 역사를 통하여 하나님의 형상으로 갱신되어서, 새로운 신적 빛과 생명을 얻는 것을 말한다. 거듭남으로 인하여 죄인에게 역사했던 죄의 힘은 부서지고, 하나님의 뜻을 행할 수 있는 새로운 능력을 받는 것이다(딛 3:5; 고후 4:6; 엡 2:5, 10; 렘 31:33-34; 32:40; 겔 36:26-27). 그래서 선을 행하고 악을 이기기 위해서는 거듭남이 반드시 필요하다.

❺ 자신의 무능을 깨닫는 것이 중요하다. 우리가 하나님께서 명령하신 계명을 우리 자신의 힘으로 다 지켜 행할 수 없다는 것을 생각한다면 우리의 무능을 알 수 있다. 실제적으로, 그리고 경험적으로 자신이 선을 행할 수 있는 능력이 없다는 것을 깨달아야 한다. 그래야 거듭남의 필요성을 인식할 수 있다. 그리스도께서 분명히 거듭남의 필요성에 대해 강조하셨지만(요 3:1-8) 오늘날의 교회들은 거듭남의 필요성 대신에 인간의 의지로 거듭날 수 있음을 강조하고 있다.

이러한 전도 방식에서는 자신의 회심을 더 이상 미루지 말라고 요청한다. 이것은 자신 스스로를 회심시킬 수 있다고 믿는 것인데, 성경에서 떠난 가르침이다. 이러한 전도 메시지나 방식은 결국 성령께서 그 영혼의 성질을 변화시키는 역사를 생략하게 만든다. 따라서 자신의 의지로 예수를 믿겠다고 하지만, 영적 성질로의 변화가 없기 때문에 결국 결심이 약해지거나 사라지게 되면 포기하는 자들이 되거나 명목상의 신자로서 단지 종교생활만 하게 되는 것이다. 따라서 중생의 필요성을 이 시대에 강조해야 한다. 실제로 중생하지 않으면 하나님 나라에 들어갈 수 없기 때문에 이 가르침은 중요한 것이다.

제4주

질문 9. 인간이 실행할 수도 없는 율법을 지키도록 요구하시는 것은 하나님께서 인간에게 잘못 행하시는 것이 아닙니까?

답 | 절대로 그렇지 않습니다. 하나님께서는 인간이 율법을 지킬 수 있도록 만드셨습니다.[01] 그러나 인간이 마귀의 선동에 의해서[02] 의도적 불순종을 함으로,[03] 자신과 자신의 모든 후손에게서 (율법을 지킬 수 있는 능력인) 하나님의 선물을 박탈시켰습니다.[04]

❶ 이미 앞선 질문(6번)의 답을 통해 하나님께서는 처음 인간을 만드실 때, 능력을 부여하셨다고 했다. 하나님께서는 인간을 자신의 형상으로 만드실 때 계명을 지킬 수 있도록 능력을 주셨다. 그리고 계명을 수행하도록 인간에게 요구하셨다. 그러나 인간이 마귀에게 미혹되어 의도적인 불순종을 함

---

01 창세기 1:31; 에베소서 4:24.
02 창세기 3:13; 요한복음 8:44; 디모데전서 2:13-14.
03 창세기 3:6
04 로마서 5:12, 18-19.

으로 말미암아 자신뿐만 아니라 자신의 모든 자손들 또한 계명을 지킬 수 있는 능력을 잃어버렸다. 따라서 인간 스스로가 자신을 비참하게 만든 책임을 하나님께 떠넘길 수 없다. 인간의 무능은 하나님의 책임이 아니다(질문 7번에서 이것에 대해 이미 살펴보았다).

❷ 물론 죄인이 선을 행할 수 있는 능력이 없다는 것이 자유의지 자체를 상실했다는 뜻은 아니다. 다만 죄로 인하여 덕스러우며 거룩한 자유의지를 잃어버린 것이다. 그리고 그 의지는 죄악을 행하고자 하며 선한 것은 전혀 행할 수 없다. 의지가 죄의 종이 된 상태다(요 8:34, 36). 따라서 의지가 죄로부터 해방되어야 한다. 또한 죄인의 이해력은 완전히 어두워져서 선한 것을 보지 못하고 악한 것에 기울어져 있으며, 그것으로부터 즐거움을 취한다. 죄인은 불의한 것 속에서 기쁨을 얻는다(살후 2:12). 그래서 여전히 선을 행할 수 없는 것이다(요 8:44).

❸ 그렇다면 하나님께서는 현재 인간들이 하나님의 율법을 완전히 지킬 수 없다는 것을 알고 계시는데도(롬 3:20) 지키도록 요구하시는 이유가 무엇인가? 이는 하나님의 거룩하심과 불변성으로 인한 것이다. 하나님께서 율법을 지키라고 요구하시는 것은 공의가 그 속에 있기 때문이다. 인간이 비록 지킬 수 없다 할지라도 하나님께서는 인간에게 공의를 요구하신다. 더구나 거듭나지 않은 자들에게 있어서 율법은 특별한 기능을 하기 때문에, 하나님은 그들에게 율법을 지킬 것을 요구하신다.[05]
거듭나지 않은 자들은 구체적으로 두 부류로 나눌 수 있다. 선택된 죄인

---
05 거듭난 자에게 율법의 기능은 신앙고백서 제44주에서 언급하고 있다.

elect sinners과 유기된 자reprobates다. 선택된 죄인에게 율법은 그들로 죄를 깨닫게 하고, 자신들의 비참함을 알게 해서 그리스도께로 달려가도록 만드는 기능을 가지고 있다. 그러나 유기된 자들에게 율법은 그들이 더욱 악해지지 못하도록 제어 기능을 하고, 결과적으로 인간 사회가 악으로 완전히 파산 지경에 이르지는 못하도록 막아준다.

또한 율법은 하나님께서 유기된 자들을 심판하실 때 그들이 정죄되는 것의 마땅한 근거로 제시될 것이다. 그래서 인간들이 율법을 완전히 지킬 수 없음에도 하나님께서는 지킬 것을 요구하시는 것이다.

❹ 한편으로, 거듭나면 율법을 완전히 지킬 수 있는가 하는 질문을 갖게 된다. 그렇지 않다. 거듭났을지라도 상당 부분은 여전히 선을 행할 수 없다(요 6:5; 고후 3:5). 여기에서는 거듭나지 않은 자의 무능과 거듭난 자의 무능이 구별되어야 한다. 중생하지 않은 자연인은 죄의 상태에서 죽은 것이다. 따라서 반드시 되살아나야 한다. 그러나 중생한 자는 영적으로 깨어난 것이며, 은혜의 영향으로 영적인 삶이 진전되어야 하는 상태다. 그래서 중생한 자는 선한 것을 추구하고자 하는 성향이 새겨졌지만 여전히 하나님의 은혜와 그리스도께서 주시는 힘으로 선을 행할 수 있는 것이다(빌 4:13). 즉, 중생한 자는 항상 하나님의 은혜의 영향 아래에서 선을 행할 수 있다.

질문 10. 하나님께서는 이러한 인간의 불순종과 배교를 처벌하지 않은 상태로 허용하실 것입니까?

답 | 그것은 분명히 아닙니다. 하나님께서는 우리의 원죄는 물론이거니와

우리의 자범죄를 지독히 싫어하십니다. 따라서 하나님께서 공정한 심판으로 그것들을 현재에서, 그리고 영원히 처벌하실 것입니다.[01] 하나님께서는 갈라디아서 3장 10절에서 다음과 같이 선언하셨습니다. "무릇 율법 행위에 속한 자들은 저주 아래에 있나니 기록된 바 누구든지 율법 책에 기록된 대로 모든 일을 항상 행하지 아니하는 자는 저주 아래에 있는 자라 하였음이라."[02]

❶ 하나님께서는 죄를 지독히 싫어하시기 때문에 심판하신다(신 27:26; 갈 3:10). 하나님께서 죄에 대해 심판하시는 것은 반드시 필요한 일인데, 죄가 하나님의 거룩과 의와 권위에 대해 도전하는 것이기 때문이다. 하나님은 그의 거룩하심에 반대되는 모든 것을 심판하신다. 또한 하나님께서는 그의 의로우심으로 인해 악을 심판하신다.

하나님께서는 공정한 심판으로 죄인들을 처벌하신다. 그 심판 중에는 이 세상에서의 일시적인 심판이 있는데, 육체적인 것과 영적인 것이 있다. 육신적으로 받는 심판은 죄인에게 부끄럽고 아프며 고통스러운 것들이다. 하나님은 죄를 범한 자들에게 때로는 빈곤으로 처벌하시기도 하며(호 5:12), 육신적인 병으로 치시기도 한다(욥 18:14,18).

영적으로 이 땅에서 심판하는 도구들은 죄인들로 하여금 영적인 눈이 감기게 해서 어두움 가운데 두거나(롬 2:21), 죄인들의 마음을 강퍅하게 해서 회개할 수 없도록 하는 것이다(사 6:9-10). 또한 죄인들을 그들의 정욕에 사로잡힌 상태로 내버려두시기도 하는데 이깃 역시 하나님의 심판이나(롬 1:28). 하나님께서는 심판의 방법으로 때로는 죄인이 사탄의 지배 아래에 있도록 넘기기도 하시며(삼상 16:14), 끊임없는 양심의 불안에 빠져 고통스럽게도 하신

---

01 출애굽기 34:7; 시편 5:4-6; 7:10; 나훔 1:2; 로마서 1:18; 5:12; 에베소서 5:6; 히브리서 9:27.
02 신명기 27:26.

다(마 27:5).

하나님의 심판은 이 땅에서 일시적인 것으로 끝나지 않는다. 영원히 꺼지지 않는 불의 심판이 있으며(유 1:7) 지옥의 심판이 있다(마 23:33). 죄인들과 범죄자들은 가장 무서운 장소로 던져질 것이며(벧전 3:19; 눅 16:23), 어두운 곳에서 슬피 울며 이를 갊이 있을 것이다(마 25:41, 46).

❷ 원죄에 대해서도 심판하신다. 알미니안주의자들은 원죄는 아담의 죄이기 때문에 우리에게는 해당하지 않는다고 주장한다. 소시니안주의자들도 하나님의 심판 교리를 부정한다. 그러나 원죄는 우리에게 부패로 유전되었기 때문에 하나님께서 공정하게 자범죄와 함께 심판하신다(사 48:8). 악한 성향이 우리에게까지 전해져 내려왔기 때문에, 악한 욕망들은 여전히 우리 속에 있다(엡 2:3; 롬 5:14). 그리고 이것은 실제적인 죄다.

따라서 원죄를 부정하는 펠라기우스주의나 알미니안주의는 죄와 죄성의 지독함에 대해 무지한 것이다. 이러한 사상들은 결국 은혜를 약화시키며, 중생의 역사를 필요 없는 것으로 전락시키는 한편 인간의 자유의지의 능력을 찬양한다. 또한 하나님의 공의와 사랑에 있어서, 공의를 무시하고 오직 하나님의 사랑만을 강조하는 극단으로 치우치게 된다.

❸ 심판의 본질은 저주다. 저주라는 것은 하나님의 은혜로부터 배제되고 멸망에 이르게 하는 것을 의미한다. 하나님께서는 율법에 기록된 것을 지속적으로 지키지 않을 때, 저주가 있을 것이라고 선언하셨다(신 27:26; 갈 3:10). 죄에 대한 심판은 어떤 여지도 없이 분명하다는 것을 말씀하고 있다(갈 6:7; 시 50:21; 히 9:27).

성경에서는 인간을 향한 하나님의 심판에 대한 경고가 기록되어 있다. 아담과 하와(창 3:16-19), 가인(창 4:11-12; 유 1:11), 광야에서의 이스라엘 백성(출 32:28; 고전 10:5-6), 고라의 반역(민 16:31-33), 아간(삿 7:25-26), 사울(삼상 15:26; 31:4), 아나니아와 삽비라(행 5:5, 10) 등에 대한 심판을 예로 들 수 있다. 하나님의 심판 중 마지막 심판의 예표로는 홍수 심판(창 7:23)이 있으며, 소돔과 고모라에 대한 심판(창 19:24-25), 바로와 애굽에 대한 심판(출 14:27; 롬 9:17), 예루살렘에 대한 심판(마 24장)이 있다.

❹ 하나님의 공정한 심판을 깨닫는 것은 그리스도께로 피하며, 그리스도 안에서 의로움을 얻기 위해 반드시 필요한 것이다. 따라서 우리의 죄를 깨닫는 것과 더불어 하나님의 엄중한 심판을 인식하는 것이 필수적이다. 그러나 이때 자신의 심령을 강퍅하게 하는 경우도 있다. 여호와께서 아하스 왕을 곤고하게 만들었을 때, 아하스 왕은 여호와께 더욱 범죄하였다(대하 28:22). 그는 회개를 거부하고, 하나님께 돌아오기를 거절했다.

이처럼 하나님의 심판을 깨닫게 될 때 유효한 은혜는 심령이 낮아지고 용서와 은혜를 구하게 한다. 그러나 한편으로는 하나님의 심판을 깨달으면서도 자기 스스로 거짓 위로를 하는 경우도 있다. 하나님의 말씀을 통해 엄중한 경고를 듣고도 자신은 하나님의 심판을 받지 않을 것이라고 스스로의 환상 속에 빠져 있는 것이다(신 29:19). 이러한 사람은 회개한 것이 아니며 자신의 죄악에서 떠나지도 않은 것이다. 하나님께서는 이러한 자들에 대해 진노하신다고 분명히 말씀하고 있다(습 2:2). 따라서 자기 자신을 철저히 점검히는 것이 필요하다(습 2:1; 렘 2:19, 23).

질문 11. 그렇다면 하나님께서는 자비로운 분이 아니십니까?

답 | 하나님은 자비로운 분이십니다.[01] 그러나 한편으로 공의로운 분이시기도 합니다.[02] 따라서 하나님의 공의는, 가장 높으시며 엄위로우신 하나님께 대항하여 저지른 죄에 대해 몸과 영혼이 영원한 심판을 받아야 할 것을 요구하고 있습니다.[03]

❶ 회개하지 않는 죄인들은 하나님의 엄중하고 무서운 심판에 대해 불평한다(창 4:13). 그러면서 그들은 하나님은 자비로우신 분인데 어떻게 심판하실 수 있는가 하고 반문한다. 이러한 질문과 반문을 하는 자들은 아직 하나님의 속성에 대해 제대로 이해하지 못하고 있는 상태다. 하나님은 진정으로 자비하신 분이시다. 그러나 자신의 정의를 포기하면서까지 자비를 이행하시는 분은 아니다. 따라서 우리는 하나님의 자비가 어떠한 방식으로 실행되는지에 대해 이해해야 한다.

❷ 하나님은 죄에 대해 일시적으로, 그리고 영원토록 심판하신다. 이때, 하나님은 자비로우시다는 것을 근거로 하나님의 심판에 대해 반대할 수 있다. 하나님께서는 심지어 악한 죄인이라 할지라도 그에게 자비를 베푸신다(눅 6:35). 물론 하나님께서는 선택된 자에게 특별한 구원의 은덕을 베푸심으로 자신의 자비를 실행하신다(엡 2:4-5).

그러나 아직 중생하지 않은 자연인들은 하나님의 자비에 대해 잘못된 개

---

01 출애굽기 20:6; 34:6-7; 시편 103:8-9.
02 출애굽기 20:5; 34:7; 신명기 7:9-11; 시편 5:4-6; 히브리서 10:30-31.
03 마태복음 25:45-46.

념을 가지고 있다. 단지 이성적인 개념만으로 하나님의 자비에 대해 강조하고 하나님의 공의를 무시하는 것이다. 더욱이 자연인은 죄의 중함과 심각성에 대해 아직 깨닫지 못한다. 따라서 하나님의 심판에 대해 너무 무겁다며 불평할 수 있다. 그러나 죄는 작은 문제가 아니다. 모든 죄는 가장 높으신 하나님의 뜻에 반대되는 모든 행동들이다. 죄는 왕 중의 왕이신 하나님을 거역한 것이기 때문에(출 5:2; 시 2:3-4; 눅 19:14) 결코 간과될 수 없는 것이다.

❸ 하나님은 자비로우실지라도 공의로우신 분이시다. 이것은 하나님의 속성 중 하나이며 결코 제외될 수 없는 것이다. 하나님께서는 죄가 반드시 심판될 것을 요구하신다. 그리고 하나님의 자비가 공의를 없애거나 무효화시킬 수도 없다. 따라서 하나님의 공의와 자비는 함께 연결되어 있다(출 34:6-7; 시 111:3, 4; 116:5).

즉, 하나님의 자비와 공의는 서로 충돌되거나 모순되지 않는 것이다(시 11:7; 딤후 2:13). 오히려 하나님의 자비와 공의는 함께 간다. 그리고 각기 자기의 방식과 시간에서 드러난다(출 34:6-7; 살후 1:5-10; 롬 11:22). 예를 들어 하나님은 사람을 홍수로 심판하셨지만, 그 가운데 노아의 여덟 식구는 구원을 경험했던 것이다.

❹ 하나님께서 감사하지 않는 자와 악인에게도 비록 자비를 베푼다 할지라도 죄를 처벌하지 않는 것은 아니다. 하나님의 일반적 자비가 영원한 심판을 면제해 주는 것은 아니다. 이러한 자비는 하나님의 선하심을 증거하고 죄인들을 회개로 초청하는 것이다(벧후 3:9). 그래서 그들로 핑계하지 못하게 하신다(롬 1:19-20; 롬 2:4-5). 만약 하나님께서 죄에 대해 심판하시지 않고 그대로 둔다면 인간들은 하나님을 두려워하지도 않을 것이며, 하나님을 만홀히

여길 것이다(시 50:21; 사 57:11; 겔 33:28-33; 갈 6:7).

❺ 하나님께서는 선택된 백성에게는 특별한 자비를 베푸신다. 그리스도로 말미암아 베푸시는 자비는 하나님의 공의를 만족시키기 위한 것이다(사 53:4-5; 롬 3:25-26). 회개치 않는 자들이 하나님의 자비에 대해 언급하는 것은 하나님의 자비의 속성을 아직 제대로 이해하지 못해서 하는 말들이다. 자신의 생각으로 자기 식의 하나님을 만들어 낸 것일 뿐이다.

그러나 하나님은 거룩하신 분이시다. 따라서 하나님의 공의에 대한 만족 없이 죄인들을 그대로 받아주실 수는 없다. 하나님께서 자신의 백성에게 은혜 언약 아래에서 구원의 은혜를 베푸신 것은 중재자의 죽음으로 하나님의 공의가 먼저 만족되었기 때문이다(히 9:15). 따라서 회개도 없이 하나님의 자비를 언급하면서 죄의 방면을 기대할 수는 없다. 죄로부터 돌아서야 한다(사 59:20).

❻ 따라서 진정으로 회개하는 자는 하나님의 심판의 의로우심을 깨닫는다. 그리고 자신의 불의를 철저히 인정하게 되어 있다. 하나님의 심판에 대해 결코 불평하거나 원망하지 않는다. 십자가 위에서 구원받은 강도는 이러한 영적 상태 가운데 있었다(눅 23:40-41).

이런 사람은 하나님의 심판이 자신의 죄보다 더 무겁다고 항의하지도 않는다. 그리고 자신의 죄를 회개하면서 오직 하나님의 자비에 호소한다. 또한 하나님께서 자신의 비참한 상태 가운데서 건져 주시기를 간절히 눈물로 구한다. 이렇게 회개할 때 자신의 죄가 얼마나 큰지, 얼마나 하나님을 대적한 것인지를 깨닫게 된다. 그러므로 하나님의 공의와 그에 따른 하나님의 심판을 깨닫지 않고서는 하나님의 자비를 깨달을 수 없는 것이다.

제5주

질문 12. 하나님의 의로우신 심판에 따라 우리는 이 땅에서의 일시적 심판과 영원한 심판을 받아 마땅하게 되었습니다. 우리가 이러한 심판을 피하고 하나님께로부터 다시 은혜를 얻을 수 있는 방법은 없습니까?

답 | 하나님께서는 자신의 공의가 만족되게 하실 것입니다.[01] 따라서 우리 스스로에 의해서나, 아니면 다른 사람에 의해서 하나님께서 요구하시는 공의를 만족시켜야 합니다.[02]

❶ 사람은 하나님의 피조물 가운데 가장 영광스러운 존재로 지음 받았지만 가장 비참한 피조물이 되었다. 왜냐하면 자신들을 지으신 하나님을 대적함으로써 하나님의 영원한 심판을 받을 수밖에 없기 때문이다(벧후 2:4). 모든 사람은 하나님의 영광에 이를 수 없게 되었다. 사람들은 자신이 얼마나 비

---

01 출애굽기 20:5; 23:7; 로마서 2:1-11.
02 이사야 53:11; 로마서 8:3-4.

참한 상태인지 먼저 깨닫고 구원의 필요성을 철저히 느껴야 한다.

그러나 반드시 하나님의 공의가 먼저 만족되어야 한다. 죄를 지은 죄인들은 하나님의 의로우신 심판에 의해 일시적인 심판(이 땅에서 받는 것)과 영원한 심판을 받을 수밖에 없다. 죄에 대한 하나님의 태도는 단호하시다. 공의의 하나님께서는 그의 의로우심에 따라 모든 불의와 죄에 대해 심판하셔야 한다.

❷ 따라서 죄인은 하나님의 의로우심에 대해서뿐만 아니라 불의와 죄를 심판하시는 것에 대해서도 철저히 깨달아야 한다. 그래서 자신이 유죄 상태에 있다는 것을 알고 죄에 대한 심판 때문에 영혼이 괴로운 상태 가운데 있어야 한다. 그리고 그 죄에 대해 슬퍼해야 한다(애 5:16; 렘 31:18-19). 죄인은 구원(용서함)받기를 갈망해야 하며, 심판으로부터 피할 수 있는 길을 찾아야 한다(행 2:37).

물론 이때 죄인들은 죄를 짓지 않으려고 결심도 하고, 하나님을 더욱 잘 섬기려고 애를 쓰기도 하지만 그러한 노력들로는 자신의 죄를 어찌 할 수 없다는 것을 깨닫게 된다. 즉, 이러한 노력을 했던 죄인들은 자신들이 얼마나 무능하고 부패한 가운데 있는지를 깨닫고 더욱 근심에 빠지게 된다(사 57:10; 행 16:30). 이것은 하나님께서 우리를 낮추시는 작업이다. 오직 은혜만을 의지하고 구하게 하기 위한 것이다. 그래서 용서함 받은 이후에도 높은 마음을 품지 않게 하기 위한 것이다.

❸ 결국 죄인은 자신의 죄를 용서받기 위한 어떤 행위도 하나님께서 요구하시는 공의를 만족시킬 수 없다는 것을 깨닫는다. 그리고 누군가에 의해서 이 공의를 만족시키기 위한 대가 지불이 필요하다는 것을 알게 된다. 그가 심판을 대신 받든지, 혹은 부채를 대신 지불해주는 일이 필요하다는 것이다. 하

나님께서는 죄에 대한 심판을 자신의 아들에게 모두 쏟아 부으셨다(고후 5:21). 이것은 죄인들을 심판에서 구원하시기에 정말로 충분한 것이다(롬 3:25).

마가복음 10장 45절에 보면 이 진리에 대해 말씀하고 있다. "인자가 온 것은 섬김을 받으려 함이 아니라 도리어 섬기려 하고 자기 목숨을 많은 사람의 대속물로 주려 함이니라." 결국 자신의 죄를 없이 할 수 없으며, 죄에 대한 하나님의 심판이 엄중하다는 것을 깨닫게 된 죄인은 용서의 방법을 간절히 찾게 된다. 그리고 하나님께서 마련하신 은혜의 방편인 그리스도를 깨달음으로써 마침내 하나님의 용서를 체험하게 된다. 용서와 구원을 체험한 자는 마땅히 그리스도를 높이고, 자랑하게 되어 있다(고전 1:29-30). 이렇게 하나님께서는 자신의 공의가 만족되게 하셨고, 동시에 은혜를 베푸심으로 영광스럽게 되셨다(엡 1:7).

❹ 그러나 영적으로 부주의한 죄인들은 이 세상의 삶에 매여 분주하게만 지내며, 자신의 영적 상태에 대해서는 관심도 없고 돌아보지도 않는다. 그들은 영원한 구원에 대해 심각하게 생각하지 않는다. 그들은 자신들의 배를 섬기며 세상적인 것에만 마음을 두는데, 이로써 결국 영원한 멸망에 이르게 되는 것이다.

물론 교회 안에 있는 자들 가운데서도 영적으로 부주의하여 자신을 속이는 이들도 있다. 때때로 자기 스스로 믿는다고 결심하고, 또 교회 안에서 봉사를 하고 종교적 행위를 통해 자신이 구원받았다고 여기는 경우다. 이들은 자신이 믿는다고 결심한 것을 믿음이라고 생각하며, 더욱이 자신들의 수고가 있기 때문에 구원받는다고 생각한다. 그러나 이런 이들 가운데는 자신들의 죄로 인한 비참함과 그것에 대한 하나님의 심판을 깨닫지 못한 경우가 많다. 진정한 회개와 믿음이 일어나지 않은 경우다. 매우 위험한 경우들이다.

질문 13. 그렇다면 죄인인 우리 자신이 하나님의 공의를 만족시킬 수 있습니까?

답 | 우리는 결코 하나님의 공의를 만족시킬 수 없습니다. 오히려 반대로 우리는 날마다 우리의 부채를 증가시킬 뿐입니다.[01]

❶ 하나님의 공의를 만족시킬 수 있는 방법은 두 가지다. 율법이 요구하는 것을 완전하게 지키거나, 아니면 율법을 지키지 못한 데 대한 형벌을 받는 것이다. 그런데 이 두 가지는 우리 자신이 할 수 없는 것들이다. 인간은 선을 행할 수 있는 능력을 상실했다(욥 9:2-3; 시 143:4; 롬 8:7; 마 16:26). 우리에게 외적으로 선행 같아 보이는 것들이 있다 하더라도 그것은 더러운 옷과 같을 뿐이다(사 64:6).

로마 교황주의자들이 주장하는 것처럼 우리가 선한 일을 행하고 때로는 고행을 한다 하더라도 그것은 하나님의 공의를 완전하게 만족시킬 수 없다. 그러한 행위들이 다 부족한 것이기 때문이다(욥 10:2-3; 시 130:3). 우리는 하나님의 공의를 만족시킬 수 없다. 죄의 부채를 갚을 수 있는 방도가 우리 자신에게는 없기 때문이다(마 18:24-25).

더욱이 우리는 날마다 새로운 죄들을 더함으로 우리 죄의 부채는 날로 더욱 증가된다. 그래서 하나님의 공의를 결코 만족시킬 수 없다(계 18:5). 그렇다고 해서 인간이 하나님의 심판을 견뎌냄으로 하나님의 공의를 만족시킨다는 것은 더더욱 불가능한 일이다. "우리 중에 누가 삼키는 불과 함께 거하겠으며 우리 중에 누가 영영히 타는 것과 함께 거하리요"(사 33:14)라는 말씀과

---

01 시편 130:3; 마태복음 6:12; 로마서 2:4-5.

같이 하나님의 영원한 심판을 견디어 낼 수 있는 영혼은 아무도 없다.

❷ 그렇다면, 우리 자신이 하나님의 공의를 만족시킬 수 없기 때문에, 다른 사람을 통하는 방도가 필요하다. 만약 죄인이 스스로 혹은 다른 사람을 통해 하나님의 공의를 완전히 만족시키고, 그것에 의해 심판에서 방면되고 은혜를 다시 받을 수 있다면 그는 구원받을 수 있는 것이다.

❸ 하나님의 공의와 심판에 대해 깨닫고 나면 죄인들은 자신의 삶을 개혁하려고 시도한다. 그러나 곧 자신들에게는 능력이 없음을 인정하게 된다. 자신의 삶을 개선해보려고 하지만 결코 개선할 수 없음을 알게 된다. 그래서 그 영혼은 겸손해진다. 스스로 의로워지려는 시도들을 포기하게 되고, 오직 하나님의 은혜로 덧입기를 소망하고 갈망하게 된다.

그러나 어리석은 율법주의자들은 은혜 위에 행위를 더하여서 의롭게 되며, 하나님의 심판을 피할 수 있는 것으로 여긴다. 율법주의자들은 하나님의 율법을 온전히 지킬 수 없다는 것에 동의하지 않는다. 오히려 자신들의 부족한 행위를 과대평가하고 그것을 근거로 하여 의롭게 되는 것으로 생각한다.

따라서 율법주의자들에게 나타나는 영적인 특징은 교만이다. 이러한 모습은 알미니안주의자들도 마찬가지다. 자신들의 영적 무능을 인정하지 않으면서 스스로 의로워지려고 한다. 자신들에게 충분히 그리스도를 선택할 수 있는 능력이 있다고 생각한다. 따라서 그리스도를 선택하고 믿는 주체인 자신이 중요하다. 그들이 이렇게 생각하는 가장 주된 원인은 하나님의 공의와 심판을 무시하고 오직 하나님의 사랑만을 강조하는 사상 체계 때문이다.

질문 14. 그러면 어떤 피조물이 우리를 위해 하나님의 공의를 만족시킬 수 있습니까?

답 | 없습니다. 우선 하나님께서는 인간이 지은 죄 때문에 어떤 다른 피조물들을 대신 심판하지 않으십니다.[01] 더욱이 피조물들은 다른 사람을 구원하기 위해 죄에 대한 하나님의 영원한 진노를 담당할 수가 없습니다.[02]

❶ 다른 사람의 죄를 방면해주기 위해 하나님의 공의를 만족시킬 수 있는 사람이나 피조물은 없다. 천사들이 심판을 대신 받을 수도 없다. 죄에 대한 심판은 몸과 영혼에 부과하는 것인데 천사들은 영적 존재이기 때문이다. 동물들도 하나님의 공의를 만족시킬 수 없다. 동물들은 영혼이 없고 자발적으로 심판을 취할 수 없기 때문이다.

구약에서의 희생제사 제도는 죄에 대한 심판을 만족시키기에 충분할 만큼 완전한 제도가 아니었다(히 10:3-4). 그러면 영적 존재인 우리와 같은 인간이 우리의 모든 죄와 인류의 죄를 위해 지불할 수 있는가? 할 수 없다. 인간은 먼저 자신의 죄에 대해 책임을 져야 하기 때문이다.

❷ 어떤 사람이 다른 사람을 위해 기꺼이 죄를 대신 감당하려는 의도를 가질 수 있다. 그러나 먼저 자신의 죄부터 감당해야 할 것이다(갈 6:5). 이스라엘 백성이 범죄했을 때, 모세는 자신의 이름을 생명책에서 지우고 그들을 용서해달라는 요청을 하였다. 그러나 하나님께서는 모세의 요청을 거절하였다(출 32:30-35). 인간은 자기 자신의 죄로 인해 하나님의 공의를 만족시킬

---

01 에스겔 18:4, 20; 히브리서 2:14-18.
02 시편 130:3; 나훔 1:6.

수 없다(질문 13번에서 이미 살펴본 것처럼). 따라서 다른 사람의 죄를 위해서도 하나님의 공의를 만족시킬 수 없는 것이다.

인간이 다른 사람을 위해 하나님의 공의를 만족시키려면 그 자신이 전능한 능력을 가지고 있어야 할 것이며, 그를 완전하게 변화시켜서 더 이상 그가 하나님의 진노를 받지 않도록 해야 할 것이다. 그러나 인간은 그렇게 할 수 없다. 설사 인간이 다른 사람을 위해 하나님의 공의를 만족시킬 수 있다 하더라도(물론 할 수도 없지만), 어떤 인생도 그를 계속 의지해서 살아갈 수는 없기 때문이다(사 44:21-25; 렘 17:5-8).

❸ 더구나 하나님의 진노는 무섭고 무거운 것으로, 인생이 감당할 수 있는 것이 아니다(시 76:7; 90:11). 하나님의 영원한 진노를 감당할 수 있는 피조물은 없다. 자기 자신에 대한 영원한 정죄도 감당하지 못하는데, 다른 사람을 위해서는 더더욱 불가능한 것이다(시 130:3). 따라서 어떤 방법을 사용해서도 자신의 형제를 구속할 수 있는 사람은 없다. 자신을 위해 하나님께 속전을 드릴 수도 없다. 왜냐하면 영혼의 구속을 위해 치러야 할 값이 너무 비싸기 때문이다(시 49:7-8).

❹ 자신의 죄와 하나님의 심판을 깨달은 죄인은 하나님의 심판을 피할 수 있는 길을 찾게 되어 있다. 왜냐하면 이러한 하나님의 심판은 도무지 감당할 수 있는 것이 아니기 때문이다. 심판을 피할 수 있는 길이나 방법을 찾기 전까지 그 영혼은 하나님의 심판의 엄중함 때문에 도무지 평안이 없다. 감당치 못할 자기 죄의 무게가 양심을 내리누르고 고통을 가중시킨다. 이러한 영적 상태는 자신에게 구원자와 중보자가 절대적으로 필요하다는 것을 인정하도록 만든다. 그러나 어리석은 죄인들은 이러한 고통을 잊어버리려고

애쓰거나, 인간적인 방법과 수단을 통해 잘못된 위로를 받으려고 한다. 결국 어리석은 죄인들은 회개하지 않는다.

질문 15. 그렇다면 우리는 어떠한 중보자와 구원자를 반드시 찾아야 합니까?

답 | 그분은 참으로 사람이어야 합니다.[01] 그리고 완전하게 의로운 분이어야 합니다.[02] 그리고 모든 피조물보다 능력이 뛰어나셔야 합니다. 그분은 또한 하나님이어야 합니다.[03]

❶ 우리는 우리 자신을 구원할 수 없기 때문에, 그리고 다른 피조물이 우리를 위하여 하나님의 공의를 만족시킬 수 없기 때문에 반드시 중재자와 구원자를 찾아야 한다. 완전한 중보자와 구원자를 찾기 전까지는 소망이 없다. 중보자를 찾기 전까지 우리의 영혼은 죄책의 무거움과 하나님의 엄중한 심판 아래에서 부르짖을 수밖에 없다(행 16:30). 또한 중재자는 우리의 구속을 위해 필요한 모든 것을 만족시킬 수 있어야 한다.

❷ 중재자는 하나님과 사람 사이에서 화해를 이뤄줄 수 있어야 한다. 그러기 위해서는 중보자에게 요구되는 자질이 있는데, 그는 진정한 사람이어야 한다. 몸과 영혼을 가진 존재로 사람의 본질적인 속성을 지니고 있어야 한

---

01 로마서 1:3; 고린도전서 15:21; 히브리서 2:17.
02 이사야 53:9; 고린도후서 5:21; 히브리서 7:26.
03 이사야 7:14; 9:6; 예레미야 23:6; 요한복음 1:1; 로마서 8:3-4.

다. 그리고 그는 의로운 사람이어야 한다. 자기 자신에게 어떤 죄도 없어야 하며, 하나님의 율법을 완전하게 지킬 수 있는 자이어야 한다(히 7:26). 그는 모든 피조물보다 뛰어나야 하며 능력이 있어야 한다. 그리고 자신의 의로움으로 하나님의 공의를 만족시켜야 한다.

따라서 그는 인간인 동시에 하나님이어야 한다(히 7:26). 한 인격 안에 하나님이시면서 동시에 인간인 존재이어야만 중재자가 될 수 있는 것(사 7:17)이다(질문 16-17번에서 더욱 자세히 설명하고 있다). 결국 이러한 중보자는 하나님에 의해 마련될 수밖에 없다(마 17:5; 딤전 2:5; 요일 1:3).

❸ 영적으로 깨어난 자는 자신의 죄로 인하여 하나님께 대해 두려움이 일어나는데(고후 5:11), 이것이 중재자를 필요로 한다는 사실의 실제적 적용이다. 왜냐하면 우리는 더럽지만 하나님은 의롭고 거룩하신 분이기 때문이다(사 6:5). 따라서 자신의 죄책감으로부터 구원해 줄 수 있으며, 하나님의 공의를 만족시킬 수 있는 분을 찾게 된다. 불의에서 건져줄 수 있고(히 9:15), 죄책을 대신 짊어질 중보자를 찾게 되는 것이다(롬 3:25; 사 27:4-5; 45:22, 24). 하나님의 은혜에 따라 중보자를 만나게 되면, 기쁨과 감사가 넘칠 것이다. 그리고 자신의 전 생애 가운데 그를 가장 존귀한 존재로 여겨 섬길 것이다(빌 3:4-10).

❹ 따라서 자신의 구원에 대해 심각하게 생각해야 한다. 이 세상의 것에 대해서는 온갖 마음을 다 기울이면서, 자신의 영혼에 대해서는 별 관심을 두지 않는다면 영적으로 매우 위험한 상태에 있는 것이다(마 16:26). 나 자신의 의로운 행위는 하나님의 심판을 면하게 하거나 피할 수 있게 해주지 못한다. 오직 하나님께로부터 은혜를 받아야만 심판을 피할 수 있다.

진정으로 하나님의 심판을 깨닫는 자는 용서를 얻기 위해 울부짖을 것이다(행 16:30). 그리고 하나님께서 죄인을 받아주시기 위해 그리스도를 주신 것을 믿음으로 알게 될 것이다(롬 3:25; 사 27:4-5). 그리스도의 고난과 순종이 죄인인 나에게 은총을 베풀기 위한 것임을 깨닫게 되는 것이다. 그래서 진정으로 회개하고 믿는 자는 구원자이신 그리스도를 붙잡는다. 진정으로 하나님의 심판 앞에서 자신의 영혼을 돌보는 자는 애통할 것이며, 심령이 가난하여지고, 온유해지며, 의에 주린 자가 되어서 하나님의 약속을 자신에게 적용하여 그리스도께로 나아갈 것이다. 그리고 그리스도 안에서 죄 용서함과 위로를 받을 것이다.

그러나 악인들은 자신들의 영혼 상태를 돌아보지 않으며, 때로는 스스로 아무 문제가 없다고 생각한다. 때때로 그들은 율법의 외적인 준수를 통해 자신이 상당히 의로우며 구원 얻는 데도 전혀 문제가 없다고 생각한다. 이들의 심령은 전혀 낮아지지 않았으며, 자신들의 죄와 악함을 보지 못한다. 결국 하나님께서 이들을 심판하실 것이다.

❺ 하나님께서 우리가 중재자를 어떤 특정한 곳에서 찾아 발견해야 한다고 요청하시는 것이 아니다. 우리로 하여금 먼저 죄를 깨닫게 하심으로 우리에게 중재자가 필요하다는 것을 알게 하신다. 그래서 우리는 용서와 불의를 가릴 수 있는 방법과 길을 찾게 된다. 그리고 복음에 제시된 그리스도의 귀중함을 깨닫고 그에게 달려가도록 만드는 것이다.

마태복음 13장에 나오는 밭에 감추인 보화의 비유(마 13:44)와 진주 장사 비유(마 13:45-46)에서 이 원리가 설명되고 있다. 보화와 값진 진주의 가치와 귀중함을 아는 자는 그것을 얻기 위해 자기의 모든 소유를 다 팔아 그것을 취하게 된다. 즉, 값진 보화를 찾는 과정이라는 것은 자신의 죄를 용서받는 길을 찾는 것이며, 이 과정은 결국 복음에 있는 그리스도의 가치와 귀중함을

깨닫게 해서 그리스도께로 달려가도록 만드는 것이다.[04]

---

04 조나단 에드워즈는 이것을 '찾고 구하는 원리(Seeking Theory)'라고 하였으며, 자신의 전도에 적용하였다.

제6주

질문 16. 왜 중재자는 사람이어야 하며, 또한 완전히 의로운 분이어야 합니까?

답 | 하나님의 공의는 죄를 지은 인간의 본성을 가진 자가 그 인간의 죄에 대해 만족시키는 것을 요구합니다.[01] 그런데 만약 중재자 자신이 죄인이라면 다른 사람을 위해 하나님의 공의를 만족시킬 수 없기 때문입니다.[02]

❶ 질문 16-19번까지는 복음 안에 계시된 그리스도에 대해 설명하는 질문들이다. 16번의 질문은 중재자가 반드시 사람과 실제로 동일한 존재여야 하며, 의로운 사람이어야 하는 이유를 설명하고 있다. 중재자와 구원자는 무엇보다도 사람이어야 한다. 죄를 지은 인간과 같은 성질을 가진 분이어야 한다. 중보자가 하나님의 공의를 만족시키기 위해서는 율법이 요구하는 대로, 그는 율법 아래에 있는 자이어야 한다(갈 4:4-5).

---

01 로마서 5:12, 15; 고린도전서 15:21; 히브리서 2:14-16.
02 히브리서 7:26-27; 베드로전서 3:18.

❷ 인간이 범죄하여 죽음이 들어왔기 때문에, 중재자로서 죄를 속하기 위해서는 반드시 죽음을 맛보아야 한다(고전 15:21; 히 2:9). 하나님께서는 중보자와 구원자가 여자의 후손으로 날 것을 예언하셨기 때문이다(창 3:15; 시 132:11). 하나님께서는 구속자에 대해 성경에 미리 예표하셨다. 다른 사람의 부채를 감당하기 위해, 혹은 종으로 팔려나간 것을 건지기 위해, 피의 복수를 위해, 어떻게 친족이 값을 치러야 할지 말씀하셨기 때문이다(레 25:25; 룻 2:20; 3:12-13; 4:1-10).

중재자는 우리에게 대제사장이어야 한다. 우리 대신 희생해야 하기 때문이다(히 5:1-2). 그리고 구원자는 새로운 인간성의 머리가 되셔야 하며, 자신 안에서 인간의 모든 비참함을 경험해야 하기 때문에 인간이어야 한다.

❸ 중재자는 사람일 뿐만 아니라 완전하게 의로우며 거룩한 사람이어야 한다. 그래서 죄가 없는 분이어야 한다. 왜냐하면 자신 스스로가 죄인이면 다른 사람을 위해 공의를 만족시킬 수 없기 때문이다. 그래서 그는 자기 자신을 위해 희생의 제사를 드릴 필요가 없는 분이어야 한다(시 16:10; 히 7:26). 중재자는 자신을 거룩하고 흠 없는 제물로 드려야 한다(벧전 1:19; 고후 5:21; 엡 5:2). 즉, 다른 사람의 죄를 위해 고난 받아야 한다.

❹ 죄와 하나님의 심판을 깨달음으로 곤비하게 된 영혼에게, 그리스도께서 지혜와 의로움과 죄를 위한 대속물이 되셔서 하나님의 공의를 만족시키고 하나님의 심판을 피할 수 있게 해주셨다는 소식은 복음이 된다(롬 8:1). 겸비하게 된 죄인에게 자신의 불의를 덮을 수 있는 의로움이 하나님에 의해 그리스도 안에 제공되었다는 소식은 희소식 중에 희소식이 되는 것이다. 복음 안에 그리스도가 제시되었다. 따라서 복음을 깨달은 죄인은 그리스도에

대한 믿음을 얻게 되며, 그리스도께로 나아가게 되는 것이다.

질문 17. 왜 중재자는 하나님이어야 합니까?

답 | 그래야 그의 신적인 능력으로서[01] 그의 인성 가운데 하나님의 진노를 감당하고 견디어 낼 수 있으며,[02] 우리에게 의와 생명을 얻게 해줄 수 있고, 우리를 회복시킬 수 있습니다.[03]

❶ 우리를 위해 중재하시며 구원하시는 분이 바로 하나님이셔야 하는 이유는 하나님의 중한 진노를 감당하며 견디어 낼 수 있어야 하기 때문이다. 그래야 하나님의 공의를 만족시키는 효과를 가져다 줄 수 있다. 그러나 어떤 피조물도 하나님의 진노를 견뎌 낼 수 없다(사 9:6). 따라서 그분은 모든 피조물보다 뛰어나신 하나님이셔야 하며, 그래서 자신의 인성 가운데서 하나님의 진노를 견디어 내야 한다(사 63:5).

❷ 중재자와 구원자가 하나님이셔야 하는 또 다른 이유는 그래야 우리에게 의로움과 생명을 얻을 수 있게 해주기 때문이다. 죄인들이 하나님 앞에 서서 살아남으려면 반드시 무한한 의로움을 가지고 있어야 한다. 그리고 가장 엄위하신 하나님께 지었던 모든 죄를 용서받아야 한다. 그래야 영원한 사망으로부터 구원받을 수 있다. 그래서 우리에게는 영원한 의가 필요하다.

---

01 이사야 9:5.
02 신명기 4:24; 나훔 1:6; 시편 130:3.
03 이사야 53:5, 11; 요한복음 3:16; 고린도후서 5:21.

중재자와 구원자는 우리를 위해 그것을 가지고 있어야 한다(단 9:24).

❸ 그리고 그것을 우리에게 나누어 주실 수 있어야 한다(요 10:28). 따라서 중재자는 반드시 하나님이어야 한다. 자신이 의로워야 하며, 그의 은덕이 나누어져야 한다(엡 1:19). 다른 사람들을 위해 의를 확보하려면 그 자신이 율법 아래에서 순종해야 하며, 그들의 구속을 위해 자신의 생명을 내놓아야 하기 때문이다(사 53:12). 따라서 중재자는 죽음에까지 이르러야 했으며, 그 죽음에서 다시 일어나야만 했다(요 10:18). 그러나 어떤 인간도 이러한 능력을 가지고 있지 못하다. 따라서 그 중재자는 하나님이셔야 한다.

❹ 중재자와 구원자는 죄인들을 구원하실 뿐만 아니라, 감사와 경배의 대상이 되어야 한다(딛 2:14). 이러한 영광은 인간이나 어떤 다른 피조물이 누릴 수 있는 것이 아니다. 그래서 중재자와 구원자는 하나님이셔야 한다(롬 9:5; 사 54:21, 25). 중재자와 구원자는 반드시 하나님이셔야 한다는 것이 성경에 예언되어 있다(렘 23:6; 호 1:7).

❺ 자신의 죄와 영적 무능함에 대해 깨달은 죄인은 중보자이신 그리스도를 알게 되면서, 그리스도의 소중함도 깨닫게 된다. 하나님의 아들이 선택된 백성의 죄를 속하기 위해 인간의 몸을 입으시고 고통 받으신 것에 대해 감사하며, 그리스도를 소유하려는 열망을 가지게 된다. 그리고 자신을 그리스도에게 굴복시키며, 자신을 그리스도에게 내어던지는 것이다. 그래서 은혜를 체험한 죄인은 무엇이든지 자신에게 유익하던 것을 그리스도를 위하여 다 해로 여기며, 주 그리스도 예수를 아는 지식을 가장 고상한 것으로 여긴다(빌 3:7-8). 물론 이는 성령께서 그 영혼에게 그리스도를 나타내심으로 되

는 것이다(고후 4:6).

질문 18. 그러면 한 인격 안에 하나님이시며 진정한 의로운 사람인 중재자는 누구십니까?

답 | 우리 주 예수 그리스도십니다.[01] 그는 우리에게 지혜와 의로움과 거룩함과 구속함이 되십니다.[02]

❶ 죄인들은 자신들의 죄로 인한 하나님의 일시적인 심판과 영원한 심판을 피하기 위해 이와 같은 중재자 혹은 구원자가 반드시 필요하다. 그런데 하나님께서는 그리스도를 우리에게 지혜와 의로움과 거룩함과 구속함이 되게 하셨다. 그래서 우리는 이 중재자를 통해 심판을 피할 수 있으며, 다시 은혜를 얻을 수 있다.

완전한 중재자에 의해 하나님의 공의를 만족시킬 수 있다. 죄 된 인생은 이러한 것을 생산해 낼 수 없다. 따라서 하나님이 은혜의 영원한 계획에 따라 완전한 중재자를 선물로 주셨다(고전 1:30). 그리스도는 유일한 중재자로서 완전한 순종을 하셨고, 자신의 고난과 죽음으로 완전한 속죄 제사를 드렸다.

❷ 그리스도는 우리에게 지혜가 되신다. 죄인들은 영적으로 소경이며 어리석다. 죄인은 자신의 영적인 상태에 대해 아무것도 알지 못하며, 영원한 행복에 대해서도 모른다. 영적인 것에 대한 죄인의 이해력은 어두움 그 자

---

01 마태복음 1:21-23; 누가복음 2:11; 디모데전서 2:5; 3:16.
02 고린도전서 1:30.

체다. 죄인은 하나님의 생명으로부터 멀리 떨어져 있다(엡 4:18). 그러나 우리 주 예수 그리스도는 하나님의 지혜다(고전 1:4). 그 안에 모든 지혜와 지식의 보화들이 감추어져 있다(골 2:3). 따라서 그리스도를 앎으로 우리는 다시 지혜롭게 된다.

❸ 그리스도는 소경들을 인도하시는데(사 42:16; 눅 24:44, 46; 행 26:18), 먼저 죄인이 자신의 죄를 깨닫는 것이 필요하다. 죄를 깨달은 죄인들은 은혜를 얻고자 한다. 왜냐하면 죄인은 스스로 의를 만들어 낼 수 없다는 것을 철저히 깨닫고 인정하기 때문이다. 이것은 자신의 힘으로는 율법을 지킬 수 없다는 깨달음에서 오는 것이다. 따라서 그리스도는 그들에게 의로움이 되신다. 그리스도 자신의 고난과 죽음으로 무한한 의를 확보하고 계시기 때문에, 그리스도께로 가는 자(믿음으로 그리스도에게 연합되는 자)는 그리스도의 의로 말미암아 하나님 앞에 의롭게 되는 것이다(고후 5:21).

❹ 죄인들은 죄의 지배 아래에 있으며, 따라서 죄로부터 떠나지 못한다. 그래서 그리스도는 우리의 성화를 위해 주어지셨다. 그리스도께서는 자신의 피 흘리심으로 확보한 거룩을 성령을 통하여 죄인들에게 전달하심으로 새 생명을 얻게 하시고, 하나님의 거룩한 성질에 참여하게 하시며, 하나님의 형상으로 변화되게 하신다(고전 6:11; 고후 3:18).

❺ 죄인들은 마귀의 종이기 때문에 죄와 비참함 속에 묶여 있다. 그래서 그리스도께서 구속하셔서 선택한 죄인들을 마귀의 종 된 것으로부터 자유하게 하시는 것이다(요 8:36). 그러므로 그리스도는 우리에게 큰 은덕이다(고전 1:30). 이렇게 그리스도가 중재자가 되신 것은 아버지의 은혜로운 뜻이다. 더

욱이 중재자로부터 누릴 수 있는 이러한 은덕은 성령께서 죄인들에게 전달하시는 것이다(롬 3:24-26; 고후 13:13; 요 16:13-15).

질문 19. 당신은 이 진리를 어디로부터 알 수 있는 것입니까?

답 | 거룩한 복음으로부터입니다. 하나님 자신께서 처음에 에덴동산에서 계시하셨고,[01] 후에는 족장과[02] 선지자들을[03] 통해 반포하셨고, 율법과 희생 제사의 그림자들을 통하여 나타내기를 기뻐하셨으며,[04] 마지막에는 자신의 독생자로서 성취하셨습니다.[05]

❶ 그리스도가 하나님께서 마련하신 중재자이며 구원자인 것을 우리는 어떻게 알 수 있는가? 하나님 말씀을 통해 알 수 있다. 복음은 구원의 교리다. 따라서 진리의 말씀은 구원의 복음이다(엡 1:3). 하나님께서는 그리스도를 죄인에게 구원자와 중재자로 알려 주셔서 죄인으로 하여금 그리스도를 찾게 하시고 구원을 발견하게 하신다(엡 3:8-11). 그리스도는 복음을 통해 죄인들에게 제시되며, 죄인들은 그리스도에게 초청된다. 그리고 그에게로 돌아서는 자는 구원받는다(사 45:22). 복음으로 죄인들은 그리스도를 믿으라는 명령을 받게 된다(막 1:14-15).

복음은 믿는 자에게 심판을 피할 수 있다는 것과 은혜를 다시 입을 수 있다는 것을 약속하고 있다(막 16:15-16; 행 10:13). 하나님께서는 복음 안에 죄를

---

01 창세기 3:15.
02 창세기 12:3; 22:18; 49:10.
03 이사야 53장; 예레미야 23:5-6; 미가 7:18-20; 사도행전 10:43; 히브리서 1:1.
04 레위기 1:7; 요한복음 5:46; 히브리서 10:1-10.
05 로마서 10:4; 갈라디아서 4:4-5; 골로새서 2:17.

용서하는 은혜를 주신다. 이것은 율법을 지키는 어떤 조건으로 얻는 것이 아니라 그리스도를 믿는 믿음을 통해 얻는 선물이다. 비록 우리가 율법을 완전하게 지킬 수 없음에도 불구하고, 하나님은 그리스도를 믿는 믿음을 통해 우리의 죄를 용서해 주시고 영원한 생명을 주신다. 이러한 복음의 약속은 지나간 시대에 여러 방식으로 조상들에게 말씀하신 것이다.

❷ 구약성경에서 복음은 점진적으로 계시되었다. 무엇보다 먼저 하나님 자신이 에덴동산에서 이것을 나타내셨다(창 3:14, 18). 중재자는 반드시 여자에게서 난 사람이어야 하며, 그는 거룩하여 마귀의 원수가 되며, 반드시 하나님이어서 마귀의 머리를 상하게 할 수 있어야 한다. 또한 중재자는 마귀의 일을 멸하셔야 하며(요일 3:8), 반드시 인성을 지니신 채로 고난을 받아야 한다. 따라서 그를 믿는 자는 지혜로우며, 의롭게 되며, 거룩하게 되어 구원받을 것이다. 그리고 믿는 자는 마귀와 원수가 될 것이다.

❸ 하나님께서는 그 후 족장과 선지자들로 복음을 반포하게 하셨다. 에녹은 중재자의 오심과 심판에 대해 말하였고(유 1:14-15), 노아는 구속자의 의로움을 외쳤다(벧전 3:19-21). 그러나 더욱 분명한 것은 하나님께서 아브라함과 언약을 맺으면서 메시아를 약속하셨고, 중재자를 붙잡는 자는 그의 의로움을 부여받을 수 있다고 말씀하신 것이다(창 15:6; 히 11:16). 멜기세덱은 중재자의 모양을 미리 나타내는 것으로 그가 제사장직과 왕직을 가지고 있는 분임을 드러냈다(창 14장, 히 7장). 욥도 메시아는 구속자가 되심을 말했다(욥 19:25-27).

이후에는 선지자들로 인해 더욱 분명하게 복음이 반포되었다. 그는 처녀로부터 태어날 것이며(사 7:14; 9:5), 그는 모세와 같이 선지자이며(신 18:15), 멜기세덱의 반열에 따라 제사장이며(시 110:4) 시온의 왕이며(시 2:6), 낮춤을 당하지만 높아질 것이며(사 53장), 유다 지파에서 나올 것이며(사 6:1), 다윗의 자손으로 오실 것이며, 베들레헴에서 태어날 것이며(미 5:1-2), 소경을 인도할 것이며(사 42:16), 누구든지 그를 믿으면 죄 용서함을 받을 것(행 10:43)이라고 선지자들은 증거하였다.

❹ 시편에서도 그리스도에 대한 특별한 언급들이 있다. 이것을 우리는 메시아 시편이라고 부른다. 먼저 그리스도의 성품과 직무에 대한 언급이 있다(시 3, 11, 128편). 그리스도의 고난에 대해서는 시편 1, 8, 16, 22, 68편이 있다. 그리고 복음의 반포에 대해서는 시편 19, 40, 45, 47, 50, 72, 78, 93, 97, 98편이 있다.

예언서에서도 그리스도가 더욱 분명하게 계시되고 있는데, 이사야서에서 중요한 구절들은, 7장 14절(동정녀 탄생), 9장 2, 6-7절(평화의 왕), 11장 1-2절(이새의 뿌리), 40장 11절(목자), 42장 1-4절(하나님의 온유한 종), 53장(고난 받는 종) 등이 있다.

또한 그 밖의 예언서에서는 예레미야 23장 5-6절(우리의 의), 에스겔 34장 23절(선한 목자), 다니엘 7장 13-14절(인자), 9장 25-26절(기름 부음을 받은 자), 아모스 9장 11절(다윗의 장막을 일으킬 자), 오바댜 1장 21절(시온의 구원), 나훔 2장 1절(평화의 사자), 스바냐 3장 15절(이스라엘의 왕), 학개 2장 8절(이방인들의 위로), 스가랴 13장 1절(열린 샘) 등에 계시되어 있다.

❺ 하나님께서는 복음의 약속을 말씀하여 반포하셨을 뿐 아니라 실제로 그것의 모양에 대해 희생과 제사 의식으로 미리 나타내셨다. 이것을 통하여 거룩한 물건과 사람, 그리고 장소와 절기에 대해 가르치셨다. 그리고 부정한 것과 죄를 더욱 알게 하여 그들의 완전함을 중재자 안에서 찾도록 하셨다(골 2:17; 히 9:9-11).

유월절도 예표다. 그리스도께서는 유월절의 중요성을 주의 성찬을 제정하는 것과 연결하셨다. 놋 뱀 역시 그리스도에 대한 믿음을 나타내는 것이다(요 3:16). 그리스도 안에서 이 모든 약속들과 예언들과 모형들이 성취되었다. 이렇게 성취된 것을 되돌아 볼 때, 우리의 믿음이 강화되며 위로가 더해진다.

❻ 따라서 영적으로 깨어난 영혼은 다가올 진노를 피해 중재자에게로 나아오며, 중재자를 붙잡게 된다(시 2:12). 그리고 중재자의 귀중함을 깨닫고, 그를 사랑하며 자신의 모든 것을 그에게 던진다. 그리스도에게 온전히 자신을 굴복시킨다. 그리스도의 아름다움과 탁월함을 사랑하고, 그것을 생각할 때 영혼의 기쁨을 맛보게 된다.

또한 그리스도를 내어 주심으로 심판으로부터 구원하시고 회복케 하신 하나님의 사랑에 감사한다. 위대하신 하나님의 사랑을 찬양한다. 그리고 자신의 구원의 소중함을 깨닫는다(히 2:3). 이때 복음의 비밀의 오묘함을 더욱 깊이 깨달아 아직 구원의 은혜를 모르는 자들에게 하나님의 구속의 방법을 알려주기 위해 노력한다.

제7주

질문 20. 아담 안에서 모든 사람이 타락한 것처럼 그리스도에 의해서 모든 사람이 구원받습니까?

답 | 아닙니다. 진정한 믿음으로 그리스도에게 접목된 자만이 그의 모든 은덕을 받을 수 있습니다.[01]

❶ 이 질문은 모든 사람이 구원받는다는 잘못된 가르침을 교정하기 위한 것이다. 영적으로 부주의한 자들은 죄의 엄중함도 모르고, 그리스도의 소중함과 구원의 필요성도 모른 채 단지 그리스도에 의해 구원받을 것이라는 상상만 한다. 그러나 우리가 구원을 얻기 위해서는 반드시 믿음으로 그리스도에게 접목되어야 한다. 왜냐하면 우리는 본성상 그리스도 안에 있지 않기 때문이다. 태어나면서부터 그리스도 안에 있는 것이 아니라 아담 안에 있기 때문이다.

모든 사람은 아담을 통해 혹은 아담 안에서 정죄되었다. 정죄에서 벗어날

---

01 마태복음 7:14; 요한복음 1:12; 3:16, 18, 36; 로마서 11:16-21.

수 있는 방법은 오직 그리스도에 의해 구원받는 것 외에는 없다. 따라서 초자연적으로 그리스도에게 접목되어야 하는데, 그 수단이 바로 믿음이다. 펠라기우스주의와 알미니안주의는 그리스도께서 모든 사람을 위해 죽으셨기 때문에 그리스도에 의해 모든 사람이 구원의 상태에 있다고 주장한다. 그러나 이것은 분명한 오류다.

❷ 그리스도의 죽음과 은덕은 모든 사람에게 속한 것이 아니라 특정한 사람에게 제한된다. 그리스도께서 자신의 백성을 구원하시며(마 1:21), 자신의 교회를 위해 자신의 몸을 주셨다(엡 5:23, 25). 그는 자기를 순종하는 자에게 구원의 근원이 되신다(히 5:9).

그리스도는 자신의 양을 위해 목숨을 내놓으셨고(요 10:11, 15), 자신의 백성을 위해 기도하셨다(요 17:9). 그의 중보와 기도는 같이 가기 때문이다(사 53:12; 요일 2:1-2). 그리스도의 죽음은 헛되지 않다(갈 2:21). 그러나 만약 그리스도가 모든 사람을 위해 죽으셨는데 믿지 않는 자가 있다면 그의 죽음은 헛된 것이 되고 말 것이다.

❸ 디모데전서 2장 4, 6절에 보면, "하나님은 모든 사람이 구원을 받으며 진리를 아는 데에 이르기를 원하시느니라……그가 모든 사람을 위하여 자기를 대속물로 주셨으니 기약이 이르러 주신 증거니라"고 말씀하고 있다. 이 구절에서 모든 사람이라는 것은 각각의 개인을 인급하는 것이 아니라 1-2절의 문맥으로부터 모든 종류의 사람(그 당시 이방인들을 포함)을 의미하는 것이다. 즉 가난한 자나 부자나 어떤 구별 없이 모든 종류의 사람들이 구원받는 것을 의미하는 것이다. 더구나 구원 얻는 이가 적다는 말씀들은 예수님의 죽음이 제한된 자들에게 적용된다는 것을 의미한다(마 7:14; 마 22:14; 눅 12:32; 벧전 3:20).

한편으로 베드로후서 3장 9절의 "오직 주께서는 너희를 대하여 오래 참으사 아무도 멸망하지 아니하고 다 회개하기에 이르기를 원하시느니라"는 말씀으로 반론을 제시할 수도 있다. 그러나 이 구절은 모든 사람이 구원받을 것을 의미하는 것이 아니다. 이 구절은 하나님께서 인내하시는 가운데 심판을 연기하셔서 자신의 모든 선택된 사람들이 믿음과 회개에 이르도록 하신다는 것을 의미한다.

❹ 모든 사람이 구원을 받는 것이 아님을 마태복음 22장 14절은 다음과 같이 말씀하고 있다. "청함을 받은 자는 많되 택함을 입은 자는 적으니라." 또한 마태복음 7장 14절에서는 "생명으로 인도하는 문은 좁고 길이 협착하여 찾는 자가 적음이라"고 말씀하고 있다. 이는 성령의 역사에 의하여 구원의 필요성과 영생의 중요성을 깨달은 자가 그리스도에게 나아가기까지 회개하고 그리스도를 붙잡는 것이 모두에게 일어나는 일이 아님을 분명히 말씀하고 있는 것이다. 이는 오늘날 교회에서 쉽게 믿는 풍조 easy believism가 유행하고, 구원과 영생에 대한 심각성 없이 그리스도의 소중성을 깨닫지 못한 상태에서 단지 종교생활을 하는 이들에게 자신들의 구원이 진정한 것인지에 대한 여부를 점검하게 해준다.

❺ 그리스도의 죽음은 모든 세상을 위해 충분하지만, 모든 사람이 구원을 얻는 것이 아니라 오직 그리스도에게 나아와서 굴복하고 그리스도를 믿는 자가 구원을 얻는 것이다. 요한복음 3장 36절에서는 "아들을 믿는 자에게는 영생이 있고 아들에게 순종하지 아니하는 자는 영생을 보지 못하고 도리어 하나님의 진노가 그 위에 머물러 있느니라"고 말씀하고 있다.

그리스도의 제사장적 중보기도에도 이 원리는 다시 분명하게 나타난다.

요한복음 17장 9절에서는 "내가 그들을 위하여 비옵나니 내가 비옵는 것은 세상을 위함이 아니요 내게 주신 자들을 위함이니이다 그들은 아버지의 것이로소이다"라고 말씀하고 있다. 따라서 그리스도의 희생은 선택된 자를 위한 것이다.

❻ 이렇게 특정한 자들이 구원을 얻는데, 그것은 하나님께서 정하신 수단, 즉 믿음으로 일어나는 것이다. 믿음은 인간 스스로의 힘으로 성취하는 것이 아니다. 그렇다면 믿음 또한 또 하나의 조건이 될 것이다. 믿음은 하나님에 의해 주어지는 것이다. 믿음은 인간의 의지 안에 그 자체의 근거를 가지고 있지 않다. 이것은 성령께서 인간의 영혼 안에서 일하신 결과다. 성령의 역사로 부름을 받은 죄인의 의지가 그리스도를 받아들이는 것으로 굴복되는 것이다.

이렇게 성령의 역사로 인하여 발생된 믿음으로 그리스도에게 접목되며(롬 11:17), 그리스도 안에 있는 은덕들을 누리게 된다. 죄를 용서받고 의롭다 여김을 받으며, 영원한 생명을 얻는다. 아직 거듭나지 않은 자연인은 이러한 것들을 이해할 수 없다(고전 2:14).

❼ 그렇다면 믿음은 아무것도 없는 상태에서 발생되는 것인가? 그렇지 않다. 주께서 선택한 백성에게 믿음을 주시기 위해 두신 은혜의 수단이 있는데, 그것은 바로 말씀을 듣게 하시는 것이다. 그리고 그 말씀 위에 성령께서 역사하시는 것이다. 따라서 자신 스스로를 하나님의 말씀에 무지한 상태로 방치한다면 그것은 영적으로 매우 위험한 상태에 있는 것이다. 그리고 자기 자신의 구원에 대해 심각하게 생각하지 않는 것도 마찬가지로 위험하다. 더욱이 하나님의 구원의 은혜의 방편 아래에 있으면서도 그것을 무시하고 함

부로 경시하는 것 또한 스스로를 위험한 상태에 빠뜨리는 것이다.

한편으로 성경적인 근거 없이 오해와 오류 가운데 자신에게 믿음이 있으며 자신이 구원받은 것으로 여기는 경우도 있는데, 이것 역시 영적으로 위험한 상태다. 이것은 스스로를 속이고 있는 것이다. 따라서 자기 스스로를 돌아보고 자기점검을 해야 한다. 자신에게 과연 구원의 은혜가 있는지를 스스로 점검해야 한다(고후 13:5).

질문 21. 진정한 믿음은 무엇입니까?

답 | 진정한 믿음은 하나님께서 말씀 안에 우리에게 계시한 모든 것이 진실함을 알고 믿는 것일 뿐만 아니라,[01] 성령께서 복음을 가지고 우리 마음에 역사한 결과로서 발생된 확신입니다.[02] 이것은 나 자신에게[03]뿐 아니라 다른 사람에게도 주시는 것인데, 하나님께서 오직 은혜로 그리스도의 은덕에 근거해서[04] 거저 주신 죄 용서함과 영원한 의로움과 구원에 대한 확신입니다.[05] 이 믿음은 성령께서 복음으로써 나의 마음 가운데 일하신 결과입니다.[06]

❶ 진정한 믿음은 진리에 대한 지식을 갖는 것 이상이다. 그것에 대한 확신까지 포함하고 있다. 왜냐하면 하나님께서 진리를 계시하셨기 때문이다. 따라서 진정한 믿음은 우리에게 계시된 것을 받아들이는 지식과 확신으로

---

01 요한복음 17:3, 17; 히브리서 11:1-3; 야고보서 2:19.
02 로마서 4:18-21; 5:1; 10:10; 히브리서 4:16.
03 갈라디아서 2:20.
04 로마서 3:20-26; 갈라디아서 2:16; 에베소서 2:8-10.
05 로마서 1:17; 히브리서 10:10.
06 사도행전 16:14; 로마서 1:16; 10:17; 고린도전서 1:21.

서 하나님께 대한 개인적 항복과 신뢰를 포함한다. 우리가 하나님을 믿는다고 할 때, 반드시 먼저 하나님께 대한 바른 지식이 있어야 한다.

그러나 우리가 어떻게 하나님을 알 수 있는가? 그것은 하나님께서 자신을 계시해주셨기 때문이다. 따라서 자신을 계시하신 하나님의 말씀을 연구해야 한다. 그런데 하나님의 말씀은 인간의 이해만 가지고는 깨달을 수 없다. 성령의 역사가 있어야 한다(고전 2:14). 우리는 성령의 증거를 통해 하나님의 말씀이 진리라는 것을 확신하게 된다. 따라서 진정한 믿음은 지식과 확신을 가지고 있는 것이다.

❷ 이렇게 성령께서는 구원의 지식과 체험을 주셔서 구원의 확실성을 보여주시고 확신을 갖게 하신다. 이때에 우리는 하나님 말씀에 계시된 실제적인 증거들을 받아들인다(요 3:33). 이것은 이해의 확신(골 2:2)이며, 진리의 인정(딤후 2:35)이다. 이제 우리 영혼은 보이지 않는 것에 대한 확신을 가진다. 그러므로 복음은 말로만 이르는 것이 아니라 성령의 확신에 의한 것이다(살전 1:5).

진정한 믿음은 하나님께서 자신의 언약 백성에게 약속하신 것을 자신에게 적용하는 것이다. 그 가운데 확신을 가지게 되고 전적으로 신뢰하게 된다. 즉, 하나님께서 약속하신 것에 대해 전적으로 신뢰하는 것이다. 마치 아브라함이 약속을 신뢰하며 의심하지 않고 하나님께서 전능하신 능력으로 그 약속을 이행하실 것을 믿었던 것과 같다.

❸ 따라서 진정한 믿음을 위해서는 근본적인 진리들을 알고 있어야 한다. 모든 성도는 근본적인 진리들을 알고 이해할 뿐 아니라 하나님의 조명의 빛으로 깨닫는다. 주께서 말씀과 성령을 통해 영혼에 유효하게 침투하여 강력하게 설득함으로 믿게 되는 것이다(눅 1:38).

그리하여 성도는 하나님과 그리스도를 보게 된다. 자신을 하나님의 의로움에 대하여 굴복시키고(롬 10:3), 마침내 그리스도의 손을 꼭 붙잡는다(대하 30:8). 이로써 그리스도에게 연합되며 죄의 용서를 경험하게 된다. 이 때 그 심령은 확신이 가득하게 되며 구원의 확신을 얻게 된다(엡 3:12; 딤전 1:1; 딤후 1:12). 그리고 그리스도의 마음에 일치하기 위해 변화되며, 그리스도를 사랑하게 된다(고후 4:6; 시 36:9; 고후 3:18; 히 11:27). 그러나 지식이 없거나 무지하다면 그 믿음은 맹목적 믿음이 될 것이며, 그것은 모든 악한 행위의 근원이 된다(고후 2:7, 8; 엡 4:18; 살후 1:8; 사 27:11).

❹ 오직 진정한 믿음만이 우리를 그리스도에게로 연합하게 만들기 때문에, 진정한 믿음의 성질에 대해 알아야 한다. 진정한 믿음은 의롭게 하는 믿음, 혹은 구원의 믿음이라고 하며(딤전 1:5) 택한 자의 믿음(딛 1:1)이라고도 부른다. 여기서 진정한 믿음은 거짓 믿음들과 뚜렷이 구별된다.

단지 역사적 사실에 대해 인정하는 것으로 끝나는 역사적 믿음이 있다. 신적 진리는 인정하지만 구원을 갈망하거나 간절히 구하지 않는 경우, 진리와 성령에 의한 설득이 없는 경우다(행 26:27). 이러한 믿음을 공론의 믿음, 혹은 단순 동의의 믿음이라고 한다.

또한 일시적 믿음도 있다. 진리에 대해 동의는 했지만 진리에 계속 머물지 않고 중도에 포기하는 믿음이다. 특별히 진리로 인하여 어려움이 왔을 때 포기하는 경우가 여기에 해당된다(눅 8:13; 요 6:66; 히 6:4-6). 이러한 잘못된 믿음과 진정한 구원의 믿음은 다르다(마 13:23; 눅 8:15).

한편으로, 하나님의 말씀에 근거하지 않고 단지 상상력이나, 피상적이고 잘못된 환상적인 체험을 가지고 그것에 근거해서 믿는 경우들이 있다. 이것을 환상적, 혹은 상상적인 믿음이라고 부르는데, 이는 구원을 얻는 믿음이 아니다. 이것은 자기 스스로를 속이는 믿음이다(마 7:21-23; 딤후 3:5; 4:3-4).

마지막으로 기적의 믿음이 있다. 이는 은사적인 것으로, 기적을 체험하는 것이다. 그러나 이렇게 기적을 체험하고 행할지라도 진정한 믿음을 소유하지 못할 수도 있다(마 7:22; 고전 13:2). 회개와 순종이 없는 경우다. 따라서 반드시 구원의 믿음과 거짓된 믿음은 분명하게 구별되어야 하며, 분별되어야 한다.

❺ 진정한 믿음은 용서와 구원을 위해 그리스도를 붙잡는 것이다. 이 믿음은 우리로 하여금 그리스도에게 접붙임을 받게 하며 그분께 연합되게 한다. 여기서 접붙임을 받는 일은 수동적인 것이다. 하나님께서 무엇인가를 행하셨기 때문이지 우리가 무언가를 행해서 되는 것이 아니다. 우리 스스로는 그리스도의 일부분이 될 수 없다. 성령께서 그렇게 행하신 것이다. 우리는 그리스도에게 접붙임 됨으로 그리스도 안에 있는 모든 은덕들을 누리게 되었다. 용서의 은혜는 물론이거니와 의롭게 됨과 하나님과의 화목케 됨이다.

❻ 그러나 오늘날 이 시대에 가장 크게 유행하는 잘못된 믿음의 형태가 있는데, 그것은 중생하지 않은 상태에서 인간의 의지로 그리스도를 믿겠다고 결심하는 것을 믿음으로 간주하는 것이다. 이는 믿음이 인간 자신에게서 나온다고 여기는 것이 된다. 이는 성경에서 멀리 떠난 가르침인데도 불구하고 오늘날 교회에서 쉽게 발견할 수 있다.

또 다른 잘못된 믿음은, 교회에서 진리라고 여기는 것을 받아들이는 깃이 믿음이라고 보는 것이다. 이러한 것을 맹목적 믿음이라고 부르는데 자신을 속이며 무지함 가운데 방치하는 것으로, 매우 위험한 것이다. 이것은 로마 가톨릭 교회에서 쉽게 볼 수 있는 현상이다.

질문 22. 그렇다면 그리스도인이 믿기 위해 필요한 것은 무엇입니까?

답 | 복음 안에 모든 것이 우리에게 약속되어 있습니다.[01] 이것은 그리스도인의 믿음에 대한 조항들로 요약되어 있으며, 우주적이며 의심할 수 없는 것입니다.

질문 23. 믿음에 대한 조항들은 무엇입니까?

답 | 사도신경입니다.

❶ 진정한 믿음은 복음의 약속에 기초하고 있다. 그리고 이것은 믿음의 객체이며 내용이다(행 24:14; 요 3:33). 복음은 오직 믿음의 규칙이다(사 30:21; 신 28:14). 사도신경은 성경과 동등한 위치에 둘 수는 없지만, 성경에 담겨 있는 구원의 교리들에 대한 요약으로 중요한 위치에 있다.

❷ 사도신경은 그리스도인들의 믿음에 대한 요약이다. 무엇보다도 사도신경의 각 조항들은 하나님의 약속에 대해 말하고 있다(롬 10:9-10). 예를 들어 사도신경에서 '본디오 빌라도에게 고난을 받으사'라는 항목을 고백할 때, 당신은 그리스도의 고난을 기억할 것이며 하나님께서 당신을 위해 그리스도가 고난 받게 하셨다는 약속을 믿게 되는 것이다.

또 '십자가에 못 박혀 죽으시고'라는 항목에서는 당신의 죄를 위해 예수

---
01 마태복음 28:19; 요한복음 20:30-31.

그리스도께서 값을 지불하셨다는 것을 기억하고 믿음이 더욱 확고해질 것이다. 이렇게 사도신경의 조항들은 당신의 구원을 위해 주어진 약속에 관한 것들이다. 그래서 당신은 '믿사오며'라고 고백해야 하는 것이다.

❸ 사도신경은 우주적이어서 모든 시대의 모든 교회에 적용된다. 사도신경은 새로운 것이 아니다. 그것은 사도들이 고백했고 가르쳤던 것으로 오래된 신앙고백서다. 이것은 진실하고 의심할 수 없는 그리스도인의 믿음의 조항들이다. 사도신경은 교회에 의해 의심될 수 없다. 왜냐하면 사도들에 의해 작성되었기 때문이 아니라, 삼위일체 하나님에 대한 고백으로부터 나왔으며 그리스도의 계시에 근거하고 있기 때문이다.

❹ 그렇다면 성경에 있는 진리들을 이렇게 요약해도 되는가 하는 질문을 할 수 있다. 그것은 하나님의 말씀이 교회에 주어졌으며, 그래서 교회는 성경의 진리를 요약해서 세상에 제시해야 하기 때문에 가능하다고 대답할 수 있다(딤전 3:15). 그러나 사도신경은 성경과 동일한 권위를 가지는 것은 아니다. 성경의 권위에 부속된다. 성경이 1차적 권위를 가지고 있으며, 사도신경은 그것으로부터 도출된 권위를 가지고 있는 것이다.

사도신경은 믿음의 진리와 교회의 교리에 대한 공적 증거public testimony의 기능을 가지고 있다. 다가오는 세대를 위해 진리를 보전하는 기능과, 오류와 이단에 내해서도 진리를 보존하고 성도의 언합을 유지하는 기능을 가시고 있다. 따라서 사도신경에 대한 고백 여부를 통해 정통인지 아닌지를 분별할 수 있다. 사도신경의 조항에서 이탈되거나 반대된다면 그것은 정통이 아니다.

❺ 사도신경은 진정한 믿음과 교회의 교리에 대해 공적인 증거 기능을 하고 있으며, 다가오는 세대를 위해 진리를 보전하는 역할을 한다. 그리고 잘못된 오류를 분별하고 그것을 퇴치하는 기능을 수행한다. 또한 신자들의 연합을 나타내고 보존하는 역할도 수행한다.

제8주

질문 24. 사도신경의 조항들은 어떻게 나뉩니까?

답 | 세 부분으로 나뉩니다. 첫 번째는 우리의 창조주이신 하나님 아버지, 둘째는 우리의 구속주이신 아들, 세 번째는 우리를 거룩하게 하시는 성령에 대한 것입니다.

❶ 사도신경은 12개의 조항으로 되어 있지만 내적 연관성에 의해 세 부분으로 나눌 수 있다. 이 구분은 하나님의 위격에 따라서 된 것이다. 삼위의 하나님은 아버지, 아들, 성령이신데 이것은 단순히 이름이 아니다. 하나님의 본질을 일컫는 것이다. 삼위 하나님이 우리에게 중요한 것은 우리의 구원의 근거가 되기 때문이다(미 28:19; 시 45:21-24; 호 1:7; 딛 3:4).

❷ 따라서 단지 하나님이 계시다는 자연적 지식으로는 구원에 이르지 못한다. 하나님이 누구신가에 대한 구체적인 지식이 있어야 한다. 우리는 그의 이름을 통해 하나님이 누구신가를 알아야 한다. '여호와'라는 이름은 스

스로 계신 분이라는 의미다(출 3:14). '아도나이'라는 이름은 '주'로 번역되었는데 하나님의 주권을 나타내는 것이다. '엘'이란 이름은 무한한 능력을 나타내는 것이다. 또한 우리는 하나님의 속성을 통해 하나님이 누구신가를 알아야 한다. 하나님은 모든 것이 충분하시며 완전하신 분이시다. 그리고 하나님은 무한하시며 능력이 있으시고 영광스러우신 분이시다.

❸ 우리는 구원의 근거가 되시는 삼위의 각 위에 대해, 그리고 그가 하신 일에 대해 알아야 한다. 아버지는 모든 만물의 시작이요 마지막이다. 그래서 창조주 하나님이라고 부른다(롬 11:36; 고전 8:6). 아버지는 우리를 만드시고 우리를 보존하신다. 우리에게 아버지가 되시며, 모든 좋은 것을 공급해 주시겠다고 약속하셨다.

아들은 중보자, 혹은 아버지의 종이라고 부르는데, 죄인들을 구속해서 아버지 앞으로 이끄는 일을 하신다(사 49:3; 벧전 3:18). 아들이 죄인들을 구속하시는 방법은 자신의 피로 우리의 죄를 씻는 것이다. 성령은 아버지와 아들이 하신 일을 죄인들에게 유효하게 적용하고 거룩하게 하는 작업을 하신다(요 18:13-15). 성령은 우리를 거룩하게 하여 영원한 복으로 인도하신다. 즉, 우리의 구속을 완성시키신다.

결국 아버지는 사랑으로, 아들은 그의 은혜로, 성령은 교통하심으로 죄인들을 구원하시는 것이다(고후 13:13). 그리고 성령에 의해서 아들을 통하여 하나님께로 인도되는 것이다(엡 2:18). 삼위 하나님께서 우리의 구원을 위해 하신 일은 믿음으로 이해되는 것이며, 우리는 그것을 신뢰하고 고백하는 것이다.

질문 25. 하나님은 오직 하나의 본질이신데,[01] 왜 아버지, 아들, 성령이라고 부릅니까?

답 | 하나님께서 자신의 말씀 안에 자신을 그렇게 계시하셨기 때문입니다.[02] 이 삼위가 오직 하나의 진실하고 영원한 하나님이십니다.

❶ 삼위일체라는 단어는 성경에 나오지 않지만 이것은 성경에서 말하고 있는 교리이며, 기독교 신앙에서 가장 근본적인 교리이다. 우리는 보이지 않는 하나님을 하나님께서 자신을 계시하신 것들을 통해 알 수 있다. 우리는 창조물을 통해 하나님이 계시다는 것을 일반적으로 알 수 있으며, 양심을 통해 하나님께서 의로우신 분으로서 죄악에 대해 심판하시는 것을 알 수 있다. 그러나 오직 하나님의 말씀으로 우리는 하나님에 대한 온전한 지식을 얻을 수 있다. 하나님께서 자신을 자신의 말씀 안에 계시하셨기 때문이다.

❷ 그런데 특별히 하나님께서는 그의 말씀에서 자신이 오직 영원하신 하나님이시라는 것을 계시하셨다. 한 본질 안에 삼위가 계신다. 삼위는 단지 세 이름이 아니며, 각 위의 속성에 의해 서로 구별된다. 하나님의 사역은 삼위에 돌려진다. 창조의 사역은 아버지의 사역이지만 아들과 성령에게도 돌려진다(요 1:1-3; 창 1:2). 구속의 사역은 특별히 아들의 사역이며, 성화는 성령의 사역이지만 아버지에게도 돌려진다(호 1:7; 딛 3:4-6; 유 1:1). 그럼에도 삼위는 그 사역에 있어서 질서와 사역의 방법이 있다.

---

01 신명기 6:4; 이사야 44:6; 45:5; 고린도전서 8:4, 6.
02 창세기 1:2-3; 이사야 61:1; 63:8-10; 마태복음 3:16-17; 28:18-19; 누가복음 4:18; 요한복음 14:26; 15:26; 고린도후서 13:14; 갈라디아서 4:6; 디도서 3:5-6.

❸ 아버지는 만물의 시작과 끝을 주관하시며(롬 11:36; 고전 8:6), 아들은 중보자로서 죄인을 하나님께로 이끄는 구속의 사역을 하신다(사 49:3; 벧전 3:18). 성령은 아버지와 아들의 사역을 죄인들에게 유효하게 적용하신다(요 18:13-15). 삼위께서는 죄인의 구원을 위해 논의하셨을 뿐 아니라(엡 1:11) 그 일이 실현되기까지 각각의 특별한 사역을 감당하신다. 은혜의 속성은 아들에게, 사랑은 아버지에게, 그리고 교통은 성령으로부터 나온다(고후 3:13).

❹ 삼위일체의 교리는 인간의 이성으로 설명될 수 없는 신비mystery다. 하나님의 말씀은 삼위일체 교리를 풍성하게 증거하고 있다. 하나님의 말씀이 가르쳐주고 있는 것은 죄인의 구원이 삼위 하나님으로부터 기인한 것이라는 사실이다. 죄인의 구원 체험은 아들을 통하여 성령에 의해서 아버지께로 인도되는 것이다(엡 2:18). 따라서 우리의 생각과 이해를 하나님의 말씀 앞에 굴복시켜야 한다. 하나님 안에 어떤 모순이 있다고 말해서는 안 된다.

❺ 결국 삼위일체 교리는 우리의 경건을 위해 중요하다. 아들로부터 오는 은혜 없이, 아버지로부터 오는 사랑 없이, 그리고 성령으로부터 오는 위로와 교통 없이 진정한 경건은 없다. 경건의 능력은 하나님과의 교통의 실행에서 오는 것이기 때문이다(골 3:3).

우리는 우리의 구원을 위해 사역하시고 구원의 은혜를 베푸시는 각 위의 사역에 대해 감사해야 한다. 그리고 더 나아가서 하나님이 하시는 모든 일과 사역을 우리가 다 이해할 수 없음을 깨닫고 하나님의 능력에 대해 의심하거나 불경스러운 말을 해서는 안 된다. 하나님의 위엄과 권세와 다스리심에 대해 온전히 찬양하고 감사해야 한다(유 1:24-25).

제9주

질문 26. '전능하사 천지를 만드신 하나님 아버지를 내가 믿사오며'라는 신앙고백의 의미는 무엇입니까?

답 | 하나님은 우리 주 그리스도의 영원한 아버지이시며, 그분은 무에서 하늘과 땅과 그 안의 모든 것을 만드셨으며,[01] 자신의 영원한 경륜과 섭리로 보존하시고 다스리시는 분입니다.[02] 그의 아들 그리스도 때문에 나의 하나님이시며, 아버지이십니다.[03] 나는 전적으로 하나님을 의지하며, 하나님께서 나의 영혼과 몸을 위해 필요한 모든 것을 공급해주실 것을 의심하지 않습니다. 더욱이 눈물의 골짜기에서 나에게 일어난 모든 악들을 나의 유익이 되도록 바꿔주실 것을 믿습니다.[04] 왜냐하면 전능하신 하나님께서는 이 일을 하실 수 있으시며,[05] 기꺼이 하실 신실하신 아버지이시기 때문입니다.[06]

---

01 창세기 1-2장; 출애굽기 20:11; 욥기 38-39장; 시편 33:6; 이사야 44:24; 사도행전 4:24; 14:15.
02 시편 104:27-30; 마태복음 6:30; 10:29; 에베소서 1:11.
03 요한복음 1:12-13; 로마서 8:15-16; 갈라디아서 4:4-7; 에베소서 1:5.
04 로마서 8:28.
05 창세기 18:14; 로마서 8:31-39.
06 마태복음 6:32-33; 7:9-11.

❶ 아버지라고 부르는 것은(요 17:3) 삼위 가운데 은혜를 분배하시는 것에 따른 것이다. 또한 그의 성품 안에서 왕권을 실행하시고, 그의 영광을 드러내시기 때문이다. 이때 아들은 아버지를 드러내시며(자기 자신의 영광을 위해 일하지 않으시며), 성령은 아버지와 아들의 대사로서 행하신다(요 6:13-15).

이로 인하여 아버지는 모든 것의 제1원인first cause으로(고전 8:6), 은혜를 넘치게 하시는 분으로(고후 9:8), 죄인에게 구원을 주시는 분으로(요 17:11) 여겨진다. 따라서 우리는 은혜의 사역에 대해 언급할 때 최종적으로 아버지께 영광을 돌려야 한다(롬 11:33-36). 모든 죄인들의 구원이 완성되었을 때 그 나라는 아버지께 바쳐질 것이다(고전 15:24, 28).

❷ 사도신경에서는 아버지에 대해 가장 먼저 전능하신 하나님이라고 언급한다. 그 다음 창조주에 대한 언급이 나온다. 하나님 아버지는 모든 것을 창조하셨다. 하늘과 땅, 그리고 그 안에 있는 모든 것을 만드셨다. 따라서 하나님 없이 존재할 수 있는 것은 아무것도 없다(골 1:16). 하나님이 만드신 세상은 우리의 연약함으로 인해 그 한계를 다 알 수 없을 만큼 광대하다. 그럼에도 세상은 무한하지 않다. 이것은 단지 하나님에 의해 만들어진 것이기 때문이다.

아무것도 없는 가운데서 모든 것이 만들어졌다. 그리고 이 모든 것은 하나님의 강력한 말씀에 의해 만들어졌다. 믿음으로 우리는 세상이 하나님의 말씀에 의해 만들어졌다는 것을 이해하게 된다(히 11:3). 창조는 전능하신 하나님의 능력의 사역이다. 따라서 우리 모두는 하나님 아버지를 전능하신 창조주 하나님이라고 고백해야 한다. 하나님께서 창조하시고 피조물을 축복하심으로 그것들은 열매를 맺을 수 있게 되었다(창 1:11-12, 22, 28).

❸ 구속의 언약은 아버지로부터 베풀어지는 것이다. 하나님은 그리스도 안에서 영원한 목적을 가지고 자신의 지혜를 나타내셨다(엡 3:11). 선택된 죄인들에게 은혜의 언약을 세우셨다(렘 33:34; 고후 6:16-18). 아들과 성령과 관련하여 구원의 경륜을 이루시는 분도 아버지시다. 그래서 하나님은 그리스도 때문에 진정한 아버지시다(요 20:17). 새 생명을 얻음으로(요 1:12-13), 아들과 영적으로 결혼함으로(사 54:5; 계 21:9), 은혜로 양자됨으로써(롬 8:17)다. 하나님은 모든 피조물, 특히 인류의 아버지시다(말 2:10).

❹ 전능하신 하나님을 믿는다는 고백은 하나님께서 증거하신 것을 받아들이고, 하나님이 참되시다는 것을 확고히 하는 것이다(요 3:33). 하나님께서 행하신 것에 대해 곰곰이 생각할 때 성령께서 하나님의 은혜를 알게 하신다(고전 2:12). 그때 그는 믿음으로 하나님의 아들을 받아들이게 된다. 그것으로부터 그는 자신이 하나님의 자녀가 되었다는 것을 안전하게 결론 내릴 수 있다(롬 8:16). 그런데 그의 믿음은 하나님의 증거에 달려 있는 것이다. 그는 아버지의 위대한 사랑을 찬양할 것이다(요일 3:1-2).

❺ 또한, 전능하신 하나님을 믿는다는 고백은 어떤 상황 속에서도 하나님 아버지께 의존하고 헌신한다는 것을 말한다(시 37:5; 벧전 4:19; 5:7). 우리는 무엇을 먹을까, 마실까, 혹은 입을까에 대해 걱정해서는 안 된다. 하늘 아버지께서 우리에게 필요한 모든 것을 공급해주실 것이기 때문이다. 눈물 골짜기에 서라도 고난과 어려움을 유익으로 바꾸어 주실 것이다. 따라서 신뢰하고 기뻐해야 한다(합 3:17-18).

하나님의 전능하신 능력으로 어렵거나 불가능한 일은 없다(렘 32:17). 아브라함이 하나님을 어떻게 믿었는가? 그는 "하나님은 죽은 자를 살리시며 없는 것을 있는 것으로 부르시는 이"(롬 4:17)심을 믿었고, "약속하신 그것을 또한 능히 이루실 줄을 확신"(롬 4:21)하였다. 하나님께서는 기꺼이 그 일을 행하실 신실하신 하나님이시다.

예수님께서 어떻게 말씀하셨는가? "너희가 악한 자라도 좋은 것으로 자식에게 줄 줄 알거든 하물며 하늘에 계신 너희 아버지께서 구하는 자에게 좋은 것으로 주시지 않겠느냐"(마 7:11)고 하셨다. 따라서 진정한 하나님의 백성은 하나님의 전능하심과 신실하심과 기꺼이 행하심에 대해 의심해서는 안 될 것이다.

제10주

질문 27. 하나님의 섭리란 무엇입니까?

답 | 전능하시며, 모든 곳에 임재하시는 하나님의 능력으로서[01] 하늘과 땅과 모든 피조물을 붙들고 다스리시는 것입니다.[02] 그러므로 꽃잎과 풀과 비와 가뭄, 풍년과 흉년, 양식과 음료, 건강과 질병, 부와 가난[03] 등의 모든 것은 우연으로 오는 것이 아니라[04] 하나님의 사랑스러운 손길에 의한 것입니다.[05]

❶ 섭리는 '여호와 이레'라는 말이 등장하는 창세기 22장 14절에 근거를 두고 있다. 주께서 공급하시고 돌보신다는 것이다. '섭리'라는 단어는 문자적으로 어떤 것을 미리 알고 있음을 함축하고 있으며(행 15:18; 엡 1:11), 어떤 것을 공급하거나 돌보는 것을 의미하기 때문이다(벧전 5:7; 창 22:8, 14). 즉, 섭리란

---

01 예레미야 23:23-24; 사도행전 17:24-28.
02 히브리서 1:3.
03 예레미야 5:24; 사도행전 14:15-17; 요한복음 9:3; 잠언 22:2.
04 잠언 16:33.
05 마태복음 10:29.

무엇을 미리 알고 공급해주는 것이다(딤전 5:8). 따라서 섭리의 하나님은 현재와 미래에 공급하시는 분임을 뜻한다. 하나님의 섭리는 하나님의 전능성과 전지성에 근거를 두고 있다(시 89:13; 사 40:26; 46:10; 행 17:27-28).

❷ 어떤 피조물이라도 스스로를 위해 공급할 수 없다. 오직 하나님만 우주를 위해 공급하실 수 있는 분이다(대상 29:12; 사 40:26). 오직 하나님만이 지혜로우시며 전능하시기 때문이다(유 1:25). 그는 우리로부터 멀리 계시지 않으시며, 그로 말미암아 우리가 거동하고 살아간다(행 17:27-28) 이것은 아들과 성령을 통한 아버지의 사역이다(마 6:26-34; 롬 8:32).

❸ 하나님의 섭리는 세상을 보존하시고 다스리시는 것에 두루 미치므로, 자신이 만드신 모든 것에 확대된다. 하나님의 섭리는 사람이 태어나는 것과 죽는 것(욥 10:10-12),[06] 부자가 되거나 가난하게 되는 것(삼상 2:7), 건강하거나 병드는 것(욥 5:18), 전쟁이나 평화(사 45:7)에 미치게 된다.

하나님의 섭리는 심지어 사람들의 자발적인 행동에도 미친다 (시 139:2-4; 잠 16:9; 21:1; 약 4:13-15; 삼상 10:26). 하나님의 섭리에 의해 모든 피조물들이 존재하는 것이다(시 36:6; 골 1:17). 하나님께서 모든 것을 붙들고 계시기에 그것들은 생명을 유지하고 있는 것이다(시 104:30). 이러한 섭리를 통해 그의 다스림이 영원한 다스림이며, 그가 우주 만물의 주권자임을 나타낸다(단 4:34-35). 하나님의 이러한 다스림은 선한 것이다(창 50:20; 사 10:5-7).

❹ 하나님의 섭리에는 간접적인 것과 직접적인 것이 있다. 간접적인 섭리

---

06 사람이 아무리 강한 결심으로 죽으려고 하여도 하나님의 섭리 없이는 죽을 수 없다(욥 14:5).

는 하나님께서 특정 수단을 통해 공급하시는 것이다(호 2:21-22). 직접적인 섭리는 별 다른 수단 없이 공급하시는 것인데, 예를 들어 모세나 예수님께서 40일 동안 금식하셨을 때 먹을 것과 마실 것 없이도 생명이 유지되었다.

하나님께서 어떤 수단을 사용하실 때 그 수단들은 보잘 것 없거나 형편없는 경우가 많다. 하나님은 기드온의 300 용사를 통하여 13만 5천 명의 미디안 군대를 무너뜨리셨다. 하나님의 섭리는 통상적인 것과 비상한 것으로 구별된다. 통상적인 섭리란 세우신 자연의 과정에 따라 일하시는 것이며, 비상한 섭리는 세우신 자연의 과정을 뛰어넘는 것이다. 비상한 섭리의 예를 들면, 까마귀를 통해 배고픈 엘리야에게 고기를 제공하신 것이다.

❺ 하나님의 섭리는 또한 일반 섭리와 특별 섭리로 구별된다. 일반 섭리란 자신의 모든 피조물, 즉 경건치 않은 자에게도 베푸시는 것이다. 하늘과 구름과 햇빛과 비를 주시며, 계절을 주셔서 열매를 맺게 하시는 것 등이다(마 5:45).

특별한 섭리는 그리스도 안에서 아버지로서 성도들에게 필요한 모든 것을 공급하시는 것을 말한다(딤전 4:10). 이러한 하나님의 특별한 섭리는 그의 백성들을 인도하시고 어려운 가운데서 건져주시며 압제에서 구출해주시는 것을 포함한다. 물론 이러한 하나님의 특별한 섭리가 성도의 기도의 의무를 면제하는 것은 아니다. 하나님께서는 우리에게 필요한 모든 것을 아시지만(마 6:32), 우리는 하나님께 구해야 한다(마 7:7). 그것은 모든 것이 하나님으로부터 오는 것임을 인정하고 감사하게 하기 위한 것이다.

질문 28. 하나님께서 창조하신 것과 그의 섭리로 모든 것을 붙드시는 것을 아는 지식이 우리에게 어떤 유익을 줍니까?

답 | 우리가 역경 가운데 있을 때 인내하게 하며,[01] 모든 것이 번영할 때 감사하게 하며,[02] 우리에게 어떤 일이 닥치더라도 우리의 신실하신 하나님 아버지께 확고한 신뢰를 두게 합니다.[03] 어떤 것도 그의 사랑으로부터 우리를 떼어 놓을 수는 없습니다. 왜냐하면 모든 피조물이 그의 손안에 있으며, 그의 뜻이 없이는 피조물들은 움직일 수조차 없기 때문입니다.[04]

❶ 창조와 하나님의 섭리에 대한 확실한 지식을 가짐으로 얻는 유익은 믿음이 강화된다는 것이다. 그래서 전능하신 하나님에 대한 확신을 갖게 된다. 모든 역경 가운데서도 하나님께서 붙잡아 주신다는 지식으로 우리는 인내할 수 있다(약 1:2-3). 그래서 하나님의 뜻에 굴복하게 된다(단 4:35; 삼하 15:25-26; 16:10; 딤전 6:7). 그리고 하나님의 뜻에 자신을 맡기고 잠잠히 기다릴 수 있게 된다(시 39:9; 73:24; 고후 12:8-9). 하나님의 섭리에 대한 지식은 지금 누리고 있는 것에 대해 감사하게 하며(창 32:10; 살전 5:18), 미래의 모든 좋은 것이 하나님께로부터 오는 것에 대한 소망을 가지게 한다(시 91:9-12).

❷ 하나님의 섭리를 부정하는 자들은, 인간 자신의 능력을 믿거나 때로는 우연과 운을 믿고 따르는 자들이다. 그래서 그들은 하나님을 찾지도 않고 그들의 생각 속에는 하나님이 없다(시 10:4). 그들은 평안할 때 더욱 교만하게

---

01 욥기 1:21-22; 시편 39:10; 야고보서 1:3.
02 신명기 8:10; 데살로니가전서 5:18.
03 시편 55:22; 로마서 5:3-5; 8:38-39.
04 욥기 1:12; 2:6; 잠언 21:1; 사도행전 17:24-28.

되고 부를 얻게 되면 더욱 욕심을 부린다. 그들은 그 영혼을 취하는 하나님에 대해 전혀 생각하지 않고 살아간다(눅 12:19, 20). 그들은 자신의 능력으로 일을 이룬 것으로 생각한다(신 8:17). 사람이 내일의 일을 알지 못하는데도 그들은 자신과 내일에 대해서도 스스로 확신을 가지고 있다(약 4:13-15).

❸ 한편으로 하나님의 섭리를 남용해서 게으름에 빠지며, 합당한 수단을 사용하지도 않으면서 하나님의 섭리를 외치고, 하나님께서 게으른 자신들에게도 공급해주실 것이라고 말하는 자들이 있다. 병들어 누웠는데, 약을 사용하지 않으면서도 하나님의 섭리를 말하며 그대로 누워만 있는 자들과 같은 경우다.

구원에 대해 이렇게 생각하면서 아무것도 안 하는 자들은 더욱 위험하다. 이들은 '만약 내가 선택되었다면 구원받을 것이며, 만약 정죄되기로 정하여졌다면 인간의 노력이 무슨 소용이 있겠는가?'라고 한다. 이들은 하나님께서 인간을 구원하시기 위해 정하신 은혜의 수단이 무엇인지 모르는 자들이다. 이들은 실로 악하고 게으른 자들이다(마 25:26).

❹ 하나님의 섭리에 대해 불신하는 자들이 있다. 그들은 자신들의 노력으로 스스로를 구원하려고 애쓰는 자들이다(사 30:1; 31:1). 이러한 자들은 하나님의 섭리에 의해 모든 것을 공급받았지만, 곧 하나님을 잊어버리는 자들이다. 또한 구원을 가볍게 여기는 자들이다(신 32:15).

❺ 따라서 하나님의 섭리에 대해 묵상해야 한다. 모든 것을 질서 있게 하시며, 아름답게 하시는 하나님의 전능하신 손에 대해 찬송해야 한다(시 107:43; 사 40:26). 그리고 섭리의 손길을 보이시는 하나님께 대해 공경하는

마음이 넘쳐야 한다(시 33:8-9; 95:3-5; 렘 5:24).

또한 고난 가운데 있는 자는 인내해야 한다. 하나님의 주권과 의로우심에 대해 묵상함으로 자신의 심령을 기꺼이 주께 굴복시켜야 한다(욥 1:21-22; 시 119:71). 왜냐하면 하나님은 주이시며, 자신의 뜻에 따라, 그리고 그 의로우심 가운데 모든 것을 행하시는 분이시기 때문이다(시 75:6-7). 그러므로 하나님께 불평하거나 원망하는 대신에 오히려 자신의 죄로 인하여 고통을 겪게 된다는 것을 기억해야 한다(삼하 16:10; 애 3:37-39).

번영의 때에는 감사해야 한다(시 116:12-14). 그리고 어떤 일이 우리 앞에 일어난다 해도 신실하신 하나님 아버지께 확고한 신뢰를 드려야 한다. 성도는 때로 걱정하거나 염려에 빠지고 두려워한다. 이때 하나님께 소망을 두고 흔들리지 않는 안온한 심령을 가지고 기다리는 것이 성도의 의무다(시 37:5; 벧전 5:7).

제11주

질문 29. 왜 하나님의 아들을 구주 예수라고 부릅니까?

답 | 그분께서 우리를 구원하시며, 우리를 죄에서 건지셨기 때문입니다.[01] 더욱이 우리는 다른 데서 구원을 찾아서는 안 되고, 찾을 수도 없기 때문입니다.[02]

❶ 사도신경의 두 번째 부분은 하나님의 아들, 구속주의 인격과 사역에 대한 것이다. 하나님 아버지를 알고 믿는 것이 필수적인 것처럼 하나님이신 아들을 알고 믿는 것이 필요하다(요 14:1). 하나님의 아들을 예수라고 부르는데, 여기에서 믿음에 관련된 모든 것을 이해할 수 있다. 그리스도라는 이름은 구주를 일컫는 말이다. 이것은 하나님 아버지에 의해 주어진 이름이다(마 1:21). 이 이름은 승천하신 이후에도 예수님께서 자신에 대해 사용하신 것이다(행 22:8).

---

01 마태복음 1:21; 히브리서 7:25.
02 이사야 43:11; 요한복음 15:4-5; 사도행전 4:11-12; 디모데전서 2:5.

❷ 구원이란 죄에서 건져내는 것이다. 따라서 구주란 자신의 백성을 그들의 죄로부터 건지시는 분을 말한다(시 30:8; 130:8; 요일 1:7). 구원에는 죄와 악에서 건져냄을 받는 것뿐만 아니라 구주를 즐거워하고, 그분께로부터 위로를 받으며, 그분을 찬양하는 의미도 포함되어 있다(시 16:11).

그리스도께서는 구원의 길을 계시하시고, 기적과 거룩한 삶과 인내의 죽음으로 계시를 확증하셨다(딤후 1:10). 또한 그는 율법에서 요구하는 것에 따라 죄인들을 대신해 무거운 심판을 견디어 내심으로, 하나님의 공의를 만족시키시고 구원을 획득하셨다(사 53:4-5). 그는 성령을 통하여 구원을 우리에게 나누어 주시는데, 자신이 획득한 구원을 죄인들에게 유효하게 적용시키신다.

❸ 주께서는 구원을 즉각적으로 적용하지 않으시고 점진적으로 적용하신다. 먼저 성령으로 중생케 하시고 갱신시키시는 일을 하신다(딛 3:5). 그런 다음 믿음을 주시고, 그 믿음으로써 구주를 자기 자신에게 적용하여 구원받게 하신다(엡 2:8). 그리고 죄악에서 용서를 받게 하시고, 은혜로 얻은 믿음으로 의롭다 여김을 받게 하시는 것이다.

예수님께서는 이렇게 구원을 죄인들에게 유효하게 적용하고 전달하심으로써 구원하신다(롬 8:33-34). 그리고 성령을 통하여 평화와 기쁨을 주신다(롬 14:17). 소망을 부여하심으로 부끄럽지 않게 하시며(롬 8:24), 양자의 영을 주심으로 아버지께로 자유롭게 나아가게 하신다(갈 4:5-6). 거룩하게 하시며(요 10:28), 그의 완전한 구원에 참여하게 하시는 복된 선언을 하신다(계 14:13).

❹ 예수님만이 구주가 되시는데, 그가 죄인의 구원을 성취하시기 때문이다(딛 3:4-6). 아버지께서는 그의 아들을 구주로 정하셔서 그에게 그 직무를 위임하셨으며, 성령께서는 예수님을 그의 백성과 교통하게 하신다(요 16:13-15).

그래서 예수님만이 완전하며 유일한 구주가 되시는 것이다. 따라서 그리스도 외에 구원을 받을 만한 다른 이름이 없다(행 4:12). 우리는 오직 믿음으로 그를 영접하고 소유할 수 있다. 그에 대한 믿음이 없이는 결코 구원이 있을 수 없다(요 1:12).

질문 30. 자신의 구원과 행복을 성인이나 자신에게서 찾거나 혹은 다른 곳에서 찾는 자들은 예수님을 믿는 것입니까?

답 | 아닙니다. 비록 그들이 말로 주님을 자랑하더라도 행동에 있어서는 오직 구원자이며 구주이신 예수님을 부인하는 것입니다.[01] 예수님이 완전한 구주가 아니라고 하든지, 아니면 참된 믿음으로 구주를 영접하고 구원에 필요한 모든 것을 주님 안에서 찾든지 둘 중에 하나입니다.[02]

❶ 이 질문은 그리스도를 믿지 않는 자들에 대한 언급이 아니다. 그리스도를 주로 고백하고 믿는 자들을 향한 것이다. 따라서 무엇보다도 로마 가톨릭 교회를 염두에 두고 있는 것이다. 그들은 그리스도를 구주로 믿는다고 고백하지만 그리스도 바깥에서 구원을 찾고 있다. 로마 가톨릭 교회는 성인을(마리아를 포함해서) 만들고, 그들을 숭배하고, 그들에게 기도한다. 이유는 마리아와 성인들이 자신들을 위해 중보해준다고 믿기 때문이다.

그들은 마리아와 성인들을 중재자의 위치에까지 올려놓았다. 더욱이 이들은 마리아와 성인들에 대한 상을 만들어 놓고 그것에게 절을 하기도 한

---

01 고린도전서 1:12-13; 갈라디아서 5:4.
02 골로새서 1:19-20; 2:10; 요한일서 1:7.

다. 매우 우상숭배적인 행위들이다. 따라서 우상들을 버리고 오직 그리스도를 통하여 구원을 찾아야 한다. 그리스도 외에는 중재자가 없기 때문이다.

❷ 로마 가톨릭 교회는 구원과 행복을 자기 자신에게서 찾는다. 즉, 금식과 구제, 순례와 육신적 고행 같은 것들을 통하여 구원을 찾는다. 자신의 선행으로 하나님의 구원의 덕을 쌓는다고 생각하기 때문이다. 로마서 3장 28절에서 말씀하는 것과 같이 율법의 행위로는 의롭다 여김을 받을 자가 없다. 스스로의 종교적 행위들로 구원을 얻고자 하는 것은 아직 자기 자신의 연약함과 무능을 깨닫지 못한 탓이다. 여전히 하나님께 굴복되지 않은 상태다.

자신의 부패성과 죄성을 깨닫고, 자신의 행위로 스스로 의롭다 여김 받을 수는 없다는 것을 깨달아야 그리스도의 의를 의지하게 된다. 여전히 자신의 행위로 의로워지려는 것은 아직도 영적으로 깨어나지 못한 증거이며, 그래서 교만한 상태라고 할 수 있다.

❸ 로마 가톨릭 교회는 구원을 다른 곳에서 찾는다. 미사, 나무 십자가, 사제에게 나아가 죄를 고백하는 것에서 구원을 찾는다. 미사를 드린 것이 은덕이 되어 구원에 유용하다고 믿는다. 또 사제에게 죄를 고백함으로써 용서를 얻는다고 생각한다. 이러한 것들은 모두 그리스도가 유일한 구주이신 것을 부정하는 행위들이다.

이러한 일을 행하는 것은 그리스도의 완전한 구주되심을 받아들이지 않는 것이다. 그리스도의 완전성과 충분성을 부정하는 것이다. 마치 갈라디아교회에서 일어난 사건처럼 그리스도를 믿지만 율법의 의식들 또한 준수해야 한다고 주장하는 것과 같다. 이것의 위험성은 인간의 공로가 포함됨으로 인해, 은혜보다는 인간 자신의 행위에 근거한 의로움에 빠지게 된다는 것이다.

❹ 물론 그들은 입으로 그리스도를 자랑하고 구주라고 고백도 한다. 그러나 그와 함께 이러한 의식적 행위들도 함으로써 그리스도를 부정하는 자들이다. 그들은 미신에 빠지기도 한다. 십자가를 가지고 병을 고치려 한다거나, 거룩한 물을 뿌려서 귀신을 쫓아내는 의식을 행하기도 한다. 이러한 것들은 그리스도가 명하신 것이 아니다. 역사적으로 볼 때 이교도들의 의식들이 교회 속에 들어온 것이다.

❺ 그렇다면 혹자는 이러한 질문을 할 수도 있다. 로마 가톨릭 교회에서 구원받을 수 있겠는가? 요한계시록 14장을 주의 깊게 읽으면 우리는 답을 얻을 수 있다. 그러한 교회에 속해 있어도 미신적인 행위를 따라가지 않고 그러한 것들을 신뢰하지 않으며, 믿음을 가지고 예수님을 사랑하는 자들이 있다면 그는 구원을 받을 것이다. 그러나 그들의 상황이 영적으로 지극히 어둡고 슬픈 상태이기 때문에 과연 구원받은 백성이 얼마나 있겠는가 하는 탄식이 나온다. 성경에 근거하지 않고 사람의 말이나 오류들 가운데 있는 자에게는 구원이 있을 수 없다. 왜냐하면 성령께서는 오류 가운데서는 역사하시지 않기 때문이다(요일 4:6).

❻ 질문 30번에서 하이델베르크 요리문답서의 역사적 상황은 로마 가톨릭 교회였지만, 오늘날 우리의 상황에서는 알미니안주의자들을 포함시킬 수 있다. 알미니안주의자들은 예수 그리스도로 말미암은 구원의 은덕을 단지 가능성으로 보며, 인간의 자유의지의 결정이 구원을 결정하는 요소라고 말한다. 그것은 예수님을 완전한 구주가 아니라 가능한 구주possible savior로 만드는 일이다. 이들은 교황주의자들과 별 다를 바가 없다. 중생하지 않은 인간의 자유의지로 그리스도를 영접할 수는 없다(요 1:13).

❼ 따라서 오직 두 가지 가능성만이 있다. 로마 가톨릭이나 알미니안주의 자들은 예수 그리스도를 완전한 구주로 보지 않는 것이다. 이들이 아무리 그리스도를 구주로 고백한다고 하더라도 그것은 말에 불과한 것이며 진정한 구원의 믿음이 아니다. 따라서 구원에 필요한 모든 것을 오직 그리스도에게서만 찾는 것이 반드시 필요하다. 오직 그리스도에게서만 구원을 찾는다는 것은 자신의 불의를 철저히 인정하고, 자신의 무능을 고백하며, 행위로 스스로 의로워지려는 것들을 포기하고, 오직 그리스도로 용서함을 받고, 그의 의로 자신의 불의를 가리려는 것을 의미한다.

제12주

질문 31. 왜 예수님을 '기름 부음 받은 자'라는 뜻의 그리스도라고 부릅니까?

답 | 그 이유는 하나님 아버지께서 세우시고, 성령으로 기름 부으심을 받았기 때문입니다.[01] 그렇게 하심으로 우리의 선지자와 교사가 되셔서[02] 우리에게 구속에 관련된 하나님의 뜻과 경륜의 비밀을 완전하게 계시해주십니다.[03] 그리고 우리의 유일한 대제사장이 되셔서[04] 자기 몸으로 단 한 번의 제사를 드려 우리를 구속하시고,[05] 우리를 위해 아버지께 계속 간구하십니다.[06] 또한 우리의 영원한 왕이 되셔서[07] 그의 말씀과 성령으로 우리를 다스리시며, 우리를 위해 마련하신 구원의 즐거움 가운데 우리를 변호하시고 보존하십니다.[08]

---

01 시편 45:7(히브리서 1:9); 이사야 61:1(누가복음 4:18); 누가복음 3:21, 22.
02 신명기 18:15(사도행전 3:22).
03 요한복음 1:18; 15:15.
04 시편 104:4(히브리서 7:17).
05 히브리서 9:12; 10:11-14.
06 로마서 8:34; 히브리서 9:24; 요한일서 2:1.
07 스가랴 9:9(마태복음 21:5); 누가복음 1:33.
08 마태복음 28:18-20; 요한복음 10:28; 요한계시록 12:10, 11.

❶ 그리스도라는 이름은 기름 부음을 받았다는 의미다. 이것은 구주의 공식적인 이름이다. 기름 부음을 받았다는 것은 직무에 부름받은 것을 의미한다. 다니엘은 이것에 대해 이미 예언하였다(단 9:25-26). 이 이름은 그리스도께서 탄생하실 때 천사들에 의해 불려졌다(눅 2:11). 그리고 제자들이 예수님을 그리스도라고 불렀으며(요 1:41), 베드로는 신앙고백 속에서 그렇게 불렀다(마 16:16). 또 그리스도는 부활하신 후 제자들 앞에서 자신을 이 이름으로 증거하셨다(눅 24:26; 행 9:22).

❷ 구약에서 기름 부음을 받는 대상은 선지자들(왕상 19:16)과 대제사장(출 30:30)과 왕의 경우다(삼상 10:1; 16:2-3, 13; 왕상 1:39). 예레미야 선지자의 경우 선지자와 제사장으로 부름을 받았으며, 다윗의 경우 선지자와 왕으로 부름을 받았다. 그러나 그리스도께서는 선지자와 제사장과 왕의 직무로 부름받았다. 이렇게 기름 부음을 받는 것은 하나님께서 그들에게 직무들을 맡기셨다는 것을 확신시켜주시는 것이며, 하나님께서 그 직무를 위해 필요한 성령의 은사들을 공급해주시는 것을 의미한다. 그리스도께서는 기름으로 기름 부음을 받은 것이 아니라 그의 세례 시에 하나님 아버지께로부터 직접 성령으로 기름 부음을 받았다(마 3:17).

❸ 구약성경에서 선지자는 하나님에 의해 부름을 받아서, 그의 백성들을 향하여 회개와 삶의 개혁을 외치는 자들이다. 모세는 그리스도가 선지자라는 것을 예언하였다(신 18:15). 그리스도는 하나님 아버지에 의해 선지자로 고안되었으며, 제자들도 그리스도를 선지자로 고백하였다(행 3:22).

그리스도께서는 선지자로서 하나님의 비밀들을 우리에게 완전히 드러내셨다. 특별히 우리의 구원에 관련된 하나님의 뜻을 나타내셨다. 선지자는 하나님의 비밀의 경륜들을 부분적으로 드러냈지만 그리스도는 모든 것을 드러내셨다(요 1:18; 15:15). 하나님께서는 그의 영원한 경륜 가운데, 놀라운 방식으로 죄인들을 구원으로 인도하셨다. 그러나 죄인들에게는 이 길이 알려져 있지 않았다. 하나님 안에 감추어져 있었으며, 어떤 피조물도 이것을 발견할 수 없었다. 그런데 하나님의 아들이 육신으로 오셔서 이 놀라운 경륜을 드러내셨다(요 1:18; 3:34).

그리스도는 가르침을 통하여 선지자 직무를 수행하셨다. 그리스도는 율법을 가르치셨으며, 회개를 외치셨고, 하나님 나라를 선포하셨다. 그는 비유로 가르치셨는데, 그의 제자들에게는 드러나지만 믿지 않는 자들에게는 감추어져 있었다. 그는 성전을 정화하시면서 선지자의 직무를 감당하셨고, 예루살렘의 멸망을 예언하셨다. 그리고 장래의 하나님 나라에 대해 예언하셨다.

그리스도는 기적을 통해 자신의 신적 사명을 증거하셨다. 외적으로는 복음이 외쳐지지만, 그리스도께서는 내적으로 하나님의 비밀들을 가르치시고 설명해서 말씀이 영혼 안으로, 빛으로 들어가게 하신다(눅 24:45; 행 16:14). 그리스도께서는 선지자로서 거룩한 삶을 직접 예증하심으로써 그의 가르침을 확증하셨고, 제자들이 그의 발자취를 따르게 하셨다(벧전 2:21-23).

❹ 구약에서 제사장의 직무는 희생 제사를 드리고 하나님 앞에서 백성을 대신하는 것이었다. 대제사장의 직무는 1년에 한 번씩 대속죄일에 모든 자의 죄를 위한 제사를 드리는 것이었다. 이때 대제사장은 먼저 자신의 죄를 위한 제사를 드린 다음 지성소로 들어갈 수 있었다. 대제사장은 주 앞에서 백성을 위해 간구해야 했다. 그리고 손을 들어 백성을 축복하는 것이 의무였다(레 9:22).

그리스도는 새 언약의 대제사장이시다(히 3:1; 4:14). 그리스도께서는 많은 영혼의 죄를 사하기 위해 자신의 몸으로 희생의 제사를 드렸다(사 53:10). 또한 그리스도는 제사장으로서 아버지에게 그의 백성을 위해 간구하고 계시며(히 7:25), 그의 백성을 축복하고 계시다(민 6:23, 27; 요 14:17).

❺ 왕은 하나님의 은혜에 의해 세워지는 통치자다. 그는 법에 따라 나라를 다스리며, 원수들로부터 그의 백성을 보호한다. 그리스도께서는 왕으로서 그의 말씀과 성령으로 그의 백성을 다스리시고 통치하신다(시 143:10). 그리고 구원의 즐거움 가운데 있는 백성을 그의 능력으로 보호하시고 지키신다(마 16:16; 벧전 1:5).

그리스도께서는 우리의 심령을 계속 갱신시키시며, 믿음을 강화시키셔서 우리를 배교에서 건지시기까지 하신다(롬 8:37; 고전 1:8). 그리스도께서는 왕으로서 나라를 완성시키시고 계시며, 죄인들을 자신에게 굴복시키시고 있다. 그리고 하나님 나라를 완성하셔서 그것을 하나님께 바칠 것이다(고전 15:24, 28).

❻ 아버지께서는 이러한 직무들을 위해 그리스도를 이 땅에 보내셨으며, 그리스도에게 성령으로 기름 부으셨다(요 10:36). 그리스도의 선지자 직무는 우리로 그리스도의 말씀을 듣게 하는 유익이 있다(마 3:16-17; 17:1-3). 또 그리스도의 제사장 직무는 우리의 양심이 영적으로 깨어 있게 하고 그리스도 안에 안주하는 유익을 얻게 한다. 그리스도의 왕의 직무는 우리의 의지가 굴복되며 더욱 성화되는 유익을 얻게 한다. 이렇게 그리스도의 삼중적 직무는 구원에 필요한 모든 것이 그리스도 안에 있다는 것을 깨닫게 하고, 더욱 그리스도를 찾고 구하게 만드는 것이다.

질문 32. 그렇다면 당신은 왜 그리스도인이라 불립니까?

답 | 왜냐하면 나는 믿음으로 그리스도의 지체(회원)가 되었기 때문입니다.[01] 따라서 그의 기름 부음에 동참하게 됩니다.[02] 결과적으로 나는 그의 이름을 고백하게 되며,[03] 나 자신을 살아 있는 감사의 제물로서 그에게 드립니다.[04] 또한 현재의 세상에서 자유롭고 선한 양심을 가지고 죄와 사탄에 대항해 싸우며,[05] 나중에 그리스도와 함께 영원토록 모든 피조물을 다스리게 될 것입니다.[06]

❶ 그리스도인들은 처음에는 신자들, 하나님의 자녀, 제자로 불렸다. 그런데 그들의 숫자가 점점 많아지면서 마침내 그리스도인이라고 불리게 되었다.(행 11:26)[07] 그리스도인이라는 이름은 성령께서도 인정하신 것이다(벧전 4:16). 그들의 주인인 그리스도를 따르는 자에게는 당연한 이름이라 할 수 있다. 이 이름이 가지고 있는 의미는 믿는 자들이 성령에 의하여 기름 부음을 받았다는 것이다(갈 4:6; 고전 1:21-22; 요일 2:20).

물론 그리스도인들이 성령에 의해 기름 부음을 받는 것은 그리스도의 기름 부음과는 정도의 차이가 있다. 그리스도께서는 한량없이 기름 부음을 받으신 것이며(요 3:34), 그리스도인들의 기름 부음은 주께서 기뻐하시는 대로 그 분량이 있다(고전 12:11; 엡 4:7). 따라서 그리스도인이라 부르는 것에서 그들

---

01 고린도전서 12:12-27.
02 요엘 2:28(사도행전 2:17); 요한일서 2:27.
03 마태복음 10:32; 로마서 10:9-10; 히브리서 13:15.
04 로마서 12:1; 베드로전서 2:5, 9.
05 갈라디아서 5:16-17; 에베소서 6:11; 디모데전서 1:18-19.
06 마태복음 25:34; 디모데후서 2:12.
07 성도라고 부르기도 하는데, 이것은 세상으로부터 구별되어 구원으로 정해졌다는 의미가 포함되어 있다 (행 6:7; 9:10; 약 2:15; 엡 6:18).

은 그리스도인이 아닌 자와 뚜렷이 구별된다. 그리스도인들은 경건의 모양과 능력을 가지고 있으며, 말과 행위에 있어서 그리스도를 닮기 위해 수고한다.

❷ 그리스도인들은 선지자들이다(행 2:17-18). 예외적인 직무로서의 선지자가 아니라 그들의 은혜의 상태에 의해 선지자라는 것이다. 그리스도인들은 선지자로서 하나님께로부터 그의 복된 신비의 계시를 받았다(엡 1:17-19). 그리스도인들은 그리스도에 의해 내적으로 가르침을 받고 있다. 그들은 하나님의 신비로 인도되기도 하며, 성령의 나타나심으로 확신에 거하기도 한다(요 14:21).

더욱이 그리스도인들은 선지자로서 다른 사람에게 하나님의 비밀들을 가르치기도 하며, 그의 이름을 보여주고 고백한다. 때로는 그의 이름을 찬양하고 노래한다(골 3:16). 또한 거룩한 대화를 하며 그리스도의 복된 교리들을 찬양한다(빌 2:15-16). 따라서 선지자로서 그리스도인들은 바른 교리의 지식을 가지고 있으며, 거룩한 삶으로 그 진정성을 보여주고, 복음을 전파하는 노력과 진리에 대한 변호를 통하여 그 정체성을 드러낸다.

❸ 그리스도는 대제사장으로서 우리를 위해 죽으심으로 속죄의 제사를 드렸다. 이것에 대한 우리의 응답은 우리의 육신을 죽이고, 우리의 모든 삶을 감사의 제사로 드리는 것이다(벧전 2:5). 이러한 의미에서 그리스도인들은 또한 제사장들이다(사 61:6). 그리스도인들은 제사장들이 입고 있었던 의복과 같이 영적인 의미에서 의복을 입고 있다.

한편으로 그리스도인들은 제사장과 같이 봉사한다(벧전 2:5). 자신의 육신적 성향과 욕구들을 굴복시켜서 하나님의 의의 도구로 드리는 것이다. 이것은 하나님께서 받으실 만한 제사다(롬 12:1). 이들은 또한 기도로 제사를 드려야 하며(시 119:108; 히 13:15; 계 8:3-4), 사랑으로 구제해야 한다. 이는 받으실 만한 제사이기 때문이다(빌 4:18).

무엇보다도 그리스도인의 제사장 직무는 베드로전서 2장 9-10절에서 명시하고 있다. "너희는 택하신 족속이요 왕 같은 제사장들이요 거룩한 나라요 그의 소유가 된 백성이니 이는 너희를 어두운 데서 불러 내어 그의 기이한 빛에 들어가게 하신 이의 아름다운 덕을 선포하게 하려 하심이라 너희가 전에는 백성이 아니더니 이제는 하나님의 백성이요 전에는 긍휼을 얻지 못하였더니 이제는 긍휼을 얻은 자니라." 즉, 우리는 언제든지 그리스도 안에서 하나님께 나아갈 수 있는 것이다.

❹ 그리스도인들은 왕과 같다(계 1:6). 왕은 특권을 소중히 여기며 그 특권을 사용한다. 이 땅에서 그리스도인으로서 왕의 직무 수행은 원수들과 의로운 전쟁을 하는 것이다. 그리스도인은 세상과 죄와 마귀들에게 전쟁을 선포하고 그것을 극복하며(슥 10:3, 5), 죄가 그들을 주관하지 못하게 한다(롬 6:14). 그리스도인들은 이렇게 영적 전쟁을 수행하도록 정해져 있다. 그래서 주께서는 그리스도인들이 이러한 전쟁을 수행하도록 영적인 도구들로 무장하게 하셨다(엡 6:10-18).

진정한 그리스도인은 이러한 영적 전쟁에서 자신의 힘을 의지하지 않고 주께 전적으로 의존한다. 그리스도인들은 비록 이 세상에서 가난할지라도 왕으로서의 부요함을 누리게 된다. 그들에게는 진정한 타이틀이 있기 때문이다(계 3:21). 그리스도인들은 왕 같은 품위를 가지며, 이 땅에서 존귀한 존재들이다(시 16:3).

❺ 그리스도인들은 기름 부음 받은 자들로서(고후 1:21), 직무들을 수행하도록 지정함을 받았다(출 19:6; 벧전 2:9). 따라서 이러한 직무들이 그리스도인의 표시로 나타나야 하며(계 8:3-8), 더욱이 성령으로 자격을 갖추게 하셨기 때문에 반드시 수행되어야 한다(요일 2:20, 27). 따라서 그리스도인들은 그리스도의 기름 부음에 참여한 자들로서 성도의 직무를 감당해야 하는 것이다.

제13주

질문 33. 우리도 또한 하나님의 자녀인데, 왜 그리스도를 독생자라고 부릅니까?

답 | 예수님만이 영원하신 하나님의 아들이시며,[01] 우리는 예수님 때문에 은혜에 의하여 하나님의 자녀로 입양되었기 때문입니다.[02]

❶ 하나님의 아들이라는 표현은 그리스도와 하나님과의 관계를 지칭하는 것이다. 이것은 또한 그리스도는 하나님의 본질을 가지고 계시는 것을 말한다. 즉, 그리스도는 아버지와 같은 본질을 가지고 계시다(요 5:18;10:30). 그리스도를 독생자라고 부르는 것은 오직 그리스도만이 하나님의 아들이라는 것이다. 따라서 우리는 그리스도를 하나님으로 불러야 하며, 섬겨야 한다. 그리스도께 하나님의 이름이 돌려진다(히 1:8-9). 하나님의 속성은 완전과 불변, 독립성인데 그리스도께는 이러한 속성이 있으시다(계 1:8).

---

01 요한복음 1:1-3, 14, 18; 3:16; 로마서 8:32; 히브리서 1:1; 요한일서 4:9.
02 요한복음 1:12; 로마서 8:14-17; 갈라디아서 4:6; 에베소서 1:5-6.

또한 하나님의 섭리의 역사가 그리스도에게도 돌려지며(골 1:17), 구속의 사역이 그리스도에게 돌려진다(호 1:7). 따라서 그리스도는 진정한 하나님이시다. 모든 사람은 그리스도를 공경해야 하며 예배해야 한다(행 7:59). 예수님의 제자들은 그를 하나님의 아들로 고백하였으며(마 16:16), 예수님도 자신을 가리켜 하나님의 아들이라고 말씀하셨다(요 5:18).

❷ 아리안주의자들은 그리스도가 하나님에 의해 모든 만물이 만들어지기 전에 피조된 존재라고 주장하였다. 그러나 그리스도의 아들 됨은 피조된 것이 아니다. 오히려 신적인 본질을 의미하는 것이다. 따라서 아리안주의자들은 이단이다(현대주의자들도 그리스도의 신성을 믿지 않는다. 단지 4대 성인 중 한 분으로 간주한다). 독생자라는 것은 중재자와 하나님 아버지와의 관계에서 부르는 이름이다(롬 8:32). 삼위 가운데 각 위의 구별됨으로부터 나오는 것이다. 그러므로 그리스도가 하나님의 아들인 것은 아버지의 형상의 표현이다(히 1:3-4).

❸ 하나님께서는 우리를 사랑하셔서 자신의 독특한 아들을 이 땅에 보내주셨다. 누구든지 그를 믿는 자는 멸망당하지 않고 영생을 얻도록 하셨다(요 3:16). 하나님께서 자신의 아들을 보내주신 것은 우리를 향한 사랑의 증거이며, 우리는 그를 통해 살아가게 되어 있다(요일 4:9). 따라서 그리스도 안에서 하나님의 모든 약속은 얼마든지 '예'이며, '아멘'이다(고후 1:20).

하나님은 그리스도 안에서 그의 선하심의 풍성함을 부어주셨다(엡 1:18). 결국 예수 그리스도를 믿는다는 것은 그리스도의 소중함을 깨닫고, 그 은덕을 덧입기 위해 그리스도를 믿음으로 붙잡는 것을 의미한다. 따라서 그리스도를 믿기 위해서는 그리스도에 대한 지식이 반드시 필요하며, 성령에 의해 그리스도의 필요성을 깨달아야 한다.

❹ 그리스도를 진실하게 믿는 자를 하나님의 자녀라고 부른다(요 1:12; 엡 1:5; 롬 8:16). 그리스도께서는 자신을 믿는 자들을 하나님의 자녀라고 부르셨다(막 3:35; 요 20:17). 우리가 하나님의 자녀로 부름을 받는 것은 본성으로 된 것이 아니라 은혜에 의한 것이다. 하나님께서 우리를 자녀로 입양하셨기 때문이다. 하나님께서는 우리 영혼 가운데 성령으로 역사하셔서 믿음을 주시고 그 믿음으로 그리스도 안에 연합되게 하셨다. 그래서 우리로 그리스도의 살아 있는 지체가 되게 하셨다.

사실 우리는 본성상 진노의 자녀들이었다(엡 2:3). 그럼에도 불구하고 자녀가 되게 하심으로 우리는 그리스도와 진정한 교제를 가질 수 있게 되었다. 이것은 단지 자격만을 말하는 것이 아니며, 권리 행사만을 의미하는 것도 아니다. 하나님께서 우리로 자녀의 영광스러운 상태에 있게 하신 것이다. 이는 성령으로 아들과 연합되게 하심으로 가능케 되었다.

따라서 하나님의 자녀로 입양되었다는 것은 법적인 상태와 성령에 의한 영적 갱신을 통해 하나님과 살아 있는 교제를 할 수 있게 되었다는 뜻이다. 이렇게 그리스도의 지체가 되게 하신 것은 놀라운 일이다. 우리는 스스로의 능력이나 힘으로는 하나님 나라에 들어갈 수 없기 때문이다. 우리의 삶이 획기적으로 갱신되었다는 것은 하나님의 기적이다. 이렇게 믿음을 통해 자녀로 받아들여진 열매로 우리는 그리스도와 함께 하나님의 유업을 받을 수 있게 된 것이다(롬 8:17 이하).

질문 34. 예수님을 우리 주님이라고 부르는 이유는 무엇입니까?

답 | 예수님께서 금이나 은이 아니라 그의 보혈로써[01] 우리의 모든 죄로부터 영혼과 몸을 구속하셨으며,[02] 마귀의 모든 힘으로부터 구원하셨고 우리를 자신의 소유물로 삼으셨기 때문입니다.[03]

❶ 구속이라는 것은 자유하게 한다는 것이다. 모세의 율법에 의하면 때로는 가난한 형제가 종으로 팔릴 수 있다. 그런데 그에게 부유한 친족이 있다면 그가 대신 돈을 지불하고 종의 상태에서 자유하게 할 수 있었다. 본성상 우리는 죄 가운데 있어서 모두 죄의 종이 되어 죄 아래에 팔렸다. 그러므로 누군가가 대가를 지불하고 우리를 구해내 줘야 풀려날 수 있다(롬 3:12). 그런데 그리스도가 그의 보혈로 우리를 죄와 마귀의 권세에서 건지시고 우리를 그의 소유물로 삼으셨다. 그래서 우리는 그리스도를 주라고 부른다.

죄와 어두움의 힘에서 벗어나는 일은 결코 우리의 힘으로 될 수 있는 것이 아니다. 죄가 주관하는 힘은 너무도 강력하여 그것에서 벗어날 수 없다. 죄가 원하는 대로 우리의 육신은 죄의 일들을 행하게 되어 있다. 더욱이 마귀가 퍼뜨리는 어두움은 우리로 하여금 결코 진리를 보지 못하게 하고, 우리를 계속 어두움 가운데 붙잡아두려고 한다. 결국 우리의 영혼과 몸은 죄와 어두움에서 벗어날 수 없으며 자유를 얻을 수도 없다. 그런데 그리스도의 보혈이 우리를 죄와 어두움의 권세에서 자유를 얻게 하셨다. 그래서 우리는 그리스도를 주라고 부르며, 승리의 주로 인해 즐거워하고 기뻐해야 한다(사 52:7).

---

01 베드로전서 1:18-19.
02 고린도전서 6:20; 디모데전서 2:5-6.
03 골로새서 1:13-14; 히브리서 2:14-15.

❷ 그리스도는 이렇게 우리를 건져내실 뿐 아니라, 건져낸 우리를 자신의 소유물로 삼으셨다. 주께서는 우리를 소유물로 삼으셔서 자신을 드러내고 계시다. 또한 우리는 그의 소유물로 우리가 자신의 주인이 아니다. 그리스도가 우리의 소유권자이시기에 우리는 몸과 영혼으로 그를 영화롭게 해야 하며(고전 6:20) 즐거이 그에게 순종해야 한다(마 7:21). 그리고 하나님의 뜻에 겸손히 굴복하며(벧전 5:6), 오직 주만 섬겨야 한다(고전 7:23; 벧후 1:8).

결국 우리 자신을 주의 일에 드려야 한다. 주의 일에 봉사해야 하는 것이 그의 소유물로서 당연한 책무다. 자신에 대해 자기 스스로가 주인의식을 갖는다면 그는 자기 자신이 인생의 목적과 목표가 된다. 결국 자신이 원하는 것을 가지기 위해 인생을 다 허비해버릴 것이다. 그러나 주의 백성은 주의 소유물로서 자신의 목적을 추구하는 것이 아니라 주께서 건지신 목적에 따라 예배하고 봉사하는 것이 가장 중요한 일이 된다(딛 2:14). 진심으로 주를 사랑하는 심령으로 봉사해야 한다.

❸ 그리스도는 우리의 주로서 우리를 말씀과 성령을 통해 다스리고 계신다. 따라서 그리스도를 주로 부르는 백성은 매 순간마다 이렇게 다스리시는 주를 인정하고 따라가야 한다. 주의 백성이라고 하면서 자신의 마음대로 살아갈 수는 없다. 자신을 주의 뜻에 항상 복종시켜야 한다(롬 12:1). 예를 들어 안디옥 교회는 주의 음성에 매우 민감했다. 주의 뜻이 드러날 경우에는 순종하는 일에 지체하지 않았다(행 13:1-2).

또한 우리가 그리스도를 주로 부르면서 따라갈 때 그의 거룩하심에 부합되기 위한 노력이 반드시 있어야 한다. 그가 우리를 죄와 어두움에서 건지신 것은 우리로 하여금 그를 닮고 그리스도를 나타내게 하려는 목적 때문이다(고후 3:18). 더욱이 그의 백성 된 자들은 진정한 신뢰를 주께 드려야 한다.

자신을 완전히 주께 굴복시키고 안온한 심령을 가지고 있어야 한다. 주를 믿고 따른다고 하면서 여전히 자신의 꾀나 지혜나 경험에 의존한다면 그것은 혀로만 주를 부르는 자일 뿐, 결코 주를 따르는 자가 아니다. 우리가 주를 온전히 의지한다면 상황이 어떠하든지 심령을 평안히 가지고 주의 간섭하심과 주의 보호하심에 철저히 맡겨야 할 것이다(사 30:1; 31:1).

제14주

질문 35. '성령으로 잉태하사 동정녀 마리아에게 나시고'라는 말은 무엇을 의미합니까?

답 | 하나님의 영원하신 아들이 참되시고 영원하신 하나님의 본질을 그대로 지니신 채,[01] 성령의 사역을 통해[02] 처녀 마리아의 혈육으로부터[03] 나셨다는 것입니다. 또한 진정한 인간의 본질을 취하셔서, 죄를 제외한[04] 모든 것이 우리와 같은 형체가 되어[05] 다윗의 후손으로[06] 나셨다는 뜻입니다.

❶ 하나님이신 그리스도께서 사람이 되신 것은 우리의 구원을 이해함에 있어서 가장 근본적인 것이다. 그리고 그리스도의 신성과 인성의 결합이 왜 중요한가를 이해하는 것 역시 중요하다(그리스도의 성육신이 우리에게 주는 유익은 질문 36번

---

01 요한복음 1:1; 10:30-36; 로마서 1:3; 9:5; 골로새서 1:15-17; 요한일서 5:20.
02 누가복음 1:35.
03 마태복음 1:18-23; 요한복음 1:14; 갈라디아서 4:4; 히브리서 2:14.
04 히브리서 4:15; 7:26-27.
05 빌립보서 2:7; 히브리서 2:17.
06 사무엘하 7:12-16; 시편 132:11; 마태복음 1:1; 누가복음 1:32; 로마서 1:3.

에서 다룬다). 그리스도는 자기를 비워 종의 형체를 가진 사람으로 오셨다. 이것은 하나님께서 기뻐하신 뜻 가운데 이루어졌다. 하나님의 뜻은 아들을 보내는 것이었다(갈 4:4-6). 그리고 하나님은 아들을 통해 말씀하셨다.

따라서 그리스도는 하나님의 비밀을 우리에게 드러내 주셨다(요 3:34). 그리스도는 하나님의 아들로서 은혜로 우리를 하나님의 아들들로 만드실 수 있는 분이시다(갈 4:4-5). 또한 그리스도는 보이지 않는 하나님의 형상이시므로, 우리를 하나님의 형상으로 회복시킬 수 있는 분이시다(골 4:19). 하나님은 죄인들의 구원을 위해 자신의 아들을 보내심으로 말미암아 가장 높은 수준의 사랑을 보여 주셨다(요 3:16).

❷ 그리스도는 마리아의 몸과 피로부터 진정한 인간의 성질을 취하셨다(마 1:18). 그리스도는 분명 우리와 같은 사람이셨다(히 2:17). 인간의 몸과 영혼을 가지셨고(마 20:28), 몸은 유아기를 거쳐 청년기로 자라나셨다. 그리스도는 인간과 같이 배고프셨으며, 갈증을 느끼셨으며, 눈물을 흘리기도 하셨다. 따라서 그리스도는 여자의 후손으로 불리셨으며(창 3:15), 아브라함의 씨(창 22:18)로 불렸고, 육신으로는 다윗의 후손이었다(롬 1:3).

이렇게 동정녀 마리아에게서 나신 것은 그가 원죄 없이 태어나기 위한 것이었다(눅 1:35). 그래서 그리스도는 아담과 대조된다(고전 15:45, 47). 그리스도가 잉태된 것은 성령의 사역에 의해 특별한 방법으로 된 것이며, 그리스도에게는 신성과 인성의 결합이 이루어졌다. 그리스도는 죄가 없으시다(히 4:15). 원죄와 자범죄에서 자유하신 것이다. 그리스도의 신성은 인간의 성질 속에서 변경되거나 변화되지 않았다. 그리스도께서 인간의 몸을 입으셨을지라도 계속해서 하나님이셨으며, 그 목적은 죄인들로 하여금 하나님과 화목하게 하기 위한 것이었다.

질문 36. 예수님의 거룩한 잉태와 탄생으로 말미암아 우리가 얻는 유익은 무엇입니까?

답 | 그는 중보자이십니다.[01] 그의 무죄함과 완전한 거룩함으로 우리가 태어날 때부터 가지고 있는 죄들을 하나님 앞에서 덮어주십니다.[02]

❶ 예수님은 중보자이시다. 그래서 중보하실 뿐만 아니라 우리로 하여금 하나님과 화목하게 하신다. 예수님께서는 진정한 인간의 성질을 취하심으로써 성도의 중보자가 되셨다(딤전 2:5-6). 그는 죄로 인하여 하나님과 분리되고 멀어진 우리를, 하나님께로 가까이 갈 수 있도록 해주신다(요일 2:1-2; 롬 8:33-34; 히 10:19-22).

예수님의 성육신으로 인한 유익은 하나님의 면전에서 태어나면서부터 가지고 있는 우리의 죄가 가리어지는 것이다. 우리는 죄를 가지고 태어났다. 원죄로부터 자범죄가 나온다. 이러한 죄들은 하나님을 대적하는 것이며, 심판을 불러일으키는 것이다(사 65:6; 시 90:3). 그러나 중보자이신 예수님께서 하나님과 죄인들 사이에 개입하셔서 하나님 앞에서 그들의 죄를 덮으시고 거두어 가셨다. 그래서 하나님께서는 그 죄인들을 꾸짖거나 심판하지 않으시는 것이다.

❷ 중보자는 이러한 일을 자신의 무죄함과 완전한 거룩함으로 행하셨다. 무죄와 완전한 거룩함은 중보자로서 반드시 갖추어야 할 자질이다. 따라서 그의 거룩한 탄생이 성도에게 유익을 주는 것이다(눅 2:10-11). 율법은 거룩

---

01 디모데전서 2:5-6; 히브리서 9:13-15.
02 로마서 8:3-4; 고린도후서 5:21; 갈라디아서 4:4-5; 베드로전서 1:18-19.

한 탄생과 거룩한 삶을 요구한다. 사람에게 이것들이 없을 때 율법은 저주한다. 그러나 중보자의 무죄함과 완전한 거룩함은 하나님께 완전한 제물로 드려지기에 충분하다. 흠 없는 제물로 드려진 것은 하나님을 기쁘시게 하는 것이며(엡 5:2), 우리의 죄가 하나님 앞에서 덮어지게 한다(히 10:1-18).

❸ 하나님 앞에서 우리의 죄가 취소되지 않고 그대로 드러난다는 것을 생각한다면, 하나님의 진노를 받는 것은 마땅한 것이며 그로 인한 우리의 두려움은 말로 다 할 수 없는 것이다(시 51:3). 죄가 우리를 짓누르는 것은 이루 말할 수 없는 고통이다(욥 13:26). 따라서 하나님 앞에서 우리의 죄가 덮어진다는 것은 모든 고통이 중단되고 그 심령에 평안이 넘치며, 구원의 기쁨이 크게 일어나는 것이다(시 32:1).

예수님께서 성육신하신 것의 유익은 그리스도가 중재자이며, 중재자를 통해 우리가 하나님 앞에 의롭게 된다는 것이다. 이 은혜는 지극히 큰 것으로 마땅히 감사해야 하는 것이다. 이러한 예수님의 성육신은 구약에서 바라보았던 것이며(요 8:56) 믿음에 있어서 근본적인 항목이다(요일 4:2, 3).

❹ 그리스도의 성육신의 유익을 더욱 절실히 체험하기 위해서는 우선 당신의 죄가 당신의 눈앞에서 드러나야 한다. 그리고 이러한 죄들이 하나님 앞에서 어떻게 보일 것인가에 대해 생각해야 한다. 당신의 죄들을 하나님 앞에서 어떻게 설명할 수 있을지에 대해서도 생각해야 한다. 이러한 상황 속에서 당신에게 가장 필요한 분이 있다면 누구겠는가? 그분이 나를 도와줄 수 있다면, 어떻게 도와주는 분이어야 하겠는가(마 17:11; 9:13; 딤전 1:15; 사 59:20)?

제15주

질문 37. '고난을 받으사'라는 말은 무엇을 의미합니까?

답 | 예수님께서 지상에 있는 동안, 특별히 그의 삶의 마지막에 전 인류의 죄에 대한 하나님의 진노를 친히 그 몸과 영혼으로 받으셨습니다.[01] 속죄의 제사인[02] 그의 고난으로써 영원한 정죄로부터[03] 우리의 몸과 영혼을 구속하셨으며, 우리에게 하나님의 은혜와 의와 영원한 생명을 얻게 해주셨습니다.[04]

❶ 그리스도가 받은 고통은 단지 몸에 받은 고통만을 의미하는 것이 아니라 영혼에 받은 고통까지 포함한다. 하나님은 진노를 그의 영혼 가운데 퍼부으셨다. 그리스도는 죄인들을 향한 하나님의 공의를 만족시키기 위해 자신의 영혼을 많은 사람들의 죄를 대속하는 제물로 기꺼이 내어 주셨다(마 20:28; 사 53:10; 레 18:11). 물론 그리스도의 죽음은 선택된 자들의 죄를 위한 것

---

01 이사야 53장; 디모데전서 2:6; 베드로전서 2:24; 3:18.
02 로마서 3:25; 고린도전서 5:7; 에베소서 5:2; 히브리서 10:14; 요한일서 2:2; 4:10.
03 로마서 8:1-4; 갈라디아서 3:13; 골로새서 1:13; 히브리서 9:12; 베드로전서 1:18-19.
04 요한복음 3:16; 로마서 3:24-26; 고린도후서 5:21; 히브리서 9:15.

이다. 그 고난은 하나님의 진노의 채찍이며(사 10:5), 진노의 잔이며(마 26:39), 십자가에서 죽음은 그가 진노를 받음으로써 선택된 자들을 저주로부터 구원하기 위한 것이었다(갈 3:13).

❷ 그리스도의 구속의 사역에는 그의 생애와 고통, 죽음이 속해 있다. 즉, 그리스도의 고난은 그의 (지상의) 삶의 시작부터 마지막까지 받은 고통을 말한다(히 2:18; 벧전 2:21). 그리스도는 태어나면서부터 애굽으로 도망가야 하는 처지에 있었으며, 공생애를 시작하면서 마귀에게 시험을 받으셨고, 공생애 가운데 유대인들에게 위협을 당하셨다. 그리고 마지막에는 십자가의 고통과 죽음이 있었다.

십자가를 지시기 전에 그리스도의 심령은 고통으로 가득 차 있었다. 겟세마네 동산에서 고통스러운 기도를 드리셨으며(마 26:37), 유다는 배신했고(눅 22:48), 제자들은 그리스도를 버렸다(막 14:50). 베드로는 그리스도를 부인했으며(눅 22:61), 사람들은 그리스도에 대해 거짓 증언을 했고(마 26:60), 군사들은 조롱하기까지 했다(마 27:29). 모여든 군중들은 그리스도를 십자가에 못 박으라고 소리쳤다(막 15:14). 그리고 십자가에서 그리스도가 받은 고통은 이루 말로 표현할 수 없는 것이었는데, "나의 하나님, 나의 하나님, 어찌하여 나를 버리셨나이까"(마 27:46)라고까지 외치셨다.

❸ 그리스도의 이러한 고난은 자신의 죄 때문에 일어난 것이 아니다. 그리스도의 고난은 하나님께서 정하신 것이었다(행 4:28). 그리스도와 아버지와의 협의에 의한 것이다(시 40:6-8). 이 약속을 이행하기 위해 그리스도께서 기꺼이 고난을 받으셨다. 따라서 그리스도의 고난은 예언을 성취하기 위한 것이었다(사 53장).

그리스도의 고난은 구약의 제사에서도 미리 보여졌는데(히 10:1), 자신을 하나님께 제물로 드린 것이었다(엡 5:2). 이러한 그리스도의 고난은 아버지께 대한 완전한 순종과 거룩한 인내의 예로 우리에게 본이 된다(벧전 2:21). 그의 고난의 가장 주된 목적은 자기 백성의 죄에 대한 하나님의 공의를 만족시키기 위한 것이었다.

❹ 그리스도가 드린 제사는 단번의 완전한 제사로서 죄인을 거룩케 하는 것이었다(히 10:4-14). 이 속죄 제사의 효력은 모든 시대에 영향을 미친다(히 9:12; 7:25). 따라서 선택된 백성의 모든 죄들이 그리스도에게 올려져 그 안에서 처벌되었다. 구약의 교회는 이것을 미리 보았다(사 53:4-7). 그러므로 구약의 성도들도 그리스도에 의해 약속된 구속의 믿음을 통해 구원받은 것이다(롬 3:25-26).

베드로는 이것을 구체적으로 설명했다(벧전 2:24). 속죄의 죽음은 자신의 죄의 실체를 깨닫고, 죄의 용서와 하나님의 심판에서 건짐 받기를 갈망하는 선택된 죄인들에게 실제적인 것이 된다(벧전 1:18-19; 마 20:28; 딤전 2:6). 그리스도의 고난은 선택된 자들을 위한 것이기 때문이다(고후 5:15). 하나님께서는 이처럼 그리스도의 피를 통하여 선택된 자들의 죄를 용서하심으로써 자신의 의로움을 선언하신다(롬 3:25-26). 그리고 불의한 자를 위한 그리스도의 고난은 우리를 하나님께로 인도한다(벧전 3:18). 따라서 그리스도의 고난은 영원한 정죄로부터 우리의 몸과 영혼을 구속하고, 하나님의 은덕을 누리게 하는 유익을 준다. 우리는 그리스도의 공로에 의해 믿음으로 의롭게 되며(고후 5:21) 영원한 생명을 소유하게 된다.

질문 38. 왜 예수님은 총독 본디오 빌라도에게 재판을 받으셨습니까?

답 | 예수님은 죄가 없으셨지만, 임시적인 재판자에 의해 정죄됨으로써[01] 우리에게 떨어질 엄중한 하나님의 심판으로부터 우리를 자유하게 하셨습니다.[02]

❶ 본디오 빌라도는 유대 지방 로마제국의 관리였다. 그는 사람들에게 죽음의 형벌을 선언할 수 있는 권한이 있었다. 그리스도께서 역사적으로 본디오 빌라도의 재판으로 정죄되었다는 것은 예언의 성취이자(창 49:10) 그리스도 자신께서 미리 하신 말씀의 성취다. "인자가 이방인들에게 넘겨져 희롱을 당하고 능욕을 당하고 침 뱉음을 당하겠으며 그들은 채찍질하고 그를 죽일 것이나"(눅 18:32-33). 그리스도는 유대 지도자들로부터 핍박을 받았지만, 공개적으로 이방인 재판관에 의해 정죄되었다.

❷ 이 땅의 일시적인 재판관에 의한 그리스도의 재판은 그리스도가 무죄하다는 것을 증거해준다. 그리스도의 죽음이 개인적인 죄에 의한 것이 아님을 보여준다. 빌라도는 그리스도를 두 번이나 조사하였다. 첫 번째는 자신의 궁전에서, 그리고 두 번째는 백성들의 지도자 앞에서였다. 그 후 빌라도는 분명히 백성들 앞에서 그리스도가 무죄하다는 것을 세 번이나 선언했다. 심지어 자신의 손을 씻는 행위까지 보였다. 그리고 그의 아내의 경고까지 함께 주어졌다(마 27장; 눅 23장; 요 18:19).

---

01 누가복음 23:13-14; 요한복음 19:4, 12-16.
02 이사야 53:4-5; 고린도후서 5:21; 갈라디아서 3:13.

그럼에도 불구하고 그는 예수님을 정죄하였다. 그는 하나님보다는 사람들의 눈치를 살폈으며, 그 결과로 죄 없으신 예수님을 죽음으로 몰아간 인물이 되고 말았다. 따라서 예수님께서 본디오 빌라도에게 재판받으셨다는 것은, 죄가 없으신 예수님이 정죄되었음을 증거하는 것이다. 사도들도 그리스도가 빌라도 앞에 선 것을 강조하는데(행 3:13-14; 13:28), 그가 죄 없음에도 불구하고 정죄되었다는 것을 의미한다(딤전 6:13).

❸ 그리스도는 죄가 없으셨지만 이 땅의 일시적인 재판관 앞에서 정죄되셨다. 여기에는 하나님의 뜻과 계획이 있었다. 그리스도는 빌라도 앞에서 "위에서 주지 아니하셨더라면 나를 해할 권한이 없었으리니 그러므로 나를 네게 넘겨 준 자의 죄는 더 크다"(요 19:11)고 말씀하셨다. 그러므로 하나님께서 무죄하신 그리스도를 죽음으로 인도하신 것은 자신의 백성의 죄를 해결하시기 위한 방법, 즉 택하신 백성을 하나님의 심판에서 건지시고자 하는 뜻임을 알 수 있다.

그럼에도 불구하고, 유대인들이 그리스도를 빌라도에게 넘겨준 것은 그들의 완악함을 드러낸다. 하나님의 백성이라고 자처하는 이스라엘 백성들과 그들의 지도자들이 함께 그리스도를 로마의 통치자 손에 넘겨서 죽음에 이르게 한 것이다. 이는 인간의 죄악성의 지독함을 보여 준다. 그리스도는 그들의 죄악이 결코 작은 것이 아님을 분명히 하셨다. 빌라도의 법정 사건은 하나님의 백성이라고 하면서도 하나님의 뜻을 항상 거스르는 그들의 모습을 적나라하게 증거하고 있는 것이다.

질문 39. 예수님께서 다른 방법이 아니라 십자가에 못 박히신 것이 그렇게도 중요합니까?

답 | 그렇습니다. 십자가의 죽음은 하나님께로부터 저주를 받은 죽음이기 때문에 그의 죽음은 내가 받아야 할 저주를 대신 짊어지셨다는 확신을 줍니다.[01]

❶ 예수님의 죽음은 우리의 죄를 사하기 위해 하나님이 계획하신 것이다. 예수님께서 기꺼이 고난을 받으신 것은 자신의 백성들이 죄로 인해 받아야 할 하나님의 저주를 대신 지기 위함이었다. 우리의 죄는 하나님의 엄중한 심판을 불러일으킨다. 우리의 죄는 율법을 어긴 것이며, 율법을 어긴 결과는 저주다. 그래서 예수님께서 우리의 죄에 대한 저주와 하나님의 엄중한 심판을 대신 지신 것이다.

예수님의 순종에 근거해서 하나님께서는 우리의 죄를 용서하시고 자신의 의로움을 선언하셨다(롬 3:25-26). 결국 예수 안에 있는 자에게는 정죄함이 없다(롬 8:1). 예수님은 우리가 받아야 할 끔찍한 고통을 대신 지셨다(마 27:47). 예수님께서 우리를 위해 율법을 성취하신 것이다(요 19:30). 따라서 율법의 의로움은 우리 안에서 성취된다(롬 8:3-4; 골 2:10-15).

❷ 그러면 왜 예수님은 십자가에서 돌아가셔야 했는가? 유대인들이 예수님을 고소한 죄는 신성 모독죄인데, 이러한 죄는 돌을 던져 처형한다. 빌라도도 유대법으로 예수님을 처형하라고 허락하였다. 그러나 유대인들은 로마법으로 처형해달라고 빌라도에게 부탁하였다. 로마법은 죄인을 십자가

---

01 신명기 21:23; 갈라디아서 3:13.

에 못 박는 것이었다.

십자가에서 당하는 죽음의 고통은 매우 끔찍한 것이었다. 그리고 그것은 이교도에 의한 가장 부끄러운 형벌이었다. 유대인들이 예수님을 십자가의 죽음으로 몰아간 이유는 신명기 21장 22절, "사람이 만일 죽을 죄를 범하므로 네가 그를 죽여 나무 위에 달거든"이라고 한 말씀을 그리스도에게 적용해서, 예수님의 운동을 종식시키고자 하는 정치적 목적이 있었다(행 2:23).

유대인들의 정치적 음모는 오히려 하나님의 뜻을 성취시키는 수단이 되었다. 그리고 이것은 예수님께서 선택된 죄인들의 저주를 대신 받으신 것을 증명하게 되었다(갈 3:13). 베드로 사도는 오순절 날에 이것을 분명하게 깨달았으며, 또한 자신의 설교를 통해 강조하였다(벧전 2:24).

❸ 이렇게 예수님의 십자가에서 죽으신 것은 꼭 필요한 것이었으며, 이미 예언된 것이었다. 구약에서는 놋뱀의 유형으로 나타났는데(민 21:6-9), 놋뱀이 들려졌을 때 믿음으로 그것을 바라보는 자는 살아남을 수 있었다. 예수님께서도 자신이 놋뱀의 유형이신 것을 말씀하셨다(요 3:14-15).

예수님께서는 자신의 십자가 죽음에 대해서도 미리 말씀하셨다(마 20:19; 요 18:31-32). 그리고 그 예언대로 하나님의 뜻에 따라 십자가에 못 박혀 죽으셨다. 예수님께서는 십자가를 기꺼이 지심으로써, 죄에 대한 가장 무거운 형벌을 당하신 것이다. 그리고 그 죽음으로 택하신 백성의 죄 용서의 근거를 마련하셨다. 따라서 그리스도의 죽음이 우리에게 어떤 효력을 주었는지를 깨닫는 것은 매우 중요하다(갈 2:20).

제16주

질문 40. 그리스도께서 자신을 죽음에까지 낮추신 것이 필요한 이유는 무엇입니까?

답 | 하나님의 공의와 진리가 요구하였기 때문입니다.[01] 하나님의 아들의 죽음만이 우리의 죄에 대한 하나님의 공의를 만족시킬 수 있기 때문입니다.[02]

❶ 하나님의 의로우심에 따라 죄인은 반드시 죽어야 한다. 그리스도께서 나타나신 것은 우리를 대신해 하나님의 심판을 받기 위한 것이었다. 이것은 하나님의 공의를 충족시키는 데 필요한 것이었으며, 그리스도는 우리를 위하여 하나님의 공의를 만족시키기 위해 죽으셨다(롬 5:8; 6:23; 마 20:28).

❷ 하나님의 공의가 그리스도의 죽음을 요구하였다. 하나님의 공의는 죄에 대해서 죽음으로 심판하는 것이다(창 2:17; 롬 6:23). 이방인의 경우에도 양심

---

01 창세기 2:17.
02 로마서 8:3; 빌립보서 2:8; 히브리서 2:9, 14-15.

에 율법이 새겨져 있기 때문에 죄에 대해 죽음의 심판이 마땅하다(롬 1:32). 따라서 그리스도께서는 선택된 죄인들을 대신하여 하나님의 공의를 만족시키기 위해 죽으셔야 했다(히 10:4-9). 그리스도의 죽음 외에 죄를 속할 다른 방법이 없었기 때문에 자신을 죽음에 이르게 하기까지 순종하신 것이다.

❸ 하나님의 진리가 그리스도의 죽음을 요구하였기 때문이다. 하나님의 아들이 우리의 죄를 위해 죽으시는 것은 구약에서 예언된 것이다. 그것은 말씀으로 예언되었으며(시 18:4-5; 22:15; 사 53:8) 모형으로도 보여주셨다(히 9:9-14). 그는 선택된 자들의 죄를 위해 죽으셔야 했고(사 53:8-12) 이것은 하나님께서 약속하신 것이었다. 따라서 그는 자신을 희생의 제사로 드려야 했다(엡 5:2).

그리스도는 베드로나 제자들이나 천사들에 의해 죽음의 순간에 구출되지 않으셨는데, 이는 성경의 약속이 이루어지기 위해서였다(마 26:54; 고전 15:3). 따라서 그리스도의 죽음의 능력과 효력은 오직 하나님의 선택된 백성에게 유효하다. 즉, 진정한 신자에게만 유효한 것이다.

❹ 은혜의 언약에서 구속과 죄의 용서가 약속되어 있었다. 그리스도는 자신의 죽음으로 이것을 확증하였다(히 9:15-17). 하나님 아버지는 그리스도에게 죽을 것을 명령하셨으며, 그리스도는 순종하였다(빌 2:8). 그리스도는 이것을 아버지께 약속하였고(시 40:6-8), 선택된 자들을 향한 아버지의 지극한 사랑은 그리스도께서 그렇게 하도록 요구하였다(시 69:9; 요 15:13).

질문 41. 왜 그리스도는 장사되었습니까?

답 | 그의 장사됨은 그의 죽음이 사실이라는 것을 증명합니다.[01]

❶ 일반적으로 십자가에 못 박혀 죽은 자는 하루 이상 매달아 두지 않는다. 따라서 십자가에 달린 자의 죽음을 빨리 진행시키기 위해 다리를 꺾는다(요 19:31-32). 예수님이 십자가에서 돌아가셨을 때 군사들이 그 옆에 있던 두 강도들의 다리를 꺾었다. 그러나 예수님은 이미 돌아가셨기 때문에 꺾지 않았다. 그 대신 군사들이 예수님의 죽음을 증명하기 위해 옆구리를 찌르자 피와 물이 나왔다(요 19:34).

이 사건은 예수님께서 실제적으로 돌아가셨음을 증거하는 것이다. 아리마대 요셉이 빌라도에게 가서 예수님의 시체를 달라고 요구하였을 때 빌라도는 예수님의 죽음을 백부장에게 확인하라고 명령을 내렸다. 그리고 죽은 것을 확인한 다음 예수님의 시체를 내어주었다. 아리마대 요셉은 예수님의 시신을 세마포로 싸고 무덤에 장사하였다(막 15:43-46). 이 사건 역시 예수님께서 실제적으로 돌아가셔서 장사되었음을 분명히 하는 것이다.

❷ 예수님은 십자가에서 죽으신 후, 십자가에 그대로 달려 있지 않고 무덤에 장사되었다. 이것은 예수님께서 진정으로 죽으신 것을 증명하는 것이다. 따라서 그의 죽음과 함께 장사되었다는 것은 믿음의 교리에서 매우 중요하다(고전 15:3-4). 예수님의 죽으심에 대해 이것만큼 강력한 증거가 없다. 완전히 죽으셨기 때문에 장사된 것이며, 만약 숨이 붙어 있었다면 장사되지 않았을 것이다(막 15:44-45).

---

01 이사야 53:9; 요한복음 19:38-42; 사도행전 13:29; 고린도전서 15:3-4.

그리스도의 장사됨은 예언되어 있었으며(사 53:9; 시 16:10) 예수님께서도 미리 말씀하셨다(마 12:40). 예수님께서 장사되신 것은 우리 믿음의 확증에 큰 유익을 준다. 예수님께서 우리를 위해 죽으신 것과 장사되신 것은 의심의 여지가 없다. 이것은 우리의 믿음을 강화시켜주며 우리를 구속하신 하나님께 대한 확신을 갖게 해준다.

❸ 예수님의 장사됨은 가장 낮은 곳까지 자신을 낮추신 것을 의미한다. 땅 아래의 가장 어두운 곳에 갇힌 것은 가장 겸손한 곳에까지 이르신 것이다(겔 26:20; 엡 4:9). 이것으로 그리스도는 선택된 자들의 죄에 대한 저주를 완전히 거두어 가신 것이다(슥 3:9). 예수님의 이러한 죽음과 장사됨은 선택된 자의 회심에 있어서 그의 옛사람이 장사되는 것으로 적용된다(롬 6:4).

질문 42. 그리스도께서 우리를 위해 죽으셨는데, 왜 우리는 또한 반드시 죽어야 합니까?

답 | 우리의 죽음은 우리의 죄를 만족시킬 수 있는 것이 아닙니다.[01] 죽음은 우리로 더 이상 범죄하지 않게 하며, 영원한 생명으로 인도하는 관문입니다.[02]

❶ 죽음은 죄에 대한 형벌로 시작되었다(창 2:17; 롬 6:23; 고전 15:56; 히 9:27). 죄인에게 죽음은 형벌이지만, 죽음으로 모든 것을 다 갚는 것은 아니다. 단지 영원한 형벌의 시작에 불과하다. 그러나 성도에게 있어서 죽음은 이 땅의 삶

---

01 시편 49:7.
02 요한복음 5:24; 빌립보서 1:21-23; 데살로니가전서 5:9-10.

을 끝내는 것이다(고전 15:26). 왜냐하면 예수님의 죽음이 우리의 죄를 다 갚으셨기 때문이다.

예수님이 완벽한 속죄의 제사로 우리의 모든 죄를 만족시켰다면 죄에 대한 심판이 없을 것이며, 죽음이나 이 땅에서의 고통도 없는 것이 아니냐고 반문할 수 있을 것이다. 혹은 죄의 용서함이 있었는데도 여전히 고통이 있다면, 이것은 하나님의 심판이 아니냐는 질문을 할 수 있을 것이다.

❷ 그러나 성도에게 죽음과 고난은 죄에 대한 심판이 아니다. 죽음과 고난은 성도들의 죄에 대해 징계하기 위한 것이다. 즉, 성도들을 낮추고(겸손하게 만들고), 교정하기 위한 것으로 성도의 유익을 위한 것이다(히 12:6-11). 일시적 고난과 죽음은 성도들에게 환영할 만한 것이다. 성도에게 죽음은 이 땅에서의 모든 내적 어려움과 비참함으로부터 건져주는 것이기 때문이다.

물론 죽음에 대한 이러한 태도가 이 땅에서 비관적이거나 소극적으로 살아도 된다는 것을 의미하는 건 아니다. 오히려 영원한 것에 소망을 두고 이 땅에서의 어려움과 고난을 극복할 수 있게 해주는 것이다. 따라서 죽음은 성도에게 심판이 아니라 그들을 비참함에서 건져주는 것이다(계 14:15). 성도들은 죽음을 통해 그들에게 고통을 주는 죄를 더 이상 짓지 않게 된다(롬 6:7). 또한 그들의 죽음은 영생으로 들어가는 관문이 되므로(요 5:24; 12:26; 고후 5:1) 오히려 영광과 즐거움을 얻게 해준다(고후 12:9-10). 죽음은 그들이 오랫동안 고대한 것을 얻을 수 있는 길이다(빌 1:21, 23).

❸ 그러나 혹자는 에녹과 엘리야는 죽음을 맛보지 않고 하늘로 올라갔는데, 그렇다면 왜 오늘날에는 하나님께서 그와 같이 행하지 않는가라는 질문을 할 수 있다. 하나님께서는 모든 성도가 죽음을 맞게 하셨다. 그 이유는 그

리스도의 은덕을 점진적으로 적용하기 위한 것이다.

우리는 완전하게 성화되지 않는다. 육신을 가지고 있는 한 여전히 죄가 남아 있으며, 세상 속에 살고 마귀가 존재하는 한 죄를 범한다. 따라서 그리스도를 의지할 수밖에 없다. 그리스도는 성령의 능력과 은혜로 성도들로 하여금 죄를 미워하게 하시고, 죄와 싸우게 하신다. 그리고 그 은혜로 더욱 겸손하게 만드시고, 죽음을 통해 그리스도의 고난과 죽음이 지극히 귀중한 것임을 다시금 깨닫게 하신다.

질문 43. 십자가의 희생과 죽음으로부터 우리가 얻게 되는 또 다른 유익은 무엇입니까?

답 | 우리의 옛사람이 그와 함께 십자가에 못 박히고, 죽고, 묻힘으로써[01] 육신의 부패된 성향이 더 이상 우리를 지배하지 못하며,[02] 우리 자신을 감사의 제물로 그에게 드릴 수 있습니다.[03]

❶ 그리스도의 죽음으로 우리가 첫 번째로 얻는 유익은 우리 죄의 용서와 죄로부터의 구원이다. 그리스도의 십자가 죽음은 이 땅에서의 우리의 삶에 매우 중요하다. 우리의 성화를 성취하게 하기 때문이다. 그리스도의 십자가 죽음과 그의 장사됨은 우리 삶을 주관하려는 죄의 힘을 박탈시킨 것이다.

죄의 힘은 율법이다(고전 15:56). 율법은 죄의 종 된 자들을 정죄하며(롬 7:5, 13)

---

01 로마서 6:5-11; 골로새서 2:11-12.
02 로마서 6:12-14.
03 로마서 12:1; 에베소서 5:1-2.

지금도 여전히 역사하고 있다. 그리스도는 그의 죽음과 장사됨으로 말미암아 율법을 만족시키시고 선택된 자들이 더 이상 죄의 주관 아래에 있지 않도록 하셨다. 그래서 성도들은 율법 아래에 있지 않고 은혜 아래에 있는 것이다(롬 7:14).

❷ 따라서 그리스도의 죽음과 관련하여 우리가 그리스도 안에 있게 되면 우리의 삶은 완전히 다른 삶이 된다. 그리스도 안에서 우리의 옛사람이 십자가에 못 박혔다. 이것을 통해 우리에게는 죄를 죽이는 현상이 일어난다. 물론 우리가 중생했다 해도 육신의 죄 된 소욕이 아직 활동을 한다. 이러한 것들이 더 이상 우리를 주관할 수는 없지만(롬 6:12, 14), 우리는 우리 안에 있는 부패된 본성을 더욱 죽여야 한다(롬 6:13).

믿음으로 그리스도에게 연합된 또 다른 유익은 우리에게 성령이 주어진다는 것이다(갈 3:13-14). 그래서 우리는 성령으로 죄를 죽일 수 있으며, 죽여야 한다(롬 8:13). 옛사람을 죽이는 것과 함께 더욱 적극적으로 우리 자신을 구별하여 하나님께 감사의 제사를 드려야 한다(롬 12:1; 히 12:23).

❸ 따라서 어떤 사람이 진정으로 그리스도에게 연합되어 있으며, 또한 그리스도 안에서 의롭다 여김을 받았다면 반드시 증거가 나타나게 되어 있다. 옛사람이 십자가에 못 박히고 새로운 심령을 소유한 가운데 살아가는 것이기 때문에 변화의 효과가 반드시 드러나야 한다. 이러한 새로운 삶의 변화에서 가장 근본적이며 중요한 증거는 죄를 죽이는 것이다.

죄를 죽이려면 먼저 죄를 미워해야 한다. 이미 죄의 지독함을 경험하였기 때문이다. 또한 죄에 대해 수동적으로 대응하지 않고 적극적으로 죄와 싸운다. 이렇게 죄와 싸우는 것은 우리 육신의 힘으로는 가능하지 않다. 그러므로 더욱 은혜를 구하게 되어 있다. 그리스도께서 성령을 주셨기 때문에 성령의 은혜로 죄와 싸우는 것이다. 죄를 미워하고 싸우는 가운데 그 영혼은 더욱더 거룩한 삶의 증거를 나타낼 것이다. 구원의 은혜의 증거가 삶 가운데 분명히 드러날 것이다. 이것이 바로 성도가 그리스도의 죽음으로부터 얻는 유익이다.

질문 44. 왜 '음부에 내려가셨다가'라는 구절이 덧붙여져 있습니까?[01]

답 | 나의 주 예수 그리스도께서 십자가에서 말할 수 없는 고뇌와 고통, 두려움을 겪으시는 가운데[02] 나를 지옥의 고통으로부터 구원하셨다는 것은[03] 내가 큰 유혹을 받을 때 나 자신을 충분히 위로하고 확신을 갖게 합니다.

❶ 음부는 히브리어에서 나온 표현이며, 하데스는 헬라어로 지옥으로 번역된다. 지옥의 의미는 정죄된 자들의 장소이며(마 11:23; 눅 16:23), 끊임없는 고통의 장소다(시 116:3; 30:3; 86:13). 여기서 그리스도가 장사되었다는 구절 다음에 음부에 내려가셨다는 구절이 추가된 것에 대해 여러 가지 해석들이 있다.

첫째, 죽음의 상태에 있음을 뜻하는 것으로 해석하기도 하며, 둘째, 그리스도께서 맛보신 지옥의 고통을 의미하는 것으로 설명되기도 한다. 셋째, 그리스도께서 십자가에 달려 죽으신 후 음부에 있는 모든 죽은 영혼들에게

---

01 한글판 사도신경에는 이 구절이 없다(초기 한국장로교회 때부터 없었는데, 그 당시 선교사들의 고향인 미국의 많은 교회에서 사용되었던 사도신경에 이 구절이 없었기 때문으로 추정된다). 그 이유는 비록 교회가 이 문제에 대해 믿고 있었지만 오래된 사도신경의 사본에는 이 구절이 없고, 아타나시우스 신경에서 발견되었으며, 니케아 신경에도 없기 때문이다.
02 시편 18:5, 6; 마태복음 26:36-46; 27:45-46; 히브리서 5:7-10.
03 이사야 53장.

실제적으로 자신을 나타내신 것으로 해석하기도 한다. 그러나 개혁 교회는 세 번째 해석을 배척한다.

세 번째 해석은 교회사 학자인 필립 샤프가 주장하였다. 그러나 누가복음 23장 43절에서 "오늘 네가 나와 함께 낙원에 있으리라" 하신 말씀과 충돌되기 때문에 받아들일 수 없는 해석이다. 더욱이 사도행전 2장 27절에 나오는 말씀, 즉 "이는 내 영혼을 음부에 버리지 아니하시며 주의 거룩한 자로 썩음을 당하지 않게 하실 것임이로다"라는 말씀을 볼 때 세 번째 해석에는 무리가 있다(시 16:10).

한편 로마 가톨릭 교회는 "그가 또한 영으로 가서 옥에 있는 영들에게 선포하시니라 그들은 전에 노아의 날 방주를 준비할 동안 하나님이 오래 참고 기다리실 때에 복종하지 아니하던 자들이라"는 베드로전서 3장 19-20절의 말씀을 근거로 여기에 나오는 옥을 림보라고 부른다. 그러나 이 말씀에 등장하는 영들을 구약의 성도들을 가리키는 것으로 볼 수 없다. 로마 가톨릭 교회의 림보와 연옥 교리는 성경에서 가르치고 있는 것이 아니다.

네 번째 해석은 루터교가 주장하는 것으로, 이 역시 베드로전서 3장 19-20절 말씀을 가지고 그리스도께서 자신의 죽음과 부활 사이에 지옥의 악한 영들에게 가서 자신의 승리를 선언한 것으로 해석한다. 그러나 그리스도는 십자가에서 이미 승리하셨으며(골 2:15), 그리스도의 승귀를 통해 승리를 선언하셨기 때문에(시 68:18), 그리스도께서 굳이 이렇게 하실 이유는 없다. 따라서 이 구절은 그리스도의 장사됨을 강조하고 확인하기 위한 것으로, 그리스도의 영혼의 말할 수 없는 고통을 표현한 것이라고 보아야 한다(시 16:10; 116:3).

❷ 그리스도는 진실로 지옥의 고통을 맛보았다(요 12:27; 13:21; 마 26:37-38). 그

리스도는 십자가를 지기 전 끔찍한 고뇌 가운데 있었으며(눅 22:44), 십자가에서 이루 말할 수 없는 고통 가운데 있었다(마 27:6). 이러한 그리스도의 고통은 그의 선택된 백성들로 하여금 죄의 힘과 그것의 성질에 대해 깊은 이해를 갖게 한다(고후 5:21). 죄의 무시무시하고 끔찍하며 혐오스러운 성질에 대해 깨닫게 해주는 것이다.

죄에 대한 형벌의 무거움 또한 알게 된다. 선택된 자들의 죄를 해결하기 위해 그리스도께서 이렇게 형벌을 대신 받으신 것이다. 그리스도께서는 모든 것을 잃어버린 경험을 하셨다. 아버지로부터의 사랑마저 거두어진 것 같은 체험을 하셨다. 그리스도는 지옥의 어두움 가운데 포기된 것과 같았다. 어두움과 실망과 두려움이 마음에 가득 차 있었다. 하나님께서 그리스도에게 진노를 퍼부으셨기 때문이다. 그래서 우리는 특별히 유혹을 받고 있을 때, 그리스도의 참혹한 고난을 기억하고 그것으로 죄 용서에 대한 확신을 얻게 된다. 그리고 더 나아가 그리스도께서 다가올 하나님의 심판에서 우리를 건지실 것을 확신하게 된다. 그러나 어리석은 죄인들은 고난 가운데서 불평한다(욥 6:4; 30:21).

제17주

질문 45. 그리스도의 부활이 우리에게 주는 유익은 무엇입니까?

답 | 첫째로, 그리스도는 그의 부활로 죽음을 이기셨으며, 죽음으로 구입하신 의에 우리로 동참하게 하셨습니다.[01] 둘째로, 우리도 또한 그의 능력을 통해 새 생명으로 일으킴을 얻었습니다.[02] 마지막으로 그리스도의 부활은 복된 우리의 부활에 대한 보증입니다.[03]

❶ 하나님 아버지께서 그리스도의 몸을 영화롭게 하심으로 그리스도께서 부활하셨다. 그리스도가 부활하심으로 입은 몸은 영화로우며 썩지 않는 것이다. 부활하신 그리스도는 자신의 제자들에게 나타나셨고 그때 음식 먹는 것을 직접 보여주심으로 자신의 몸의 부활을 직접 증거하셨다(눅 24:39-43). 승천하신 후에는 스데반과 사울에게도 영화로운 몸의 형태로 나타나셨다.

---

01 로마서 4:25; 고린도전서 15:16-20; 베드로전서 1:3-5.
02 로마서 6:5-11; 에베소서 2:4-6; 골로새서 3:1-4.
03 로마서 8:11; 고린도전서 15:12-23; 빌립보서 3:20-21.

❷ 그리스도는 죽음으로 우리 죄의 형벌의 대가를 치르셨다. 부활을 통해 자기 자신이 하나님의 아들이신 것을 증명하셨고 자신의 죽음이 우리의 속죄를 위한 것임을 가르치셨다. 그리스도의 부활이 가져다주는 은덕은 우리가 의롭다 여김을 받는 것이다(딤후 1:10; 계 3:7). 부활하신 그리스도께서 우리에게 의를 전가하신다. 그리스도가 부활하지 않았다면 우리의 믿음은 헛것이며, 우리는 여전히 우리의 죄 가운데 있을 것이다(고전 15:17). 그러나 그리스도께서 부활하심으로 성도는 더 이상 그들의 죄 가운데 머물지 않는다.

한편 그리스도가 부활하지 않았다면, 죽음은 여전히 죄의 삯이다. 이때 자신들의 불의를 깨닫는 선택된 죄인들은 의에 대해 가난한 자처럼 구하게 되고 갈망하게 되며, (부활하신 그리스도에게 있는) 그리스도의 의를 덧입기를 겸손히 구할 것이고(벧전 3:21), 결국 그리스도를 피난처로 삼을 것이다(빌 3:7-10).

❸ 그리스도께서 부활하심으로 더 이상 죽음이 우리를 주관할 수 없게 되었다(롬 6:9). 그리스도의 부활하심으로 죽음의 권세가 무너졌다(히 2:14). 마귀는 그리스도를 죽음의 권세 아래에 둘 수 없었다. 그리스도는 옥문을 부수고 나오듯이 죽음을 정복하심으로 전능하신 하나님이신 것을 나타내셨다(계 1:18).

또한 그리스도는 그의 죽음으로 하나님의 공의를 완전하게 만족시키셨기 때문에 그의 몸은 더 이상 썩어질 상태로 있을 수 없었다. 그는 시온의 왕으로 모든 정사가 그에게 있기 때문에 죽음의 권세 아래에 있을 수 없다(롬 14:9). 따라서 그리스도께서 부활하심으로써 산 자와 죽은 자의 주가 되시는 것이다(마 28:18-19).

❹ 그리스도의 죽음으로 우리의 옛사람은 그와 함께 장사되었다. 또한 그리스도의 부활로써 우리는 새 생명으로 일으킴 받을 수 있게 되었다. 새 생명이라는 것은 영적인 삶으로서 중생과 성화로 인도됨을 의미한다. 이로써 우리에게 새로운 삶의 원리가 자리잡게 되며, 성령에 의하여 그에게 연합됨으로써 새로운 영적 습관과 힘에 의해 살아가게 되었다.

이제 우리는 그리스도에게 굴복되어서 그를 섬기며 살아가게 된다(벧전 4:2; 롬 6:13). 이것은 부활하신 그리스도에 의해 유효하게 되는 것이다(고전 15:45). 그리스도께서 죽은 죄인들을 깨우치시고, 그들에게 빛을 주셨기 때문이다(엡 5:14). 그리스도께서 부활하지 못하셨다면 어떤 죄인들에게도 생명의 말씀을 보내지 못하셨을 것이다. 영적으로 깨어난 영혼은 부활하신 그리스도로 말미암아 새로운 삶은 물론이거니와 은혜로운 삶을 살게 된다(롬 6:9-11).

❺ 그리스도의 부활은 우리의 부활의 보증이다. 부활하게 될 때 의인과 악인이 뚜렷이 나누어지게 될 것이다. 성도들은 중보자이신 그리스도에 의해 부활할 것이며, 악인들은 심판자이신 그리스도에 의해 부활될 것이다. 성도들은 구원의 부활로 나오는데, 그리스도의 부활이 이것을 보증하신다(고전 15:22).

그리스도는 교회의 머리로서 자신에게 속한 자들을 부활시킬 것이다(빌 3:21). 또한 그리스도가 부활하신 패턴을 따라 우리도 부활할 것이다(고전 15:49). 이것으로 성도들은 두려워하지 않고 복된 부활을 기다리게 된다. 결국 오늘날 우리가 그리스도와 연합하여 사는 삶이 얼마나 중요한지를 깨닫게 한다(갈 2:20).

제18주

질문 46. '하늘에 오르사'라는 말의 의미는 무엇입니까?

답 | 그리스도께서는 제자들이 보는 가운데 지상으로부터 하늘로 올라가셨으며[01] 장차 산 자와 죽은 자를 심판하시기 위해[02] 다시 오실 때까지 우리의 유익을 위해[03] 그곳에 계속 계시는 것입니다.

❶ 그리스도께서는 부활 후 40일 동안 지상에 계시면서 제자들과 교제하셨으며, 하나님 나라에 대해 대화하셨다. 따라서 그리스도의 부활은 확실한 증거들을 가지고 있다(행 1:2-3). 그리스도께서는 지상에서 40일 동안 지내시고 베다니 근처의 산에서 하늘로 올라가셨다. 은밀하게 승천하신 것이 아니라 제자들이 보는 가운데 올라가심으로써 영광을 나타내셨다(행 1:10-11).

여기서 하늘이란 우리가 보는 하늘보다 훨씬 위에 있는 곳이며(엡 4:10), 셋

---

01 마가복음 16:19; 누가복음 24:50-51; 사도행전 1:9-11.
02 마태복음 24:30; 사도행전 1:11.
03 로마서 8:34; 히브리서 4:14; 7:23-25; 9:24.

째 하늘 혹은 낙원이라고 부른다(고후 12:2, 4). 또한 하나님의 하늘(시 8:3), 하늘들의 하늘(왕상 8:27)이라고 부르기도 한다. 예수님은 아버지의 집이라고 불렀으며(요 14:2), 아버지의 보좌가 있는 곳이다(시 11:4). 예수님이 승천하셔서 아버지의 보좌 옆에 앉아계신 곳이며(골 3:1), 스데반은 하늘이 열리고 예수님께서 하나님 우편에 서 계신 것을 보았다(행 7:56).

❷ 그리스도께서 승천하신 것을 하나님 아버지께서 그를 취하신 것으로도 말씀하고 있다(막 16:19; 눅 24:51). 그의 승천은 아버지의 오른손에 의한 것이다(행 2:33). 유대인들은 예수님을 하나님의 아들로 인정하지 않는데, 그리스도의 승천이야말로 예수님이 하나님의 아들임을 확증하는 것이다. 이 사건은 아버지께서 맡기신 일을 그리스도께서 온전히 완수하신 수고에 대한 상임을 증거하는 것이다(요 17:4-5).

❸ 그리스도께서 하늘에 올라가신 것의 유익은 약속하신 성령을 아버지께로부터 그의 제자들에게 보내신 것이다(요 15:26; 행 2:2). 성령을 보내주심으로써 그리스도께서 행하신 일들을 적용하신다. 성령으로 택하신 죄인들이 영적으로 깨어나게 하시고, 그리스도에게 굴복하게 하신다. 그리고 그의 백성에게 성령을 주심으로써 그들로 영적인 삶을 살 수 있게 하신다. 또한 교회의 사역을 위해 성령의 은사들을 주심으로 성도들이 세워지게 하신다.

그리스도께서 하늘에 올라가신 것의 또 다른 유익은 우리의 관심을 하늘에 두게 하시는 것이다(요 14:3; 16:7). 우리가 지금 이 땅에서 살지만 이 삶은 일시적이요, 영원한 것이 아니다. 따라서 그리스도께서 계신 하늘에 대해 소망을 가지게 하며, 이생이 끝난 후에 거할 곳을 사모하게 하는 것이다.

❹ 그리스도께서는 하늘로 올라가셔서 그곳에 영원토록 남아 계시는 것이 아니라 마지막 날에 다시 오셔서 산 자와 죽은 자를 심판하신다. 악인들은 그리스도께서 다시 오시는 것이 두려울 것이다(마 24:30). 그러나 믿음의 백성들은 그리스도의 다시 오심이 위로가 될 것이다(요 16:3).

질문 47. 그런데 그리스도께서는 이 세상 끝 날까지 우리와 함께 계시겠다고 자신이 약속하지 않으셨습니까?[01]

답 | 그리스도는 참 하나님이시며 참 사람이십니다. 인성으로는 지금 이 땅에 계시지 않습니다.[02] 그러나 그의 신성과 위엄과 은혜와 성령으로 그분은 우리에게서 단 한 순간도 떨어져 계시지 않습니다.[03]

질문 48. 그리스도께서 신성으로는 우리와 함께 계시고, 인성으로는 함께 계시지 않는다면, 그리스도의 이 두 가지 본성은 서로 분리되어 있다는 것입니까?

답 | 전혀 그렇지 않습니다. 그의 신성은 무한하며 어디에나 계시기 때문에[04] 그리스도의 신성은 그분이 가지고 있던 인성의 영역 너머에도 계시는 것이 분명합니다. 그러나 인격적으로 그의 인성과 연합하여 있습니다.[05]

---

01 마태복음 28:20.
02 마태복음 26:11; 요한복음 16:28; 17:11; 사도행전 3:19-21; 히브리서 8:4.
03 마태복음 28:18-20; 요한복음 14:16-19; 16:13.
04 예레미야 23:23-24; 사도행전 7:48-49.
05 요한복음 1:14; 3:13; 골로새서 2:9.

❶ 그리스도께서 승천하심으로 더 이상 육신의 그리스도를 볼 수 없는데, 어떻게 그리스도께서 우리와 끝 날까지 함께하실 수 있는가 하는 질문이 있을 수 있다. 그리스도는 진정한 하나님이시면서 인간이셨다. 그리스도는 이 땅에 계실 때에도 제한받지 않으셨다. 그리스도의 인성과 관련하여 그는 더 이상 이 땅에 인간으로 계시지 않는다. 만약 인성이 모든 곳에 임재한다면, 죽음 이후에 영광의 몸으로 변화될 필요도 없었다.

그리스도는 하나님으로서 엄위와 은혜에 관련하여 우리로부터 결코 한 순간도 부재하지 않으신다. 하나님의 능력과 영광을 우리 안에 나타내셔서 우리로 그리스도를 알게 하고, 사랑하게 하신다. 그를 통하여 우리의 믿음은 더욱 강화된다(요일 5:4). 비록 우리가 여전히 매일의 연약함 가운데 있지만, 그리스도께서 우리를 붙잡으심으로 그의 사랑을 확신하게 한다(요 14:23). 그의 영을 통하여 자신과 교제하게 하시며, 우리를 위로하신다(갈 4:6; 고후 3:18).

❷ 그리스도께서 승천하셨음에도 불구하고 그리스도께서 지상에 계셨을 때와 같이 그의 신성과 인성은 분리되지 않는다. 그리스도의 승천으로 그의 인성의 거주만이 변경되었을 뿐이다(행 3:21). 따라서 그리스도는 그의 인성의 실제 가운데 항상 우리와 함께 계실 것이다. 그러나 그의 인간의 형태에 대해 어느 곳에든지 발산시키는 것으로 상상해서는 안 된다. 왜냐하면 그의 신성은 모든 곳에 계시며, 인성은 하늘에 계시지만 신성과 인성이 연합되어 있기 때문이다.

❸ 그리스도께서는 승천하신 후에 성령을 보내실 것을 약속하셨다. 그리고 이것이 우리에게 더욱 유익할 것이라고 말씀하셨다(요 16:7). 그는 약속하신 대로 성도들에게 성령을 부어 주셨다. 성령을 통하여 우리를 다스리시고

인도하시는 것이다. 그리고 그리스도께서는 모든 것을 채우신다고 하셨다 (엡 4:10). 즉, 그의 교회의 부족한 모든 것을 은혜의 선물들로 채우고 계시다. 따라서 그리스도께서는 우리에게서 한 순간도 떨어져 계시지 않는다.

❹ 이것은 그리스도의 부활과 승천 이후 그리스도의 신성과 인성의 관계에 대한 질문이다. 이 질문에 대해 루터 교회와 개혁파 교회의 해석이 다르다. 루터 교회는 그리스도가 하나님 우편에 계시다는 것은 그의 모든 신성의 속성이 인성과 교통되는 것으로 해석한다. 이것은 루터 교회가 견지하는 주의 성찬에 대한 공재설과 연관을 가지고 있다. 즉, 하나님의 오른편에 모든 것이 임재하신다는 것이며, 그의 인성도 하나님의 오른편에 있기 때문에 그리스도의 인성도 모든 곳에 임재하신다는 것이다. 그러나 그리스도가 하나님 우편에 계시다는 것은 그의 왕의 직무를 수행한다는 것을 의미한다.

질문 49. 그리스도의 승천은 우리에게 어떠한 유익을 줍니까?

답 | 첫째, 그는 하늘에서 아버지의 면전에서 우리의 중보자가 되시며[01] 둘째, 우리의 육신이 하늘에 거할 확실한 보증이 되십니다. 그는 우리의 머리로서 우리를 그리스도의 지체로 자신에게 취할 것입니다.[02] 셋째, 자신의 성령을 우리에게 보내셔서[03] 우리로 하여금 성령의 능력으로 이 땅의 것이 아니라 그리스도께서 아버지 보좌 우편에 앉으신 하늘의 것을 간절하게 찾게 하십니다.[04]

---

01 로마서 8:34; 요한일서 2:1.
02 요한복음 14:2; 17:24; 에베소서 2:4-6.
03 요한복음 14:16; 사도행전 2:33; 고린도후서 1:21-22; 5:5.
04 골로새서 3:1-4.

❶ 그리스도는 아버지 앞에서 우리의 중보자가 되신다. 따라서 그리스도는 반드시 승천하셔야 했다(히 8:1-4; 롬 8:34). 그리스도는 지상에 계셨을 때 자신의 백성을 위해 기도하신 것처럼(요 17장) 하늘에서 중보하고 계신다. 그리스도의 중보를 통하여 우리의 기도가 아버지에게 들리게 된다(요 14:13). 그리스도의 중보는 법정에서 우리를 위해 변호하시는 것과 같은 유익을 우리에게 준다(요일 2:1).

❷ 그리스도의 승천으로 우리의 육체도 그의 지체로서 하늘에 있을 것을 확신하게 된다. 그리스도께서 우리를 하늘로 데리고 가실 것이다. 마치 우리의 보증으로 자신을 아버지에게 드린 것처럼 그리스도께서는 이것을 약속하셨다(요 14:2, 3; 17:24). 그리스도께서 하늘에 계신 것은 바로 이 약속의 보증이다. 바울은 이것을 확신하였다(엡 2:6). 더 나아가서 우리는 우리의 영혼뿐만 아니라 영화롭게 된 육체를 가지고 영원한 구원에 참여하게 될 것을 확신하게 된다.

❸ 승천하신 그리스도께서는 간구의 영으로서 성령을 우리에게 보내주셨다(요 16:7). 보내주신 성령의 증거로 인하여 우리는 하나님의 자녀인 것을 확신하게 된다(롬 8:16-17). 성령은 우리가 그리스도께로 향하게 하며, 영적인 것에 마음을 두게 만든다(골 3:1, 2; 마 6:21). 더욱이 성령은 이러한 것들을 간절하게 찾고 구하도록 하신다(마 11:12).

성령으로 인하여 우리는 정직한 삶을 살게 되며(시 143:10) 이 땅에서 순례자로 살게 된다(시 39:12). 그래서 이 땅의 것을 찾고 구하기보다 하늘의 것을 찾고 구하게 하신다. 우리의 언어는 하늘의 것과 영적인 것으로 가득 차게 되며(빌 3:20), 육신의 것을 찾고 구하는 사람과는 너무나도 뚜렷하게 구별된 삶을 살게 된다(갈 6:8).

제19주

질문 50. 왜 '하나님 우편에 앉으시고'라는 구절이 추가되었습니까?

답 | 그리스도께서 하늘에 승천하신 목적 때문입니다. 그리스도는 모든 만물을 다스리시는 아버지에[01] 의해 그곳에서 교회의 머리로서[02] 계신 것입니다.

❶ 그리스도께서 하늘에 승천하신 것과 하나님 보좌 우편에 앉으신 것을 구별하는 것은 그것의 중요성 때문이다. 두 개의 사건은 분리될 수는 없지만 구별되기는 한다. 그리스도께서 승천하신 것은 하나님 보좌 우편에 앉기 위한 것이며, 하나님 우편에 앉으신 것은 그리스도의 높은 영광을 나타내는 것이다(계 5:3).

이는 높은 자리에 앉았다는 것이 영예를 얻었다는 말인 것과 같다. 아버지께서 그리스도가 주 되심을 나타내신 것이다(빌 2:9-11). 특히 우편에 앉히셨

---
01 마태복음 28:18; 요한복음 5:22, 23.
02 에베소서 1:20-23; 골로새서 1:18.

다는 것은 영예롭게 하였다는 것을 의미하는데(왕상 2:9; 시 45:9), 가장 높은 능력과 그리스도의 엄위를 나타내시는 것이다(히 8:1). 이것은 구약과 신약의 하늘 보좌에 대한 환상들에서도 분명하게 나타나고 있다(왕상 22:19; 사 6:1; 계 7:10).

❷ 그리스도께서 하나님 우편에 앉으신 것으로 표현하고 있는데(골 3:1), 앉아 있다는 것은 쉬는 것을 내포한다. 즉, 그리스도의 모든 수고에 대해 하나님께서 인정하신다는 것이다. 또한 주관자이자 법적 심판을 이행하시는 분으로서 그리스도의 실제적 직무를 나타낸다. 왕이 나라의 일을 주관할 때 보좌에 앉아 있는 것과 같은 이치다(시 9:4).

더욱이 주로서 그리스도의 직무를 계속하시는 것을 의미하는데(눅 1:33; 사 16:5), 구속의 사역을 행하시고 있다. 스데반의 경우에는 그리스도가 하나님 우편에 서신 것을 보았는데(행 7:56), 이것은 그리스도께서 스데반을 도와주시기 위한 준비가 되었음을 뜻하며 왕으로서 자신의 원수들을 심판하시기 위한 것이다(사 3:13).

❸ 모든 만물을 다스리시는 아버지께서 그리스도를 특별히 교회의 머리로 정하신 것을 나타낸다. 하나님 아버지는 그리스도를 통해 모든 만물을 다스리신다. 그리스도께서 교회를 통치하시며 다스리고 계신다. 이것은 그리스도가 승천하신 이후 사도들의 중요한 가르침이다(행 2:33, 36; 행 5:31; 고전 15:25; 엡 1:20-23). 사도들은 그리스도의 다스리심을 분명하게 가르치고 있다. 우리 몸의 지체가 머리에 의해 움직이듯이 그리스도께서 교회를 다스리고 통치하신다(골 1:18; 엡 1:22).

그리스도께서는 성령과 말씀으로 교회를 다스리고 통치하신다. 그리스도가 교회를 다스리심은 그의 뜻과 생각이 실현되는 것이다. 따라서 진정한 교회는 그리스도의 다스리심과 통치하심이 분명하게 나타난다. 사람들의 생각과 뜻과 주장이 관철되는 것이 아니라, 주의 뜻에 굴복되어 그리스도께서 통치하고 있음이 분명하게 나타나는 것이다(엡 1:22).

하나님의 뜻을 누구보다 잘 안다고 자부하면서도 하나님의 구속의 계획과 예수님을 거부했던 제사장들과 바리새인 및 유대인들의 모습은 자신의 생각과 계획으로 주의 뜻에 굴복하지 않은 경우다. 그들은 자기 스스로의 이해와 생각과 목적에 따라 하나님의 뜻에 굴복하지 않았다. 이러한 모습은 오늘날의 교회 가운데서도 얼마든지 나타날 수 있는 현상이다. 하나님의 뜻이라고 말하지만 인간의 뜻을 성취하려고 하는 모든 것들이 여기에 해당된다. 이러한 참람한 시도의 결과는 무서운 심판일 뿐이다.

❹ 아버지께서 그리스도를 우편에 앉히신 이유는 세상과 교회를 다스리고 통치하기 위한 모든 권세를 그리스도에게 주시기 위해서다(마 28:18). 하나님께서는 그리스도로 세상의 모든 것을 다스리시고 통치하시고 심판하신다(히 1:3; 2:7, 8; 엡 1:20, 21; 요 5:22). 그리스도의 이러한 통치하심은 우리를 겸손하게 한다. 그리스도에게 굴복되어 그의 다스리심에 철저히 복종케 하는 것이다. 그러나 그리스도를 모르는 사람들은 그리스도의 다스리심을 거부하고, 조롱하고, 멸시한다(시 2:1-3; 요 10:3).

질문 51. 우리의 머리이신 그리스도의 영광이 우리에게 주는 유익은 무엇입니까?

답 | 첫째로, 그리스도는 그의 성령을 통하여 지체인[01] 우리들에게 하늘의 은사들을 부어주십니다. 그리고 그의 능력으로 모든 원수들로부터 우리를 지키시고 보호해주십니다.[02]

❶ 비록 그리스도께서 우리의 눈에 보이지는 않지만, 성령으로 우리 가운데 거하셔서 가장 긴밀한 교제를 하신다. 그리스도께서는 성령을 보내주실 것을 약속하셨으며, 오순절에 성령을 보내주셨다. 그는 성령으로 자신의 지체들에게 하늘의 은사들을 부어주신다.

성령의 역사에는 두 가지가 있다. 첫째는 교회의 사역과 기능을 위해 주시는 은사다. 성령의 은사들은 매우 다양한데, 이처럼 다양한 성령의 은사들은 교회의 덕을 세우기 위한 것이다. 성령의 은사를 교회에 주시는 것은 성령의 일반 사역이다. 다른 하나는 우리의 구원의 은혜를 위해 주시는 은사다. 아버지께서 그리스도를 위하여 선택된 자에게 성령을 주셔서 그들이 복음 설교를 들을 때, 죄에 대한 각성과 회심이 일어나게 하는 것이다. 이것은 구원의 역사를 위해 필요한 성령의 특별 사역이다.

❷ 그리스도는 이 땅에서 성도의 원수들로부터 성도를 보호하신다. 첫째, 그리스도께서는 우리의 육신적인 것(롬 6:14)에서 교회를 보호하신다. 교회가 육신적인 자들에 의해 주관될 때 교회의 영적인 특성들이 나타나지 않고 매우 육신적인 교회가 되어버린다. 사데 교회의 경우 외적으로는 평판도 좋고 사업도 많았지만 육신적인 자들이 교회를 주관함으로써 주께서 죽은 교회라고 책망하셨다(계 3:1 이하). 그리스도께서는 이러한 교회에 경고하시며 회개

---

01 사도행전 2:33; 에베소서 4:7-12.
02 시편 2:9; 110:1-2; 요한복음 10:27-30; 요한계시록 19:11-16.

를 요구하신다. 그리스도의 교회이기 때문이다.

둘째, 그리스도께서는 세상의 핍박과 억압으로부터 교회를 구별하시고 보호하신다(요 16:33). 아버지 보좌 우편에 계시면서 성도들에게 믿음과 용기와 위로를 주셔서 핍박과 억압을 극복하게 하신다. 한편으로 세속화되는 교회를 책망하시고 경고하시며, 세상의 원리가 교회를 지배하지 못하도록 간섭하신다. 자신의 성도를 거룩하게 보존하기 위해서다.

셋째, 그리스도께서는 마귀로부터 교회를 보호하신다(롬 16:20). 마귀는 교회를 무너뜨리기 위한 모든 전략을 사용하며, 특히 거짓된 가르침으로 교회를 부패시키고자 한다. 그러나 그리스도는 하나님의 신실한 종을 일으켜서 진리를 바르게 가르치게 하심으로 교회를 보호하신다. 또한 그리스도는 마지막 때에 심판자로서 그의 백성들을 모든 원수로부터 보호하신다(사 19:1).

질문 52. 산 자와 죽은 자를 심판하시기 위해 그리스도께서 다시 오시는 것은 우리에게 어떤 위로를 줍니까?

답 | 나는 나의 모든 슬픔과 핍박 가운데 하늘을 우러러 나를 위해 자신을 내어주시며, 하나님의 심판으로 내가 받을 모든 저주를 제거해주시며,[01] 하늘로부터 심판자로 오시며, 그리스도와 나의 원수들을 영원한 정죄로 내던지시는 그리스도를 바라봅니다. 그는 나를 그의 선택된 백성들과 함께 하늘의 기쁨과 영광으로 옮기실 것입니다.[02]

---

01 누가복음 21:28; 로마서 8:22-25; 빌립보서 3:20-21; 디도서 2:13-14.
02 마태복음 25:31-46; 데살로니가전서 4:16-17; 데살로니가후서 1:6-10.

❶ 그리스도께서는 승천하시고, 하나님 보좌 우편에 계심으로써 자신이 교회의 머리이시며, 모든 것을 주관하시는 주 되심을 나타내셨다. 그리스도께서는 세상의 모든 사람 앞에 다시 오셔서 자신을 나타내실 것이다. 이때 그리스도는 산 자와 죽은 자의 재판장으로 오시는 것이다(행 10:42). 그는 하늘로부터 오실 것이며(마 26:64; 행 1:11), 모든 영광 가운데 우리 눈으로 볼 수 있게 오실 것이다(마 25:31; 살전 4:16; 요 19:37).

❷ 그리스도는 심판자로 오신다. 하나님 아버지께서는 마지막 심판의 실행을 아들에게 맡기셨다(행 17:31; 요 5:22, 27; 계 19:1-2). 모든 이성적인 피조물은 이 심판에 소환될 것이며(고전 6:3) 범죄한 천사들도 심판을 받게 될 것이다(벧후 2:4; 유 1:6). 죽은 자들은 다시 살아나서 심판대 앞에 설 것이다(행 17:3; 마 25:32; 계 20:12-13). 즉, 모든 사람들이 이 심판대 앞에 서게 될 것이다(고후 5:10). 그리고 엄격하면서도 철저한 조사가 특정한 책들에 의하여 시행될 것이다(계 20:12; 단 7:10).

심판의 원칙으로 인해 이방인들은 자신들의 마음에 있는 법(양심)에 의해 판단될 것이며(롬 2:12, 15), 유대인들은 율법에 의해(눅 16:29; 롬 2:12), 이름뿐인 그리스도인들(명목상의 그리스도인들)은 그들이 들은 복음에 의해 심판될 것이다.[03]

❸ 하나님의 백성들의 자비의 행위들이 드러나게 될 것이다. 경건치 아니한 자들 또한 자신들의 악한 행위에 대해 설명해야 할 것이다. 그들이 마땅히 행해야 할 의무를 행하지 않은 것과, 행위로 지은 죄와 생각으로 지은 죄들이 다 드러나게 될 것이다(고전 4:5; 마 12:36).

---

03 그들이 듣기는 들었어도, 결코 복음에 굴복되지 않은 것에 대한 심판이다(요 3:36; 12:48).

정죄에는 이르지 않지만, 회개치 않은 성도들의 죄도 언급될 것이다. 하나님의 공의가 온 천하에 드러나게 될 것이며, 생명록으로부터 하나님의 선택된 백성이 알려지게 될 것이다(계 20:12). 그리고는 경건한 자와 악한 자, 혹은 경건치 않은 자를 분리시키셔서 경건한 자는 자신의 오른편에, 악한 자는 왼편에 있게 하실 것이다(마 25:32-33).

그 다음으로 의인된 자들에게 하나님 나라를 상속받으라는 선언이 시행될 것이다(마 25:34). 그리고 왼편에 있는 자들에게는 저주를 선언하고 영원한 불로 들어갈 것을 명령하실 것이다(마 25:41). 하나님의 심판은 이미 역사 속에서 예표로 실행되어왔다. 홍수의 심판(창 6-7장), 소돔과 고모라에 대한 심판(창 19:4), 애굽의 열 재앙, AD 70년의 예루살렘의 멸망(마 24장; 눅 21장) 등이 바로 그러한 예들이다.

❹ 이러한 심판은 매우 공정할 것이며(벧전 1:17; 계 6:15-17; 눅 23:30; 행 17:31), 심판에 대해 전혀 예상치 못하였던 악한 자들에게는 끔찍하게 무서운 일이 될 것이다. 그들은 하나님을 두려워하지 않았으며 죄를 가볍게 여기고 죄 가운데 있었던 자들이기 때문이다(말 2:17; 시 50:21). 그러나 의인들에게는 위로가 될 것이다. 왜냐하면 하나님께서 그들의 행위에 따라 상 주실 것이기 때문이다(롬 2:5, 6). 성도에게 심판의 날은 새롭게 하는 시간이 되며(행 3:19), 구속의 날이며(눅 21:28), 면류관을 받는 날이다(딤후 4:8).

따라서 고난과 슬픔과 핍박의 날들 가운데 심판자로 다시 오시는 그리스도를 바라보는 것은 우리에게 큰 위로를 준다. 그리스도께서 이것으로 자신의 백성을 위로하셨다(눅 21:28). 따라서 이날을 바라보아야 한다(벧후 3:12). 심판자인 그리스도께서는 자신의 백성을 하늘의 영광과 즐거움으로 옮기실 것이기 때문이다.

제20주

질문 53. 성령에 대해서는 무엇을 믿습니까?

답 | 첫째, 성부와 성자와 함께 성령도 영원한 하나님이십니다.[01] 둘째, 성령께서는 나에게 오셔서[02] 참된 믿음으로써 나로 하여금 그리스도와 함께 하게 하시며, 그리스도의 모든 축복에 동참하게 하셔서[03] 나를 위로하시고,[04] 영원히 나와 함께 계십니다.[05]

❶ 성령은 삼위 가운데 한 위로서 하나님이시다. 성령께서는 이해와 의지를 가지고 계신다. 그래서 성령은 모든 것을 살피시고(고전 2:10-11), 그의 뜻대로 각 사람에게 은사들을 나누어 주신다(고전 12:11). 성령은 여러 가지 형태로 나타나셨는데, 그것은 그의 은혜의 선물을 나타내기 위한 것이다(마

---

01 창세기 1:1-2; 마태복음 28:19; 사도행전 5:3-4; 고린도전서 3:16.
02 고린도전서 6:19; 고린도후서 1:21-22; 갈라디아서 4:6; 에베소서 1:13.
03 갈라디아서 3:14; 베드로전서 1:2.
04 요한복음 15:26; 사도행전 9:31.
05 요한복음 14:16-17; 베드로전서 4:14.

3:16; 행 2:3-4).

성령은 자신의 사역을 가지고 계신다. 설교자들을 보내기도 하시고(행 8:29-30; 13:2), 인도하시고 위로하시며 확신을 주시고 중보하신다(롬 8:14-27). 성령과 성령의 하시는 일은 구별되어야 한다. 성령과 성령의 은사들 또한 구별되어야 한다. 왜냐하면 사람들은 이것을 때로 혼동하기 때문이다(고전 12:8-11).

❷ 성령은 하나님이시다(행 5:3-4). 성령은 단지 능력이 아니시며 하나님의 속성을 가지고 계신다. 성령은 영원한 영이시며(히 9:14), 그는 안 계신 곳이 없으시며(시 139:7), 모든 것을 알고 계신다(렘 17:10). 성령은 만물을 창조하셨으며(창 1:2; 욥 33:11; 시 33:6), 중생과 성화의 사역을 하신다(요 3:5; 딛 3:5). 선택된 자의 심령을 갱신하시며 거룩하게 하신다. 따라서 우리는 성령에게 영광을 돌려야 하며 예배드려야 한다(고전 3:16-17). 우리는 또한 성령에게 순종해야 한다(히 3:7-9). 그리고 우리는 성령의 이름으로 세례를 받는 것이다(마 28:19).

❸ 성령을 위로자, 혹은 보혜사라고 부른다. 성령은 우리 안에서 우리의 위로이시다. 성령은 우리의 연약함을 도우신다. 성령은 그의 사역에 따라 다른 이름으로 불리는데, 양자의 영이라고 불리기도 하며(롬 8:15), 약속의 성령(엡 1:13), 위로자(요 14:26), 진리의 영(요 14:17), 기름 부음의 영(요일 2:20), 기도의 영(슥 12:10, 롬 8:26), 영광의 영(벧전 4:14)이라고 불리기도 한다. 성령은 우리가 아버지의 자비와 그리스도의 은혜에 참여하게 하신다. 하나님의 아들이 자신의 피로 구입하신 구속을, 성령께서 우리로 하여금 그 은덕들에 참여하게 하시는 것이다. 그래서 성령의 사역은 거룩하게 하는 것이다.

❹ 모든 은혜가 성도에게 적용되는 것은 성령에 의한 것이다. 아버지와 아

들에 의해 성령이 우리에게 주어졌다. 따라서 성령은 교회와 관련하여 아버지와 아들을 대신하여 특별한 일을 하신다(요 16:13-15). 이로써 성도는 영적인 자가 되는 것이다(고전 2:15). 성령은 구원을 위해 사역하시는데, 그래서 은혜의 영이라고 부른다(슥 12:10).

성령은 선택된 자들을 회심시키신다. 성령께서 중생시키심으로 영혼을 갱신시키시는데, 그 과정은 죄를 책망하시는 것으로 시작된다. 자연적이며 세상적인 이들의 죄를 꾸짖는다. 그래서 그들의 정죄된 상태가 끔찍하다는 것을 확신시키신다(요 16:8). 성령의 이러한 책망의 역사는 죄의 힘을 진압시키시며, 죄인들로 회개하게 한다. 또한 진리에 대해 지식과 이해력을 주셔서 그것에 확신을 갖게 하신다. 그리고 믿음을 주셔서, 그리스도를 붙잡게 하신다(롬 8:9). 성령은 죄인의 영혼 위에 일하셔서 그리스도에게 접목되게 하신다.

❺ 우리는 믿음으로 그리스도의 모든 은덕(죄의 용서, 의로움, 영원한 생명)에 동참하게 되는데, 그 믿음이 성령의 사역의 결과다(고후 4:13). 성령께서 각성시키셔서 그리스도의 지혜와 계시에 대해 깨닫게 하시고(엡 1:17), 진리로 인도하시며(요 16:13), 그리스도의 신비에 대해 알게 하심으로 그리스도께로 나아가게 한다. 성령께서는 성도들을 죄의 더러운 것에서 씻으시며(고전 6:11) 하나님의 형상으로 변화시키시고(고후 3:18) 거룩한 덕으로 인도하신다(갈 5:22).

또한 성령은 성도들로 기도하게 하시고 부르짖게 하신다(롬 8:15; 갈 4:6). 성령께서는 우리 안에 내주하셔서(고전 3:16) 구원을 얻도록 지키시며(벧전 1:5) 우리의 내적인 삶 속에서 영적인 삶을 증가시키신다(엡 3:16). 이로 인하여 우리의 육신적인 행위들이 죽게 된다(롬 8:13). 결국 성령의 가장 중요한 사역은 가르치시고, 중생시키시며, 우리를 그리스도와 하나님께 연합되게 하시고, 인도하시며, 위로하고 보존하시는 것이다.

❻ 그렇다면 우리 안에 성령이 내주하신다는 것을 어떻게 알 수 있는가 하는 질문을 할 수 있다. 우리는 그 효과로써 알 수 있다. 바람이 불면 그 효과가 분명하듯이 성령의 효과도 분명하다(요 3:8). 성령께서 일하신 그 효과들은 앞에서 말한 것들이다. 그것을 요약하자면, 첫째로는 하늘 아버지에 대한 어린아이와 같은 신뢰와 기도가 있다(롬 8:15, 26).

둘째로는 죄를 미워하고 의를 사랑하는 것이다(롬 6:13). 특히 죄를 미워하고 싸우는 것은 성령께서 우리 안에 내주하신 분명한 증거다. 왜냐하면 우리의 육신은 죄 가운데 계속 머물러 있기를 원하기 때문이다. 물론 우리는 죄와 싸우지만 여전히 연약하여서 성령의 도우심이 절대적으로 필요하다. 이때 우리에게 위로가 되는 것은 성령을 따라 행하는 자에게 결코 정죄함이 없다는 사실이다.

셋째로, 그리스도와 진리에 대한 고백이 있다. 이것은 성령의 역사로 인한 것으로, 그리스도를 구체적으로 사랑하는 삶이 나타나는 것이다. 진리를 사랑하면 복음을 증거하는 것으로 그 효과가 나타난다. 넷째로, 성령의 역사로 자신이 하나님의 자녀이며, 영원한 구원을 가지고 있으며, 그 구원의 약속 가운데 거하는 것을 확신한다(롬 5:1-5). 즉, 자신의 구원에 대해 의심하지 않고 확신하는 것이다.

제21주

질문 54. '그리스도의 거룩한 공회'에 관하여 무엇을 믿습니까?

답 | 하나님의 아들 그리스도께서[01] 성령과 말씀으로[02] 태초부터 종말까지[03] 전 인류 가운데서[04] 영생을 얻도록[05] 교회를 선택하시고, 진정한 믿음 안에서 하나가 된 공동체를 모으시며[06] 보호하시며 보전하시는 것을 믿습니다.[07] 그리고 나도[08] 이 공동체에 속해 있으며 언제까지나 살아 있는 회원member으로 남아 있을 것입니다.[09]

❶ 사도신경에서 삼위 하나님에 대해 내가 믿는다고 believe in 할 때, 이는

---

01 요한복음 10:11; 사도행전 20:28; 에베소서 4:11-13; 골로새서 1:18.
02 로마서 1:16; 10:14-17; 에베소서 5:26.
03 이사야 59:21; 고린도전서 11:26.
04 창세기 26:4; 요한계시록 5:9.
05 로마서 8:29; 에베소서 1:3-14.
06 사도행전 2:42-47; 에베소서 4:1-6.
07 시편 129:1-5; 마태복음 16:18; 요한복음 10:28-30.
08 요한일서 3:14, 19-21.
09 시편 23:6; 요한복음 10:27-28; 고린도전서 1:4-9; 베드로전서 1:3-5.

삼위 하나님과의 인격적 관계를 의미한다. 그러나 사도신경에서 내가 거룩한 공회를 믿는다고 말하지는 않는다. 거룩하며 우주적인 교회가 있다는 것을 믿는다고 말한다. 교회는 하나님의 활동의 특별한 영역이다. 교회는 주의 집이며, 주의 백성의 모임이다. 넓은 의미에서 교회는 기독교회들 전체를 가리키는 것이다.

기독교회라는 이름은 그리스도로부터 유래된 것이다. 하나님의 선택에 근거해서 회원이 있으며, 영원한 생명이 그 목적이다. 하나의 공동체라고 말하는 것은 진정한 믿음과 성령 안에서 묶여 하나의 몸을 구성하고 있기 때문이다(엡 4:3-6). 기독교에서 진정한 믿음의 연합은 사도신경 안에 표현된 것에서 발견할 수 있다.

❷ 그리스도는 구원자로서 교회의 머리가 되신다. 그리스도는 자신의 백성을 위해 자신을 기꺼이 내어주셨으며, 그들을 거룩하게 하신다(엡 5:23-27). 따라서 그리스도만이 교회의 머리가 되시며(엡 1:20-23) 교회를 주관하시고 다스리신다. 그리스도께서는 선택된 백성을 모으시고 연합시키시어 그의 교제 가운데 있게 하신다. 그리고 그의 진정한 성도들에게 영향을 행사하신다. 머리가 몸의 지체와 연합되어 몸에 영향을 주는 것과 같은 이치다. 그리스도께서 이렇게 하심으로 교회를 통하여 자신의 뛰어난 영광을 나타내신다.

그러나 오늘날 교회는 그리스도를 나타내기보다는 인간의 영광을 나타내려고 하며, 그리스도에게 굴복되지 않아서 하나님의 이름으로 미화된 인간의 목적을 성취하기 위해 인간적 수단과 방법으로 교회 성장을 이루려고 한다. 이러한 교회들은 교회의 목적에서 벗어난 교회들이며, 참된 교회라고 할 수 없다.

❸ 천사들은 교회의 회원이 아니다. 비록 그리스도께서 천사들을 자신에게 종속시키셨을지라도(벧전 3:22) 그들은 교회의 회원이 아니다. 그들은 단지 말씀 사역자들의 종이며(계 22:9), 구원의 유업을 얻을 자들을 위해 일하는 자들에 불과하다(히 1:13). 유기된 자들 또한 외형적으로 교회에 속하였다 하더라도 교회의 진정한 회원이 아니다. 그들은 가라지로 결국 불에 던져지며(마 13:30), 못된 물고기로 바깥에 버려질 것이다(마 13:48).

유기된 자들은 자신들이 교회에 속하였다고 주장할지라도 그들은 교회에 속한 자들이 아니다(요일 2:19). 마치 유대인들이 외형적으로 할례를 받았다고 주장하지만 내면(심령)에 할례 받지 못한 자들로 하나님께 속하지 않은 자들인 것과 같은 이치다(롬 2:28-29). 따라서 오로지 선택받은 성도만이 교회의 진정한 회원이 된다. 그들은 그리스도 안에서 거룩하게 된 자들이며, 성도라고 부름을 받고, 그리스도께 충성되며, 그리스도와 함께 있는 자들이다(계 17:14).

❹ 거룩한 공회 혹은 교회라고 부르는 이유는 그리스도 안에서 성령에 의하여 씻음 받아 거룩하여졌기 때문이다(고전 6:11). 교회는 세상과 분리되었으며 하나님께 드려졌다. 그리고 하나님의 뜻에 따른 거룩한 삶으로 구별된다. 그리스도께서는 자신을 내어주심으로 우리를 모든 불의에서 건지셨으며, 특별한 백성으로 깨끗하게 하셨고, 선한 일을 위해 열심을 내도록 하셨다(딛 2:14). 교회는 우주적이다 universal, catholic. 왜냐하면 모든 시대, 모든 장소의 모든 성도들을 포함하기 때문이다. 그들은 모두 진정한 성도들로서 은혜와 특권의 참여자들이다(엡 4:4-6). 신약의 교회는 유대인과 이방인 모두가 속해 있다(히 12:22).

❺ 교회가 구성되는 것은 그리스도께서 선택된 백성을 모으셨으며 그들

을 보호하시며 보존하시기 때문이다. 그래서 그리스도의 진정한 백성들은 진정한 믿음을 가지고 있다. 그들은 한 마음으로 진정한 가르침을 가지고 있으며, 이로 인하여 연합되어 있다(렘 32:39). 따라서 교회가 연합된 것은 본질적인 것이며, 성도들은 진리와 성령으로 인하여 하나 되어 있는 것이다. 그리스도께서 인류 가운데 선택된 자들을 모으신 것이다.

이것은 삼위 하나님의 뜻과 구원의 경륜에 따른 것이며(요 17:6; 계 9:13), 그리스도의 이름을 위한 것이다(행 15:14; 요 10:16; 11:52; 계 5:9). 성령과 말씀으로써 선택된 자들을 모으는 일을 하시는데, 그의 사역자들을 세상에 보내어 하나님의 말씀을 전하고 가르치게 하심으로 일하신다. 이때 선택된 죄인들은 말씀과 성령을 통하여 자신들이 죄인이라는 사실을 깨닫고, 하나님께서 마련하신 구원의 수단인 그리스도께로 나아오는 것이다.

그런데 성령의 역사는 강력하여서 선택된 죄인들은 도무지 저항할 수 없으며, 항복하게 되어 있다(엡 1:18-20). 교회는 하나님의 선택으로 인해 그 회원이 되기 때문에 살아 있는 표지들이 있다. 그 회원들은 믿음으로 살아가며(막 16:16), 거룩한 삶을 추구하고(딤후 2:19), 성령의 내적 증거들이 있다(롬 8:16). 물론 그들은 주님의 보호 아래에 있다(시 139:1-4; 계 12:1-11). 따라서 성도들은 그리스도의 양 무리 가운데 있다는 것을 감사해야 한다(시 23:5).

❻ 교회는 눈에 보이는 가견적 교회와 눈에 보이지 않는 비가견적 교회로 구별한다. 이렇게 구별하는 것은 교회 속에 진정한 신자와 거짓 신자 혹은 위선자들이 있기 때문이다. 가견적 교회 속에는 위선자와 거짓 신자들이 있다. 비록 그들이 삼위 하나님의 이름으로 세례를 받고, 그리스도에 대한 신앙고백이 있을지라도 진정한 구원의 은혜가 없는 자들이다. 복음의 사역자들은 비록 진정한 신자와 거짓된 신자를 완벽하게 구별할 수 없을지라

도, 올바로 구별하려고 해야 한다. 이는 교회의 거룩성을 유지하기 위한 것이다.

비가견적 교회는 시대를 초월해서 하나님의 참된 신자들로 구성된 것이다. 그런데 이것은 눈에 보이지 않으며, 오로지 마지막 날에 완전하게 드러날 것이다. 한편으로, 교회는 전투적 교회와 승리의 교회가 있다. 전투적 교회라는 것은 그리스도의 깃발 아래에서 세상과 마귀에 대해 싸우는 교회다(엡 6:10-12). 승리의 교회는 이미 천성에 올라가서 부활을 기다리는 교회를 의미한다(계 7:9-17).

❼ 진정한 교회의 표지marks들이 있다. 하나님의 말씀을 순전하게 설교하고 변질시키지 않는 것이다. 그리고 성례를 주께서 제정하신 대로 바르게 시행하는 것이다. 또한 치리를 바르게 실시하는 것이다.

질문 55. '성도가 서로 교통함'의 의미는 무엇입니까?

답 │ 첫째, 모든 신자들은 그리스도의 지체로서 그리스도에게 연합되며 그의 부요함과 은사들을 공유합니다.[01] 둘째, 각각의 신자들은 다른 지체의 유익과 구원을 위해 기꺼이, 그리고 즐거운 심령으로 자신의 은사들을 사용해야 할 의무가 있음을 반드시 알아야 합니다.[02]

❶ 성도는 교회의 머리이신 그리스도와 교제를 가진다. 그리스도와 성도

---

01 로마서 8:32; 고린도전서 6:17; 12:4-7, 12-13; 요한일서 1:3.
02 로마서 12:4-8; 고린도전서 12:20-27; 13:1-7; 빌립보서 2:4-8.

의 관계를 건물과 기초돌(마 16:18), 성소(사 8:14; 엡 3:17), 남편과 아내(엡 5:23), 머리와 몸(골 1:18)으로 비유하고 있다. 그만큼 떼려야 뗄 수 없는 관계를 의미한다. 성도가 그리스도의 연합 속에 있다는 것은 그리스도의 모든 은덕 속에 있으며, 그러한 은덕들을 누릴 수 있다는 것이다(고후 8:9). 성도는 그리스도의 부요함 가운데 있다. 그리고 그리스도의 은혜들이 있는데, 죄 용서와 의로움, 영생이다(엡 1:13; 요 1:16). 이러한 그리스도의 은혜에 우리가 동참하는 것이다(고후 8:9).

❷ 그리스도와의 이러한 연합 속에서 성도들은 다른 성도들과의 교제를 가지게 된다. 이러한 성도간의 교제는 가장 친밀한 연합 가운데 이루어져 그들의 마음과 영혼은 하나가 된다(행 4:32). 그들 모두는 같은 은혜를 소유하며(렘 32:39) 같은 사랑을 소유하게 된다(빌 2:2). 물론 그들은 같은 것을 말하며(고전 1:10), 같은 신앙을 가지고, 그들의 친구와 원수도 서로 같다. 따라서 그들은 마치 룻이 나오미에게 붙어 있듯이 서로에게 붙어 있다(룻 1:16). 그들은 모두 한 도성의 시민이며 같은 집에 거주하는 자들이며(엡 2:19) 같은 식탁에서 같은 빵을 먹는다(고전 10:17). 한 몸의 여러 지체들이 화목한 것처럼 서로 화목하다(엡 2:16).

❸ 이러한 성도의 교제는 상호 봉사와 섬김으로 아름답게 나타난다. 하나의 지체가 다른 지체를 돕는다(고전 12:14-27). 어려움 가운데 서로 돕고, 다른 지체의 유익을 위해 수고함으로써 성도의 교제가 나타난다. 각각의 성도는 하나님께 받은 은사들, 혹은 선물들을 다른 성도들을 위해 사용해야 한다. 선물들은 이 땅에서의 일시적인 것(롬 12:1, 3; 사 58:7; 마 25:35-36)과 영적인 것을 포함한다. 위로의 말로 성도를 도울 수 있으며, 필요한 물건들을 나누고 공

유함으로써 성도의 교제가 분명하게 나타나기도 한다(히 13:13).

이렇게 성도들과 필요한 것들을 나눌 때는 기꺼이, 그리고 기쁨으로 해야 한다. 억지로 해서는 안 되며(고후 9:7) 불순한 동기로 해서도 안 된다(마 6:3). 그래서 기쁠 때 같이 기뻐하며, 슬플 때 같이 슬퍼하는 것이다(롬 12:4-10; 13-15). 물론 이러한 성도의 교제는 개인적으로도, 또 공적으로도 이루어진다. 이러한 성도의 교제에 있어서 중요한 목표 중의 하나는 다른 지체의 구원의 유익을 위한다는 것이다. 이것은 성도의 교제가 얼마나 중요하며, 그래서 얼마나 주의를 기울여야 하는지를 보여주는 것이다. 성도의 교제는 반드시 그리스도 안에서 다른 지체의 믿음을 세우는 것이 되어야 한다.

❹ 성도는 살아 있는 지체로서의 표식이 있다. 그 자신을 하나님의 말씀에 따라 보여주어야 한다. 외적으로는 고백이 있고, 내면적으로는 성령에 의해 깨어났으며, 변화가 일어난 증거들이 있어야 한다. 또한 그 심령에 영적이며 거룩한 열망들이 있어야 성도 간의 교제가 영적인 것이 될 수 있다. 그래서 살아 있는 지체라고 부르는 것이다. 물론 이것은 각 지체가 그리스도에게 연합되어 있기 때문에 지극히 당연한 것이다. 그럼에도 불구하고 이것이 없다면 그것은 세상의 사교적 모임에 불과할 것이다.

❺ 성도의 교제는 잘못된 지체members로 인해 고통을 받을 수도 있다. 잘못된 지체 때문에 교회의 모습이 어그러지거나 추하게 보일 수도 있다. 유대인들이 하나님의 이름을 부르고 율법을 자랑하면서도 율법을 어김으로 인해 하나님의 이름이 이방인들 가운데서 조롱을 받았다. 이처럼 잘못된 지체 때문에 형제들이 고통을 받을 때 그것은 죄의 유혹으로 볼 수 있다. 성도의 교제를 어지럽히거나 평안을 깨거나 경건을 방해하거나 무너뜨리는 경

우들이다(고전 5장). 이들은 진리에서 떠나 교회를 부패시킬 수도 있다.

따라서 진정한 교회의 표식이 나타나게 하기 위해 교회에 징계와 치리라는 은혜의 수단이 주어졌다. 교회가 세상과 같이 되지 않기 위한 은혜의 수단이다. 따라서 우리 자신이 교회의 살아 있는 지체로서 그 증거들이 분명하도록 자기 점검을 하고 영적으로 힘쓰는 것이 반드시 필요하다.

❻ 교회의 연합은 진정한 믿음의 연합이다(엡 4:4-6; 요 17:21). 교회의 연합은 먼저 진리 가운데 있는 것과, 구원이 일어나는 것을 전제로 해야 한다. 진정한 믿음 가운데 교회의 연합이 있기 때문이다. 교회의 연합은 그리스도와 성령의 주권적 사역으로 인하여 일어나는 것이다. 교회의 연합에 대해 주께서 우리에게 명령하신 것은 연합을 유지maintain하라는 것이다. 교회는 연합을 위해 반드시 바른 교리를 공유해야 한다.

그러나 오늘날 교회들은 연합이라는 단어보다는 일치라는 단어를 사용하면서 주께서 주신 교회의 연합에 대한 가르침을 무시하고 있다. 또한 외형적 일치를 이루기 위해 교리들을 포기하고 있다. 하나님의 주권을 무시하고 인간적으로 일치를 이루고자 한다. 이것은 외형적으로 연합된 것처럼 보이지만 진정한 연합이 아니다.

질문 56. '죄를 사하여 주심'에 대해 당신은 무엇을 믿습니까?

답 | 하나님께서 그리스도의 속죄로 말미암아 더 이상 나의 죄를 기억하지 않으며,[01] 평생에 내가 반드시 싸워야 할 나의 부패성에[02] 대해서도 정죄하지

---

01 시편 103:3-4, 10, 12; 미가 7:18-19; 고린도후서 5:18-21; 요한일서 1:7; 2:2.
02 로마서 7:21-25.

않음을 믿습니다. 그러나 하나님께서는 은혜롭게 그리스도의 의로우심을 나에게 입혀주셨으며(전가하셨으며) 그로 인해 나는 하나님의 심판 앞에서 결코 정죄당하지 않습니다.[03]

❶ 질문 56-58번은 그리스도의 은덕에 관한 것으로, 죄의 용서와 몸의 부활, 그리고 영생에 대한 것이다. 이러한 그리스도의 은덕들은 믿음으로 그리스도에게 연합되어 그리스도의 지체가 됨으로써 누릴 수 있는 것이다. 죄의 용서함은 그리스도의 교회의 살아 있는 회원(성도)으로서 받는 은덕이다.

죄는 하나님의 법을 어긴 것이다(시 51:4). 다른 사람들에게 죄를 지은 것도 하나님의 법을 어긴 것이므로 하나님께 죄를 지은 것이다. 따라서 하나님께 회개해야 하며, 죄를 용서해주시는 이는 오직 하나님이시다. 물론 그리스도께서 죄를 사해주시는 권세와 능력을 가지고 계신다(막 2:10; 사 43:25). 어느 누구도 자기 자신의 죄와 다른 사람의 죄를 용서해줄 수는 없다. 오직 하나님만이 우리의 죄를 용서해주실 수 있다. 하나님께서 우리의 죄를 용서해주시는 근거는 그리스도의 속죄의 제사다. 그리스도의 십자가에서의 죽음은 우리의 죄를 사하기 위한 것이었다(롬 3:25; 벧전 2:24; 엡 1:17).

❷ 하나님께서 성도의 죄를 용서해주실 때 지금까지 지은 실제적인 죄는 물론이고 부패성까지 용서해주신다. 우리가 중생을 하여도 부패성(죄성)은 여전히 남아 있다. 이 부패성은 우리로 하여금 하나님의 법을 싫어하고 그것을 어기려 하며 세상을 추구하게 한다. 또 잘못되고 악한 욕심을 계속 불러일으킨다(히 12:1). 그래서 진정한 성도는 반드시 평생 자신의 부패성과 싸

---

03 요한복음 3:17-18; 5:24; 로마서 8:1-2.

워야 한다. 이러한 부패성으로 인하여 바울은 탄식하였다(롬 7:23-25). 그러나 그리스도를 통해 부패성까지도 용서해주시는 하나님께 감사할 수밖에 없다(갈 5:17; 시 103:3).

❸ 하나님께서 죄를 용서해주신다는 것은 단지 죄 된 행위들을 없는 것으로 간주해주시는 정도가 아니다. 하나님께서 그것들을 기억하지 않으시고 심판하지 않으신다는 것이다(렘 31:34; 사 38:17; 미 7:19). 물론 죄의 효과와 결과들이 우리에게 남아 있는 것을 허락하시지만, 그것은 죄에 대한 심판이기보다는 그것 때문에 우리가 더욱 낮아져서 겸손하게 하시며, 또한 경고하시기 위한 것이다.

하나님께서는 우리의 죄를 용서해주시는 것뿐만 아니라 은혜롭게 우리에게 그리스도의 의를 입혀주신다. 마치 우리의 더러운 죄의 옷을 벗겨내고 그리스도의 의의 옷을 입혀주시는 것과 같다(롬 3:24; 사 61:10). 이로써 하나님의 용서하심이 완성된다. 이것의 유익은 마지막 심판 앞에서 우리가 우리의 죄로 인하여 결코 정죄되지 않는 것이다(요 5:24; 롬 8:33-34).

❹ 이러한 '죄의 용서'에 대해 믿는다는 것은 단지 죄 용서에 대한 지식을 가지는 정도를 의미하지 않는다. 먼저 자신의 죄에 대해 철저히 깨달아야 한다. 이것은 하나님의 말씀과 성령의 역사로써 가능한 것이다. 더욱이 죄를 깨달은 죄인은 간절히 죄의 용서를 찾고 구해야 한다.

이 과정 속에서 죄인들은 죄를 회개하며 통회하는 심령을 가질 뿐만 아니라 그 심령 속에서 벌써 죄를 미워하는 영적 성질이 형성된다. 자신의 죄가 얼마나 큰지 철저히 체험하고, 산 같은 죄를 용서해주시는 하나님께 회개하게 되며, 그 하나님 앞에 철저히 낮아지게 된다. 왜냐하면 자신이 죄를 스스로 처리할 수 없고 오직 하나님께서만 용서해주시는 것을 너무나도 잘 깨닫고 있기 때문이다.

❺ 하나님께서 우리의 부패성에 대해서도 용서해주신다는 것은 우리가 삶 속에서 우리의 부패성과 싸워야 한다는 것을 의미한다. 이러한 싸움이 없다면 그것은 진정으로 용서받은 자의 삶이 아니다. 이러한 싸움은 회개의 진정한 표식이며, 용서를 위한 진정한 기도의 표시이기 때문이다(시 32:2).

오늘날 사람들이 회개는 쉽게 하면서 자신의 죄와 부패성에 대한 심각성은 전혀 느끼지 못하는 모습들을 보인다. 마치 가인이 아우를 죽이고 하나님께서 그것에 대해 물으셨을 때, 가인이 자신의 죄에 대해 전혀 심각성을 못 느끼던 것과 같다. 그는 심지어 하나님께서 심판을 선언하신 이후에도, 자신의 죄에 대한 심판이 가혹하다고 불평하였다(창 4:1-16). 이러한 태도는 자신의 죄에 대해 가볍게 생각하는 것이며, 하나님의 용서의 진정성에 무지한 것이다. 진정한 회개는 죄와 싸우며 죄를 미워하는 것들이 그 증거로 나타난다.

제22주

질문 57. '몸이 다시 사는 것'은 당신에게 어떠한 위로를 줍니까?

답 | 죽음 후에 나의 영혼이 즉시 머리되신 그리스도께로 갈 뿐 아니라,[01] (그리스도께서 다시 오실 때) 나의 몸도 그리스도의 능력에 의해 일으킴을 받아서 다시 영혼과 결합되어 그리스도의 영화로운 몸과 같이 될 것입니다.[02]

❶ 사람은 이 땅에서 영혼과 몸으로 구성되어 서로 결합되어 있다. 죽음은 영혼과 몸을 분리시킨다(창 35:18; 왕상 19:4). 영혼은 신적인 생명으로 죽지 않기 때문에 몸이 죽어도 영혼은 죽지 않는다. 물론 죽음으로 인하여 몸은 썩어서 다시 흙으로 돌아간다(전 12:7; 마 10:28). 죽음으로 하나님의 자녀의 영혼은 머리이신 그리스도께로 간다. 그리고 그리스도의 구원에 참여하게 된다(눅 23:43).

영혼은 완전한 용서의 즐거움에 거하게 된다(요일 1:7). 영혼이 잠을 자는 상

---
01 누가복음 16:22; 23:43; 빌립보서 1:21-23.
02 욥기 19:25-26; 고린도전서 15:20, 42-46, 54; 빌립보서 3:21; 요한일서 3:2.

태에 빠지거나(영혼 수면설), 연옥에 가는 것이 결코 아니다(심지어 하나님의 백성도 이곳에서 수많은 죄들을 정화시켜야 한다고 주장하고 있다). 영혼이 멸절하는 것은 더더욱 아니다. 이런 것들은 성경에 없는 내용이다. 한편, 하나님의 백성이 아닌 자는 그 영혼이 지옥에 떨어져서 고통을 받게 된다(눅 16:23). 결국 죽음을 통해 의롭게 된 자와 악인이 완전하게 분리된다(눅 16:22, 23).

❷ 영혼의 불멸에 대해서는 이교도들도 말한다. 그러나 몸의 부활은 오직 하나님에 의해 계시된 진리이며 이미 족장 시대로부터 말씀하셨다(욥 19:25, 27; 시 16:9). 예수님은 몸의 부활을 믿지 못하는 사두개인들을 꾸짖었다(마 22:29). 하나님께서는 흙으로 사람을 만드셨다. 그리고 전능하신 능력으로 다시 몸을 만드실 것이다. 이것을 고린도전서 15장 42-44절에서 말씀하고 있다.

부활은 삼위 하나님의 사역이다. 그러나 엄밀한 의미에서 이것은 그리스도의 사역인데, 몸의 부활은 그리스도의 구속 사역을 구성하기 때문이다. 따라서 그리스도께서는 죽은 자를 살리심으로 부활의 능력을 보여주셨다(마 9장; 눅 7장; 요 11장). 몸이 부활될 때 영혼과 다시 결합될 것이다. 구원과 영광의 즐거움을 위해 완전한 사람으로 회복되는 것이다. 마치 바벨론 포로로 끌려가 흩어졌다가 회복되는 것과 같다(겔 37:5-6).

❸ 몸의 부활은 영광스러운 그리스도의 몸처럼 되는 것이다. 그리스도께서는 이 몸을 가지고 하늘로 승천하셨다. 그리스도의 부활의 몸은 무덤에 누우셨던 그 몸과 같은 몸이다. 이것은 제자들이 확인한 것이었다. 이 영광의 몸은 신령한 몸이 될 것이다(고전 15:44-46). 음식이 필요하지 않으며 마시는 것과 잠자는 것이 필요하지 않은, 제한이 없는 몸이다. 그리스도께서 부활하셨을 때 제자들이 모여 있던 방의 문이 닫혀 있었지만 아무런 막힘 없

이 제자들에게 나타나셨던 것과 같다(요 20:19, 26).

이 몸은 하나님의 존전 앞에 합당한 몸이다(고전 13:12). 썩지도 않으며 닳아 없어지지도 않는다(눅 20:36). 이러한 몸의 부활의 목적은 하나님의 영광이다(잠 16:4; 고전 15:28). 몸의 부활에서 우리는 위로를 받을 수 있다. 이 땅에서의 고난을 견디어내면서 몸의 구속을 기다리는 것이다(롬 8:18, 23).

몸의 부활을 믿지 않았던 사두개인들은 매우 세상적이었다. 그러나 몸의 부활을 믿고 기다리는 우리는 경건하게 살 수 밖에 없다(행 24:15-16). 부활의 능력이 얼마나 큰 것인가에 대해 놀라워하며 이 능력에 대해 믿음을 가져야 한다. 아브라함은 부활의 능력을 믿었다(히 11:17-18). 이와 같이, 몸의 부활이 우리에게 주는 위로는 고난을 견디어 내며 소망 가운데 몸의 구속을 기다리게 해준다(롬 8:18, 23).

질문 58. '영원히 사는 것'에 관한 구절은 당신에게 무슨 위로를 줍니까?

답 | 현재 나의 마음에 영원한 기쁨이 시작된 것을 맛보고 있는 것처럼,[01] 죽음 이후에 나는 눈으로 보지 못하고, 귀로도 듣지 못하고, 마음으로도 생각해 보지 못한 완전한 구원을 유업으로 받을 것이며, 그 결과로 그곳에서 영원토록 하나님을 찬양할 것입니다.[02]

❶ 육신을 가지고 있는 영혼은 영원한 삶에 대해 완전히 이해할 수 없

---

01   요한복음 17:3; 로마서 14:17; 고린도후서 5:2-3.
02   요한복음 17:24; 고린도전서 2:9.

다. 바울이 천성에 올라간 체험에 대해 말할 때 그것을 표현할 수 없었다 (고후 12:4). 그럼에도 불구하고 주께서는 자신의 사랑하는 자들을 위해 어느 정도 계시해주셨다. 그래서 이 땅에서 하늘의 맛을 볼 수 있도록 허락해주셨다(고전 2:9-10).

우리는 중생을 통해 하나님의 경륜과 영원한 삶에 대해 깨달을 수 있고 (벧전 1:3; 요 3:36) 영원한 기쁨을 미리 맛볼 수 있다. 이것을 마음에 맛볼 수 있는데, 바로 하나님의 평안이다(요 14:27; 롬 5:1). 그러나 우리는 아직도 유혹과 고난 아래에 있기 때문에 완전하고 영원한 기쁨을 얻을 수는 없다(롬 8:24).

❷ 죽음 이후의 구원에 대해 지금 우리는 완전하게 알 수 없고 서술할 수도 없다. 완전한 구원은 눈으로도 보지 못하고, 귀로도 듣지 못하고, 마음으로도 생각할 수 없는 것이기 때문이다. 그러나 구원을 얻은 모든 복된 자들은 이 세상 이후에 그들에게 부끄러운 일이나 상하게 하는 일들이 없을 것이다. 그들에게 모욕적인 것이 없을 것이며, 가난에 대해 고민하거나 걱정할 일이 없을 것이다. 그들은 고통과 연약함과 질병과 죽음으로 인하여 슬퍼할 일이 없다. 그들은 더 이상 배고프거나 목마를 일이 없다(계 7:16). 주님은 그들에게서 눈물을 닦아주시며, 더 이상 슬퍼할 일이 없을 것이다(계 21:4). 그들은 모든 죄악에서 구원을 얻을 것이다.

❸ 그들은 영원한 행복을 누리게 되는데, 하나님과 그리스도를 바라볼 것이다. 하나님은 영이시기 때문에 육신의 눈을 가지고 볼 수 있는 분이 아니다. 그러나 그들은 구속주이신 그리스도를 영광 가운데 바라볼 것이다. 하나님의 완전함과 영원한 경륜에 대해 분명하게 이해하게 될 것이다(마 5:8). 더 이상 거울로 희미하게 보는 것과 같지 않고 분명하게 볼 것이다. 그전까

지는 인간의 죄악 된 편견으로 하나님의 지혜에 대해 분명하게 이해하지 못하였으나, 이제는 그의 지혜와 능력과 선하심과 영광의 깊이를 알게 될 것이다. 그리고 그 영광에 압도될 것이다(요일 3:2). 모세가 경험하였던 것보다(민 12:8) 훨씬 영광스런 하나님의 모습에 기뻐할 것이며, 얼굴과 얼굴을 마주 보는 경험을 하게 될 것이다(고전 13:12). 하나님을 바라보면서 그들은 그 영광에 있어서 하나님과 같이 될 것이다(요일 3:2; 고후 3:18). 따라서 하나님의 얼굴을 보는 자는 복된 자다(계 22:4).

❹ 구원은 모든 믿는 자에게 똑같이 주어진다. 그러나 영광에 있어서는 다를 것이다(마 20:9-10; 고전 15:41). 구원의 목적은 하나님을 영원토록 찬양하게 하는 것이다. 하나님의 형상으로 갱신된 자들이 해야 할 일은 찬양하는 것이다(계 7:9-10, 15). 이러한 영원한 생명은 이 땅에 있는 우리에게 위로를 준다. 이 영원한 생명을 가진 자들에게는 분명한 증거들이 있는데, 살아 있는 믿음 혹은 생동감 있는 믿음(요일 5:10-11), 거룩한 삶(요일 3:3), 천성을 바라보는 열망(시 42:2)이다.

제23주

질문 59. 이 모든 것을 믿으면 당신에게 어떠한 유익이 있습니까?

답 | 그리스도 안에서 나는 하나님 앞에서 의로운 자가 되며, 영생을 상속받게 됩니다.[01]

❶ 질문 21번에서는 진정한 믿음의 성질에 대해 설명하였다. 그리고 질문 25-58번까지는 믿음의 내용에 대한 설명이었다. 그 다음 질문 59번과 60번에서는 진정한 믿음의 효과와 그 유익에 대해 설명하고 있다. 믿음이 당신에게 어떤 유익을 주는가에 대한 대답이다.

❷ 이 세상에서는 어느 누구도 자기 자신에 대해 구원이나 정죄를 선언할 수 없다. 인간이 스스로 심판자가 될 수 없다. 인간에게 그러한 권세가 없기 때문이다. 오로지 하나님만이 진정한 심판자가 되신다. 하나님께서는 의로

---

01 하박국 2:4; 요한복음 3:36; 로마서 1:17; 5:1-2.

우시며 거룩하시고 전지하시기 때문이다(약 4:12). 그런데 하나님께서는 우리가 오직 그리스도 안에서만 의롭다 여김을 받을 수 있는 길을 마련하셨다(롬 3:21).

❸ 따라서 우리는 그리스도 안에서만 의롭다 하심을 받을 수 있다. 그리스도 안에 있으면 마치 우리가 하나님의 법을 완벽하게 지킨 것처럼 되어 의롭다 하심을 받을 수 있다(요일 3:7). 이는 그리스도께서 율법의 모든 요구를 성취하셨기 때문이다. 우리는 믿음으로 그리스도께 접붙여져 그의 은덕들을 우리 것으로 삼을 수 있게 된다. 그의 의로움이 우리의 의로움이 되어 (빌 3:9) 하나님께서 우리를 의로운 자로 여겨주시는 것이다. 의롭다 하심을 받은 우리는 심판이나 정죄에 이르지 않으며, 영원한 생명의 권리를 부여받는다(시 32:2).

❹ 하나님 앞에서 의롭게 되었다는 것은 우리의 죄 된 삶과 성질들이 완전하게 다 없어졌음을 의미하는 것은 아니다. 나의 생각과 말과 행동들이 완전히 순수해져 죄가 없어진다는 것이 아니다. 죄인인 내가 죄의 결과에 대한 심판에서 용서함을 받고, 방면되었다는 것을 의미한다(롬 4:8; 8:37). 죽음을 선고받은 범죄자가 용서받고 그의 권리가 회복된 것과 같다. 이것이 믿음으로부터 얻는 첫 번째 유익이다. 이것을 가리켜 의롭다 함을 받았다고 말한다.

❺ 용서받은 죄인은 죄로 인해 잃어버린 생명을 다시 찾게 되며, 영원한 생명의 유업을 받게 된다. 하나님께서 우리에게 영생을 얻을 자격을 부여하신 것이다. 이것이 믿음으로 말미암은 두 번째 유익이다. 우리는 믿음으로

그리스도께 접붙임을 받고, 그의 의로움뿐만 아니라 그의 생명에도 동참하게 된다(요 6:40; 롬 8:17; 딛 3:7).

❻ 따라서 의롭다 여김을 받은 자는 더 이상 죄 된 삶에서 즐거워할 수 없다. 거룩한 삶을 추구하며 하나님께서 기뻐하시는 것을 추구하게 된다. 죄에 대한 하나님의 심판의 두려움을 이미 지독하게 경험하였을 뿐 아니라, 도무지 자신의 행위와 삶으로는 스스로 의롭게 될 수 없다는 것을 처절하게 체험하였기 때문이다.

또한 그럼에도 불구하고 하나님께서 그리스도께 접붙임 받은 것을 통해 자신의 죄를 용서하시고 심판에서 방면시켜주셨다는 것을 너무나도 잘 알기에 과거의 죄 된 삶을 지속할 수 없다. 그래서 영원한 기업을 받을 자로서 즐거워하며, 이 땅에서의 고난으로 인하여 슬퍼하거나 실망하지 않는다. 왜냐하면 때가 되면 영원한 기업을 상속받을 것이기 때문이다(요 6:40; 롬 8:17; 딛 3:7).

질문 60. 하나님 앞에서 어떻게 의로워질 수 있습니까?

답 | 오직 예수 그리스도에 대한 진정한 믿음에 의해서만 의로워질 수 있습니다.[01] 비록 내 양심이 나를 고소할지라도, 내가 하나님의 모든 계명을 심각하게 어겼으며, 그것 중 어느 것도 지키지 못하였으며,[02] 아직도 모든 죄악에 기울어져 있으며,[03] 나의 어떠한 공로가 없음에도 불구하고,[04] 순전히 하나님

---

01 로마서 3:21-28; 갈라디아서 2:16; 에베소서 2:8-9; 빌립보서 3:8-11.
02 로마서 3:9-10.
03 로마서 7:23.
04 신명기 9:6; 에스겔 36:22; 디도서 3:4-5.

의 은혜로 말미암아[05] 하나님께서는 마치 내가 전혀 어떤 죄도 짓지 않은 것처럼, 마치 내가 모든 것을 순종한 것처럼 그리스도께서 나를 위하여 순종하신 것을 인하여[06] 내게 그리스도의 완전한 속죄와 의로움과 거룩을 나의 것으로 인정해 주셨습니다.[07] 이제 내가 해야 할 것은 믿는 마음으로 이러한 유익들을 받아들이는 것입니다.[08]

❶ 의롭게 하시는 것은 하나님 아버지께서 회개하고 믿는 죄인들에게 베푸시는 법적 행위다. 하나님은 재판장이시다(시 50:6; 사 1:18). 그런데 죄인이 법정에 소환되었다(삼하 12:7). 이때 우리의 죄를 고소하는 자가 있는데, 우리의 양심이다(롬 2:15). 이 양심은 율법에 의해 깨어난다(요 5:45). 깨어난 양심은 내가 하나님의 계명을 심각하게 범하였으며, 계명의 어느 것 하나 지키지 않았으며, 여전히 모든 죄악에 기울어져 있는 것을 고소한다(롬 3:23).

우리가 모든 죄악에 기울어져 있다는 것은 우리의 옛사람, 즉 부패성을 의미한다(물론 이러한 옛사람은 중생한 자에게 아직도 남아서 여전히 활동한다)(롬 7:14, 21-23). 그래서 양심이 일어나 우리의 생각과 말과 행동으로 하나님의 계명을 어긴 것에 대해 고소한다. 이렇게 고소당하고 있는 죄인들은 자신에 대해 변명하거나 의롭다고 주장할 수 없다(욥 9:3). 하나님의 의로운 심판 앞에서 죄인들에게 돌아갈 것은 죽음의 선언밖에는 없다(겔 18:20). 따라서 죄인은 오직 재판장에게 자비를 베풀어 달라는 기도밖에 할 수 없다(눅 18:13).

❷ 그러나 그리스도께서는 우리의 범죄에 대해 심판을 받으셨다. 그것으

---

05 로마서 3:24; 에베소서 2:8.
06 로마서 4:3-5; 고린도후서 5:17-19; 요한일서 2:1-2.
07 로마서 4:24-25; 고린도후서 5:21.
08 요한복음 3:18; 사도행전 16:30-31; 로마서 3:22.

로 하나님을 완전하게 만족시키셨다(롬 5:19; 고후 5:14). 그리스도께서 인간으로 오셔서 구속을 위하여 완전한 순종을 하심으로써 그리스도의 의와 거룩이 나타났다(요 8:46; 벧전 2:22-24). 하나님의 아들인 그리스도께서 하나님께 대한 완전한 순종으로 의와 거룩을 확보하신 것이다.

이러한 그리스도의 의로움은 하나님에 의해 선택된 죄인들이 회개하고 믿을 때 선물로 인간에게 부여되는 것이다(롬 3:24). 그래서 우리가 마치 결코 죄를 짓지 않은 것처럼, 모든 계명을 다 지킨 것처럼 여김을 받는 것이다. 그리스도께서 순종하심으로 성취하신 것을 나에게 부여하셨기 때문이다(고후 5:19, 21; 롬 5:20).

선택된 죄인이 회개와 믿음을 가지고 있음으로 의롭다고 선언 받는 것은 성령의 유효한 역사다. 죄인의 심령에 그 죄가 사함 받았으며 의롭게 되었다는 선언이 성령의 역사로 나타나는 것이다. 그래서 용서받은 죄인은 하나님을 향하여 아바, 아버지라고 부르면서 자신이 하나님의 자녀가 되었다는 확신을 갖는다(롬 8:15-16).

❸ 하나님께서는 이러한 은덕들을 은혜로 주신다. 의롭다 함은 오직 진정으로 회개하고 믿는 자에게만 주시는 것이다. 따라서 진정으로 회개하고 믿는 자는 예수 그리스도로 인한 이러한 은덕들의 가치와 소중함을 이미 깨닫고 있는 자들이다. 그들은 자신의 행위로는 어떠한 의로움도 이룰 수 없다는 것을 철저히 인정하고, 그리스도의 의를 간구한다. 그래서 의에 주리고 목말라 하는 자의 모습을 가지며(마 5:6), 그리스도의 의를 덧입기 위해 그리스도께로 나아오는 것이다. 이렇게 그리스도께로 나아오는 것이 믿음이다.

여기서 오직 믿음으로 의롭게 된다는 것은 그리스도의 순종으로 인하여 완성된 의를 절대적으로 필요로 하는 가운데(행 4:12; 히 7:25) 의를 구하는 것이며(마 5:6), 그리스도 안에서 피난처를 삼으려고 달려가며(사 53:4-5), 그의 의로움 안에서 기뻐하고 즐거워하는 것을 말한다(롬 8:31-34).

질문 61. 왜 오직 믿음에 의해서만 의로워질 수 있다고 말합니까?

답 | 나의 믿음이 가치가 있기 때문에 하나님께서 나를 받아주시는 것이 아닙니다. 오직 그리스도의 속죄와 의와 거룩 때문에 내가 하나님 앞에서 의로운 자가 되는 것입니다.[01] 믿음 이외에 다른 방법으로는 의를 받을 수 없으며, 그 의를 나 자신에게 적용할 수 없습니다.[02]

❶ 하나님께서는 그리스도의 의를 근거로 사람을 의롭게 하시며, 의를 전가하시고 부여하신다. 따라서 진정으로 회개하고 믿는 죄인은 의의 전가에 의해 완전하게 의로운 자로 간주된다. 그가 전혀 어떤 죄도 짓지 않은 것처럼 받아주시는 것이다(롬 4:6).

바울은 아담의 죄가 우리에게 전가된 것과 같이 그리스도의 의가 우리에게 전가됨을 분명하게 말했다(롬 5:15, 19). 이렇게 그리스도께서 우리에게 전가하시는 의는 그가 완전한 순종과 속죄로 획득하신 것이다. 그리스도는 중보자로서의 사역을 완성하심으로 의를 확보하셨다. 그리고 이러한 그의 의를 유대인이나 이방인이나 구별 없이 믿는 자에게 전가하시는 것이다(롬 3:29-30).

❷ 그러면 우리의 믿음이 어떤 가치가 있어서 이렇게 우리를 의롭게 여겨

---

01 고린도전서 1:30-31; 2:2.
02 로마서 10:10; 요한일서 5:10-12.

주시는 것인가 하는 생각을 할 수 있다. 결코 그렇지 않다. 우리의 믿음이 가치가 있어서 우리를 받아주시는 것이 아니라, 그리스도의 속죄와 의와 거룩 때문이다. 여기서 우리의 진정한 믿음은 우리의 무가치함과, 우리의 행위가 불의로 가득 찬 것을 인정하는 것이다(빌 3:8-9). 자신의 어떤 행위로도 의로워질 수 없다는 것을 철저히 인정하는 것이 포함되어 있다. 율법을 지켜서 의로워지려는 노력도 해보았지만 불가능함을 철저히 깨닫고 있는 상태다. 즉, 율법을 완전하게 지킬 수 없음을 깨닫고 있는 것이다. 그래서 어쩔 수 없이 외부로부터 의를 덧입기를 갈망하는 것이다(갈 2:16; 롬 3:28).

여기에서 믿음은 도구와 같다. 믿음은 그리스도를 붙잡는 도구가 된다. 그리스도를 붙잡고 그에게 우리 자신을 연합시키는 것이다. 이 믿음은 단지 지식에 동의하는 수준이 아니다. 이것은 마치 죽을병에 걸린 병자가 명의를 붙잡는 것과 같다(막 2:17). 이러한 은혜의 과정 속에서 믿음이 발생되는데, 이것도 우리 자신에게서 나온 것이 아니라 하나님의 은혜에 의해서 된 것이다. 따라서 믿음에 대해서도 결코 우리가 내세우거나 자랑할 것이 없다.

❸ 믿음으로 의롭게 되는 과정, 혹은 그리스도의 의가 우리에게 적용되는 과정은 다음과 같다. 죄인이 하나님의 말씀과 성령에 의해 자신이 죄인인 것과 자신에게는 의가 없다는 것을 깨닫고 자신의 죄가 용서받기를 구하는데, 하나님께서 그리스도 안에 속죄를 마련하셨다는 것을 깨닫는다. 이것은 철저히 성령께서 말씀으로 그 영혼을 깨우쳤기 때문에 가능한 것이다. 그래서 용서함과 의를 덧입기 위해 그리스도께로 달려갈 때(믿을 때), 성령께서는 우리의 영으로 더불어 우리가 의롭게 되었으며, 하나님의 자녀가 되었다는 것을 증거하신다(롬 8:15). 성령께서는 유효하게 역사하심으로 구원의 확신을 주셔서 우리로 그 은혜를 분명하게 알게 하신다(롬 5:5).

❹ 따라서 의롭게 하는 믿음을 가진 자는 자신이 믿었기 때문이라고 자랑하거나 교만해지지 않는다(고전 1:29). 또한 의롭게 되었기 때문에 이제 구원은 따놓은 것이라고 하면서 태만하거나 게으르지도 않다. 불의한 자신을 받아주신 것에 감사하여 거룩하려고 애쓰게 되어 있다. 불의와 죄가 혐오스러운 것을 이미 철저히 경험하였기 때문에 죄에 대해 싸우려고 한다.

물론 이것은 그리스도에게 연합되었기 때문에 그 은덕들로 인하여 가능한 것이다. 믿음이 있다고 하면서 이러한 것들이 나타나지 않는다면 진정한 믿음인지 여부를 점검해보아야 한다(요일 2:4, 9). 만약 그 믿음이 거짓 믿음, 혹은 죽은 믿음이라면 의롭게 한 효과와 열매가 없을 것이기 때문이다(약 2:17).

거짓 믿음은 신앙고백도 있고 어느 정도의 영적 체험도 있지만, 겸손하지 않으며 하나님의 말씀을 지키려는 열심도 없다. 죽은 믿음은 신앙고백은 있지만 경건의 실천이 없다. 신앙고백만 있을 뿐 신앙고백에 합당한 삶의 증거가 없는 것이다. 이러한 거짓된 믿음은 자기 스스로는 아무리 신앙고백을 했다고 주장할지라도 구원에 이르는 믿음이 아니며, 의롭게 하는 믿음도 아니다. 다만 자신을 속이는 믿음에 불과하다.

제24주

질문 62. 왜 선행을 통해서는 전체적으로나 혹은 부분적으로도 하나님 앞에서 의로워질 수 없습니까?

답 | 하나님의 심판 앞에서 의로워질 수 있는 의는 절대적으로 완전해야 하며, 모든 면에서 하나님의 율법에 어긋남이 없어야 합니다.[01] 그런데 이 세상의 삶에서는 우리의 최고의 행위라 할지라도 그것은 불완전하며 죄로 더럽혀져 있기 때문입니다.[02]

❶ 행위로 의로워지려는 생각은 그가 아직 회개하는 심령이 없다는 증거다. 그리고 아직 그 심령이 낮아지지 않았다는 증거다. 왜냐하면 성령의 역사로 인해 죄인이 자신의 죄를 깨닫고 그 죄를 없애려고 노력하고 애쓰지만, 결국 그렇게 할 수 없다는 것을 알게 되고, 겸손하게 되기 때문이다.
이 세상에서 가장 거룩한 사람이 가장 뛰어나고 선한 일을 하였을지라도

---

01 신명기 27:26; 갈라디아서 3:10.
02 이사야 64:6.

의로워질 수는 없다. 욥은 "인생이 어찌 하나님 앞에 의로우랴 사람이 하나님께 변론하기를 좋아할지라도 천 마디에 한 마디도 대답하지 못하리라"(욥 9:2-3)고 말했다. 다윗도 하나님께서 인생의 죄악을 살피실 때(시 130:3-4), "주의 눈앞에는 의로운 인생이 하나도 없나이다"(시 143:2)라고 했다. 하나님의 사랑을 크게 받은 다니엘도, "우리가 주 앞에 간구하옵는 것은 우리의 공의를 의지하여 하는 것이 아니요 주의 큰 긍휼을 의지하여 함이니이다"(단 9:18)라고 했다.

❷ 우리의 어떤 의로운 행위로도 우리를 의롭게 할 수 없다. 또한 우리의 어떠한 행위로도 하나님의 심판을 견뎌낼 수 없다. 왜냐하면 우리의 어떤 행위로도 하나님의 율법을 완전하게 지킬 수 없기 때문이다. 우리가 보기에 완전해 보이는 행위일지라도 그것은 죄에 오염되어 있다(왕상 8:46; 잠 20:9; 전 7:20; 마 6:12; 약 3:2; 요일 1:8). 우리의 선한 행위는 너무도 쉽게 우리의 이기적인 동기들과 목적들로 오염되어 있다(마 19:27).

젊은 부자 청년이 스스로 율법을 지킨 것을 자랑스럽게 말하였지만, 그의 내면에는 재물을 사랑하는 탐욕이 가득했었다(눅 18:21-23). 이사야 선지자는 "무릇 우리는 다 부정한 자 같아서 우리의 의는 다 더러운 옷 같으며 우리는 다 잎사귀같이 시들므로 우리의 죄악이 바람같이 우리를 몰아가나이다"(사 64:6)라고 말했다. 그러므로 우리의 선한 행위는 우리를 의롭게 하는 데 어떤 역할도 감당하지 못한다.

더욱이 우리 자신에게는 선을 행할 수 있는 능력이 없다. 따라서 선행이 있다 할지라도 그것을 우리 스스로의 것으로 돌릴 수가 없다(요 15:5; 고전 4:7). 따라서 회심 이전에 자기 행위로 의를 세우려고 했던 바울은 회심 이후 오직 믿음으로 의를 구하는 자가 되었다(갈 2:16; 빌 3:8-9). 행위로 의로워지려는 자는 아직도 교만한 자다. 자기 자신의 무능을 인정하지 않으며 고집스럽고 그 심령이 낮아지지 않았으며, 통회하는 심령도 없는 상태다. 하나님의 은혜 대신에 여전히 자신의 행위를 의지하는 자다.

❸ 우리는 오직 하나님의 은혜와 그리스도의 의로 의로워질 수 있다. 만약 우리의 행위가 우리가 의롭게 되는 데 한 부분의 역할이라도 맡는다면, 의로워지는 것이 결코 은혜가 될 수 없다. 의롭게 되는 죄인들은 자신이 얼마나 부정한 자이며 불의한 자인 것을 철저히 인정하고 깨닫고 있다. 그래서 자신 스스로 의로워지려는 행위를 포기하고, 의로움을 덧입기 위해 하나님께 간구하고 청원한다. 행위가 아니라 오직 믿음으로 의롭게 된다는 교리는 이처럼 죄인이 통회하고 자신의 불의함을 인정하며, 의로움을 덧입기 위해 철저히 주님 앞에 겸손하게 되는 과정을 말하는 것이다.

그러나 이러한 과정을 생략한 채 단지 이신칭의 교리의 인정과 입술의 고백만으로 의롭게 된다고 생각하는 것은 믿음으로 의롭게 된다는 교리를 제대로 깨닫지 못하고 있는 상태다. 죄인을 의롭게 하시는 하나님의 그 은혜가 얼마나 크며, 죄인들에게 얼마나 행복한 것인지를(롬 4:5-6) 아직 깨닫지 못하고 체험하지 못한 상태다.

질문 63. 하나님께서는 이 세상과 장래에 올 세상에서 선행에 대해 보상해주시겠다고 약속하셨는데, 왜 당신은 선행이 공로가 될 수 없다고 합니까?[01]

답 | 그 보상은 노력의 대가가 아니라 은혜입니다.[02]

❶ 질문 63번과 64번은 이신칭의 교리를 반대하는 것에 대해 다루고 있다. 질문 63번은 성경에서 의로움과 하나님 앞에서 거룩한 삶을 추구하였던 자에 대해 보상을 약속하고 있는 것에 근거해서(창 15:1; 시 19:11; 마 5:12; 딤전 4:8) 이신칭의 교리에 대해 문제를 제기하고 있다.

더욱이 그 보상은 이 세상에서와 오는 세상에서 주실 것이라는 말씀을 언급하면서 이신칭의 교리에 대해 반대한다. 성경에서는 분명히 선한 행위와 부지런할 것을 독려하고 있으며, 그것에 대한 보상을 약속하고 있다. 그러나 선한 행위가 공로가 되는 것은 아니다.

❷ 보상은 주께서 우리에게 빚을 갚는 것이 아니다(롬 11:35). 더욱이 우리는 하나님께 보상을 요구할 수 없다. 그 이유는 첫째, 우리는 선한 행위를 하도록 명령을 받았기 때문이다(눅 17:10). 우리가 해야 할 마땅한 의무를 한 것이기 때문에, 그것에 대해 보상을 요구할 수 없는 것이다.

둘째, 우리의 선한 행위는 사실 우리에게서 나온 것이 아니다. 하나님께서 우리 가운데 일하셔서 된 것이다(빌 2:13). 셋째, 사실 주님께서는 무엇이 부족해서 우리의 선행을 필요로 하시는 분이 아니시다(행 17:24). 넷째, 우리가 이

01　마태복음 5:12; 히브리서 11:6.
02　누가복음 17:10; 디모데후서 4:7-8.

땅에서 선을 행한 것과 주님께서 보상해주는 것은 결코 같지 않다. 주님의 보상이 훨씬 넘치기 때문에 비교할 수 없는 것이다(롬 8:18; 고후 4:17). 그래서 우리가 봉사한 것과 보상은 관계가 없다(마 25:21).

다섯째, 우리의 선한 행위는 사실 완전한 것이 아니다. 그래서 우리의 선행이 하나님께 유익되는 것이 아니다(욥 22:2-3). 따라서 만약 자신이 경건하다고 생각하며 마땅히 하나님께로부터 약속된 보상을 받을 것이라고 생각하고 그것을 추구하는 자는 교만한 자이며, 아무것도 모르는 자다(딤전 6:4).

❸ 주께서 보상해주시는 것은 우리의 행위를 공로로 여겨서 주시는 것이 아니라 은혜로 주시는 것이다. 아비가 자식을 불쌍히 여겨 주시는 것과 같다(시 103:13). 우리가 일한 것보다 훨씬 많은 삯을 받는 것은 그것이 은혜라는 증거다. 따라서 우리는 은혜의 보상이라고 불러야 한다(마 20:14-15; 요 4:36-38).

이처럼 우리의 부족한 행위에도 불구하고 은혜로 넘치게 보상해주시는 것은 하나님께서 우리의 선행에 대해 기뻐하심을 보여주시는 것이다(마 25:21; 10:41-42). 또한 우리가 고난과 어려움 가운데서도 인내하면서 선행하기를 원하고 계심을 보여주시는 것이다(고전 9:24; 딤후 2:5; 히 11:26; 계 2:10).

❹ 따라서 우리가 하나님 앞에서 의와 거룩함 가운데 행하여 의롭다 함을 받는 것이 결코 아니다. 하나님은 우리의 선한 행위의 보상으로 우리를 의롭다고 하시는 것이 아니다. 또한 우리의 행위에 대한 보상으로 우리가 영원한 생명을 얻는 것도 아니다. 그 행위들은 여전히 부족한 것이며, 보상을 요구할 만큼 온전한 것이 결코 아니다. 따라서 우리의 선한 행위의 보상으로 영원한 생명을 받는 것이 아니며 오직 은혜로 받는 것이다.

질문 64. 그러나 이러한 교리가 사람들로 선행에 대해 무관심하며, 경건치 못하게 만드는 것은 아닙니까?

답 | 결코 그렇지 않습니다. 참된 믿음으로 그리스도께 연합된 자가 감사의 열매를 맺지 못한다는 것은 불가능한 일입니다.[01]

❶ 이신칭의의 교리에 대해 반대하는 자들은 행위 없이 오직 믿음으로 의롭게 된다는 교리가 사람들을 행위에 무관심하게 만들 것이라고 주장한다. 하나님께서 행위에 대해 보상해주시는 것이 아니라 그것마저도 은혜로 주신다면 사람들이 행위에 대해 전혀 관심을 가지지 않을 것이기 때문에 바른 교리가 아니라는 것이다. 또한 이러한 교리들이 사람들을 경건에 힘쓰지 않게 만들고, 결국은 경건하지 못하게 만들 것이라는 논리를 가지고 이신칭의 교리를 반대한다. 이신칭의 교리로 인하여 사람들이 잘못된 구원의 확신을 가지게 될 것이라는 이유로도 반대한다.

따라서 이러한 논리로 이신칭의의 교리에 문제를 제기하는 자들은 그 교리를 뒤틀거나 변경한다.[02] 실제로 이러한 논리는 존 웨슬리에게서 발견된다. 웨슬리는 이신칭의 교리에서 죄 사함만을 믿고, 예수님의 의가 믿는 죄인에게 전가된다는 것은 믿지 않았다. 왜냐하면 만약 사람들에게 의가 전가되었다면, 사람들은 더 이상 선한 행위에 관심을 두지 않게 될 것이라고 생각했기 때문이다.

❷ 이신칭의 교리가 사람들을 경건에 힘쓰지 않게 하는 것은 불가능하다.

---

01 마태복음 7:18; 누가복음 6:43-45; 요한복음 15:5.
02 오늘날 바울의 새 관점(New Perspective on Paul)도 여기에 해당된다.

참된 믿음으로 그리스도 안에 접목(심겨진)된 자는 의롭다 여김을 받는다. 그리고 그리스도에게 친밀하게 연합됨으로(롬 9:47) 그리스도 안에 있는 모든 은덕들을 누리며 그것들을 유용하게 사용할 수 있게 된다.

그리스도 안에 있는 은덕들 가운데 성령의 도우심은 큰 특권 중의 특권이다. 그리스도에게 연합된 자는 거룩하게 하시는 성령에 참여하게 되는 것이다(갈 5:24; 요일 3:9; 마 7:18). 따라서 마땅히, 그리고 당연히 그리스도에게 접목된 자는 거룩한 삶을 추구하게 된다. 옛사람과 싸우며, 죄와 싸우게 되어 있다. 과거의 죄에 대해 미워하고, 그 죄를 죽이려고 애쓰게 된다(롬 8:2, 12-13). 그리스도에게 접목된 자는 성령이 강권하시는 대로 움직이게 되어 있다(요 3:8). 그 성령께서는 계명을 지키도록 고무시키고 이끄신다(롬 8:4). 따라서 참된 믿음으로 의롭다 여김을 받은 자가 경건한 삶과 행위들에 대해 무관심하거나 경건치 못한 모습으로 살아갈 수는 없는 것이다.

만약 자신에게 믿음이 있다고 말하면서, 혹은 예수님을 안다고 말하면서 그의 계명을 지키지 않거나 계명을 무시하고 거룩한 삶에 대해 주의를 기울이지 않는다면 그는 거짓말하는 자다. 그리고 그가 말하는 믿음은 참된 믿음이 아니다. 그러한 잘못된 믿음은 의롭게 하는 믿음이 아니다. 따라서 그가 의롭게 되었다고 생각하는 것은 자기 스스로의 거짓 확신에 불과한 것이다(요일 2:4, 9). 그래서 요리문답서는 자기 스스로 확신을 갖는 거짓 믿음과 구별하기 위해 '참된 믿음'이라는 단어를 사용하고 있는 것이다.

❸ 물론 이신칭의와 죄 용서의 교리를 오용하거나 남용해서 여전히 죄 가운데 있는 자들을 볼 수 있다(유 1:4; 롬 6:1). 그러나 성경은 이러한 태도에 대해 단호하게 말한다. 로마서 6장 2절에서는 죄에 대하여 죽은 우리가 죄 가운데서 계속 살 수 없음을 분명하게 말하고 있다. 물론 그 이유는 그리스도와

의 연합 때문이라고 설명한다(롬 6:4-5). 따라서 이신칭의 교리가 선행에 대해 무관심하거나 경건치 못한 삶으로 인도하는 것이 아닌가 반문하는 자들은, 의롭게 하는 진정한 믿음의 성질과 그 믿음이 그리스도께로 연합하게 하는 원리를 모르는 자들이다.

❹ 의롭게 하는 진정한 믿음은 자신의 불의와 죄에 대해 철저하게 인정하고 낮아지게 한다. 그래서 불의한 자신을 받아주시는 하나님의 구속의 은혜와 그리스도의 속죄에 대해 진정으로 감사하게 된다. 따라서 자신의 불의를 가리고 받아주신 그 하나님을 사랑하게 되어 있다(요일 5:1). 그리고 하나님께 대한 사랑은 계명을 지키는 것으로 나타나게 되어 있다.

이때 하나님을 사랑하는 자는 계명이 무겁거나 힘들다고 불평하지 않는다. 오히려 즐거움으로 기꺼이 지키려고 한다(요일 5:3). 따라서 상을 바라보고 선행을 한다기보다 하나님께 감사함으로 기꺼이 선행을 추구하는 것이다. 이것은 결코 이기적인 마음에서 나올 수 없다(고후 5:14-15; 딛 3:7, 8).

제25주

질문 65. 우리는 오직 믿음으로 그리스도와 그의 모든 은덕에 참여하게 되었습니다. 그렇다면 이 믿음은 어디서 오는 것입니까?

답 | 복음 설교들을 통해[01] 성령께서[02] 우리 마음에 믿음이 일어나게 하시며, 성례를 사용하여[03] 믿음을 강하게 하십니다.

❶ 성령께서 우리에게 믿음을 주신다. 성령께서는 하나님의 말씀과 성례를 통하여 우리에게 믿음을 주시고 강화시키신다. 믿음은 하나님의 말씀에 의해 생산되고 성례로 확증된다. 이것을 은혜의 수단이라고 부른다. 먼저 성령께서 하나님의 말씀을 수단으로 사용하셔서 하나님의 말씀을 듣는 자들에게 믿음이 일어나게 하신다(롬 10:17). 고넬료도 하나님의 말씀을 듣는 가운데 믿음이 형성되었다(행 10:44). 이것은 하나님께서 정하신 방법이다

---

01 로마서 10:17; 베드로전서 1:23-25.
02 요한복음 3:5; 고린도전서 2:10-14; 에베소서 2:8; 빌립보서 1:29.
03 마태복음 28:19-20; 고린도전서 10:16.

(고전 1:22). 예수께서 사울을 구원하실 때에도 그로 하여금 말씀을 듣게 하셨다(행 9:18). 하나님의 말씀을 들으면서 성령에 의해 영혼이 깨어나는 것은 하나님께서 정하신 통상적인ordinary 수단이다.

❷ 하나님의 말씀은 하나님과 하나님의 아들에 대해, 그리고 우리의 구속과 영원한 구원에 대해 가장 위대한 계시들을 담고 있다. 이 말씀을 성령께서 선택된 자들의 심령에 유효하게 증거하시는 것이다(롬 1:16). 그래서 영혼들은 호기심이 아니라 구원을 갈망하면서 하나님의 말씀을 듣고 읽는다(벧전 2:3). 성령께서 조명하시는 역사를 간구하기도 한다(시 119:18).
 이렇게 성령님의 역사로 하나님의 말씀을 들은 영혼은 전능하신 하나님에 대해 공경하는 마음이 생긴다(출 3:5). 또한 그 의미들을 찾기 위해 하나님의 말씀을 철저하게 연구한다(행 17:11). 부지런히 읽고 생각하며(골 3:16) 읽고 들은 말씀을 마음에 간직한다(눅 2:19; 11:28). 그리고 자신의 심령에 적용한다(시 119:105; 약 1:22-24).

❸ 성령께서는 선택된 자의 마음에 믿음이 일어나게 하기 위해 우리의 마음에 영적 이해력을 주신다. 우리 자신이 불의하다는 것을 확실히 알게 하시며 그리스도에 관한 것과 구원의 방법에 대해 확신을 갖게 하신다. 또한 그리스도 안에 있는 하나님의 영광에 대한 분명한 지식을 갖게 하신다(고후 4:6). 우리의 의지의 성향을 진리에 안착하도록 역사하시고, 그것에 대한 확신이 일어나게 하신다(히 4:12; 렘 23:29; 요 6:37, 44; 행 16:14). 따라서 이전에는 영적인 것이 싫었으나 이제는 영적인 것을 취하고자 하는 마음을 갖게 된다(겔 36:26).

❹ 성령께서는 하나님의 말씀을 통해 우리의 심령에 일어나게 하셨던 믿음을, 성례를 통해 강화시키신다. 전에는 그저 들은 말씀이었지만 이제는 보고 느끼는 말씀이다. 그래서 어거스틴은 성례를 '보는 말씀'이라고 불렀다. 성례는 우리에게 그리스도를 주신 것을 보는 것이다. 우리가 그 안에 있음을 확신하게 하고, 그 안에 있는 영적 은혜들을 누리고 있음을 보여 준다.

에티오피아 내시는 세례를 받기 원했다. 그는 세례를 통해 구원받으려는 것이 아니었다. 그는 믿음의 확증을 원하였다(행 8:36-38). 그러나 그는 그리스도를 깨달아 믿음으로 약속된 구원을 붙잡았다. 이처럼 믿음이 강화되어야 할 이유는 우리의 죄성과 악한 세상이 계속해서 공격하기 때문이다. 그래서 하나님은 말씀과 성례의 수단을 주셔서 우리의 믿음을 강화시키신다.

질문 66. 성례란 무엇입니까?

답 | 성례란 하나님께서 목적을 가지고 정하신 것으로 눈에 보이는 거룩한 표식이며 날인입니다. 성례를 사용하여 복음의 약속을 좀 더 명확하게 이해할 수 있게 하며,[01] 하나님께서 친히 자신의 약속을 보증하신 것입니다. 하나님께서 약속하신 복음이란 그리스도께서 단번에 십자가에서 영원한 속죄를 드림으로써 우리의 죄를 용서해주시고 영생을 주신 것입니다.[02]

❶ 성례는 눈으로 보이는 표식과 인증으로 하나님 혹은 그리스도에 의해 제정된 것이다. 성례는 보이지 않는 천상의 은혜를 나타내고 우리에게 확신

---

01 창세기 17:11; 신명기 30:6; 로마서 4:11.
02 마태복음 26:27-28; 사도행전 2:38; 히브리서 10:10.

을 준다. 이렇게 눈으로 보이는 표식은 눈에 보이지 않는 은혜와 관련되어 있다. 예를 들면, 구약에서 아브라함으로부터 내려온 할례는 언약된 백성으로서 하나님께 드려진 것을 나타낸 것이다(창 17:1-11). 유월절은 하나님께서 퍼부으실 심판을 넘어가게(유보) 하는 것이었다(출 12:13). 이로 인하여 하나님의 공동체가 분명하게 드러났다(출 12:4, 6).

물은 정화를 의미하므로 세례는 죄에서 정화된 것을 나타낸다(행 22:16). 주의 성찬에서 떡을 떼고 포도주를 나누는 것은 십자가에서 그리스도께서 몸이 찢기고 피를 흘리신 것을 나타내는 표식이다(고전 11:24; 마 20:28). 따라서 교부들은 성례를 눈에 보이지 않는 은혜를 나타내는 표식이라고 불렀다.

❷ 눈에 보이는 표식이기 때문에 직접 느낄 수 있다. 설교를 통해서도 하나님의 약속을 인식하고 깨닫지만, 성례는 눈으로 보고 직접 느낄 수 있는 것이다. 이것을 거룩한 것으로 부르는 이유는 거룩하신 하나님에 의해 주어졌기 때문이며, 믿음의 비밀들을 나타내기 때문이다. 따라서 성례에는 목적이 있기 때문에 경외심을 가지고 사용되어야 한다. 거룩한 것이란 통상적인 것에서 구별되어 하나님께 드려진 것을 의미한다(출 29:33). 이것은 하나님에 의해 지정된 것으로서 하나님의 약속을 나타내는 것이다(시 111:4; 행 7:8; 출 12:27; 마 28:18-19, 고전 11:23).

❸ 성례의 목적은 그리스도의 희생을 기념하여 믿음을 확증하기 위한 것이다. 성례를 통해 우리는 죄 용서함과 영원한 생명에 대해 확신을 가지게 된다. 성례는 표식으로 우리에게 믿음의 확증을 주며, 특별히 복음의 약속들에 대해 확신을 준다. 즉, 성례는 우리가 약속에 대해 믿음을 가지도록 인도한다. 이것은 단지 표식으로 끝나는 것이 아니라, 보증의 기능을 한다(롬 4:11;

고전 11:24-25).

그리스도께서는 주의 성찬을 마지막 유월절과 연계하여 제정하셨다. 주의 성찬은 자신이 십자가에 드리는 희생으로 우리에게 죄의 용서를 베푸시고 영원한 생명을 허락하시는 복음의 약속을 확증하는 기능을 한다.

❹ 성례는 말씀의 사역자에 의해 시행된다. 성례의 가치가 그 집행자에 의해 생겨나는 것은 아니다(고전 4:1, 4). 오직 하나님의 말씀에 의해 효과를 가지는 것이다. 개혁 교회는 성례가 개인적이거나 사적으로 시행되는 것을 반대했다. 특히 개인적으로 급하게 세례 베푸는 것을 반대했다. 주의 성찬에 참여한다고 할 때, 이는 실제적 교통, 혹은 상호 참여를 의미하기 때문에 공적으로 시행되어야 한다.

질문 67. 그렇다면 말씀과 성례는 우리의 구원의 근거로 십자가에 달리신 그리스도의 희생에 대해 우리의 믿음을 향하게 하는 목적이 있습니까?

답 | 예. 바로 그것입니다. 성령께서는 복음을 통해 우리에게 가르치시며, 성례로 우리의 구원 전체가 십자가에서 자신을 내어주신 그리스도의 희생에 달려 있다는 것을 확신시키십니다.[01]

❶ 하나님의 말씀을 듣는 것과 성례 자체가 구원을 발생시키는 것은 아니

01　로마서 6:3; 고린도전서 11:26; 갈라디아서 3:27.

다. 말씀과 성례는 십자가에서 우리를 위해 성취하신 그리스도의 희생에 초점을 두고 있으며, 우리는 믿음으로 그것을 붙잡는 것이다. 믿음이 없다면 세례가 아무런 유익이 없다(롬 2:25). 시몬은 세례를 받았으나 결국 믿음이 없는 것으로 드러났었다(행 8:13).

❷ 하나님의 말씀과 성례 모두 그 내용은 같다. 우리 구원의 유일한 근거인 그리스도의 희생에 초점을 두고 있다(고전 3:11). 복음의 핵심은 그리스도의 희생을 통한 구속이다. 이는 옛 언약에서 약속되고 예표되었으며 새 언약에서 성취되었다(고전 1:23). 옛 언약과 새 언약에서 성례는 그리스도의 희생을 나타낸다(롬 6:3; 고전 11:26).

❸ 성례는 말씀과 분리해서 생각할 수 없다. 단지 다른 것이 있다면, 말씀은 듣는 것이지만 성례는 보는 것이다. 말씀은 믿음을 일으키고 강화시키는 반면, 성례는 오직 믿음을 강화시키는 것이다. 성령께서는 하나님의 말씀을 통해 믿음으로 깨어나게 하시며 성례를 통해 그 믿음을 확실하게 하신다.

말씀은 구원에 있어서 반드시 있어야 하지만 성례는 반드시 있어야 하는 것은 아니다. 그러나 주께서 성례를 제정하셨기 때문에 필요 없는 것은 아니다. 그것은 하나님의 명령으로서 우리에게 필요하다. 말씀은 약속에 대해 분석하고 설명하지만 성례는 통합적이다. 즉, 약속에 대한 간단한 요약과 같다. 따라서 성례의 표식들이 나타내고자 하는 것을 놓치고 단지 공허한 의식처럼 준수되어서는 안 된다.

질문 68. 새 언약, 혹은 신약성경에서 그리스도께서는 몇 개의 성례를 정하셨습니까?

답 | 두 가지입니다. 즉, 세례와 성찬입니다.[01]

❶ 옛 언약에서의 다양한 모형들이 신약의 성례에 적용된다. 홍해 바다를 건넌 일과 구름 기둥, 그리고 만나와 바위에서 물이 나온 것 등이다(고전 10:1-4). 고린도전서 10장에서 그리스도는 바위로 비유되고 있다. 물론 영적인 의미에서다.

옛 언약에서는 새 언약에서처럼 오직 두 개의 성례가 있다. 피를 흘리는 두 개의 성례인데, 할례와 유월절 제사다. 물론 할례와 유월절 제사는 임시적 성격을 가지고 있다. 할례는 하나님의 언약으로 받아들여진 것을 나타내며, 그 심령이 정화된 것(중생)에 초점을 두고 있다. 이것은 오직 한 번 행한다(창 17:7-14; 신 30:6). 유월절 제사는 어린양의 피를 통한 구속을 나타내며, 언약의 갱신을 구성한다. 그래서 매년 반복되었다(출 12:13, 25-27).

❷ 옛 언약에서의 두 개의 성례는 새 언약에서 세례(골 2:12)와 성찬(눅 22:14)으로 대체되었다. 새 언약에서의 세례는 중생의 보증이며, 하나님의 언약 안에 받아들여진 것을 나타낸다. 그래서 오직 한 번 행한다(골 2:11-13). 그런데 성찬은 새로운 사람으로서 믿음 안에서, 언약의 연속되는 갱신 속에서 자라나는 표식이다. 그래서 이것은 자주 행해진다(고전 5:7).

이 두 성례는 그리스도께서 제정하신 것으로 초대 교회에서부터 시행되어왔던 것이다. 그리스도께서는 지상에서의 구속 사역의 마지막 시점에 이

---

01 마태복음 28:19-20; 고린도전서 11:23-26.

것을 제정하셨다. 주의 성찬은 자신이 십자가에 달려 죽으시기 직전에 정하셨고, 세례는 하늘로 돌아가시기 직전에 정하셨다(마 28:18-20).

❸ 그러나 로마 가톨릭 교회는 7가지 성례를 주장한다. 영세, 성체 성사, 견진 성사, 고해 성사, 결혼 성사, 성품 성사, 종유 성사를 성례라고 말한다. 그러나 여기에는 스스로 모순이 존재한다. 예를 들어 사제들은 결혼 성사를 받을 수 없다. 그리고 성체 성사에서는 사제 이외에는 포도주를 받지 못한다. 구원받은 백성이 받을 수 없다면 그것은 성례가 아니다.
그리고 성직자와 평신도를 구별하는 데 성례를 사용한다. 하나님의 말씀은 이러한 것들에 대해 증거하지 않는다. 더욱이 초대 교회는 세례와 성찬 이외의 다른 성례를 시행하지 않았다. 따라서 성례는 오직 세례와 성찬뿐이다.

제26주

질문 69. 십자가에서 이루신 그리스도의 속죄 사역이 당신을 위한 것임을 세례가 어떻게 기억나게 하고 확신시켜줍니까?

답 | 우리의 더러운 몸을 물로 씻어내듯이, 그리스도의 보혈과 성령으로써 나의 죄로부터 나의 영혼을 정결케 하시겠다는 약속 위에[01] 그리스도께서 물을 가지고 외부적으로 씻는[02] 제도를 정하신 것입니다.

❶ 옛 언약에서 물이나 피를 뿌리는 의식이 있는데, 정결케 함과 거룩하게 구별됨을 상징하는 행위였다. 희생의 제사와 함께 물을 뿌리는 것은 민수기 19장에 기록되어 있으며, 피를 뿌리는 것은 출애굽기 29장 21절과 레위기 14장 7절에 나타난다. 이와 같이 물과 피를 뿌리는 의식을 통해 선지자들은 때가 되면 하나님께서 직접 유대인(겔 36:25-27)과 이방인(사 52:15) 모두를 영적으로 씻으시고, 갱신시키실 것에 대해 선포하였다(히 12:24).

---

01 마태복음 3:11; 마가복음 16:16; 요한복음 1:33; 사도행전 2:38; 로마서 6:3-4; 베드로전서 3:21.
02 마태복음 28:19.

❷ 예수님보다 앞서서 세례 요한은 물로 세례를 베풀었다. 예수님 자신도 세례 요한에게 세례를 받으셨다(마 3:15). 예수님은 회개의 세례를 받아들이셨는데, 이는 예수님 자신이 죄가 있기 때문이 아니라 세상 죄를 지고 가실 어린양이었기 때문이다. 세례는 제자로 받아들여지는 표식이기도 하다. 세례는 그리스도의 속죄의 제사에 근거해서 죄 용서함 받은 증거가 된다. 그래서 그리스도께서 새 언약에서 세례를 성례로 정하신 것이다(마 28:19).

❸ 세례에 대해 물에 잠기는 것으로 표현하는 구절들이 있다. 옛사람이 죽고 새로운 사람이 태어나는 것에 대한 표현이다(롬 6:3-4; 골 2:12; 엡 5:26). 동방교회는 아직도 물에 잠기는 세례를 행한다. 그런데 서방 교회는 13세기 이후에 물에 잠기는 것 대신 물을 뿌리는 것으로 시행하였다. 물을 머리에 뿌리는 것은 머리가 물에 완전히 잠기었다는 것을 나타낸다. 사도들도 그리스도의 보혈을 뿌리는 것으로 말하고 있다(벧전 1:2; 히 10:22; 12:24).

이러한 세례의 방식에 대해 칼빈은 '물에 완전히 잠기는 것이든지, 물에 잠기는 것을 세 번 혹은 한 번 하든지, 아니면 물을 뿌리는 것이든지 이것은 중요한 것이 아니다. 비록 초대 교회가 물에 잠기는 것을 시행했지만, 이것은 그 상황에 따른 교회의 결정에 맡겨야 한다'고 했다.

❹ 세례는 내가 분명히 그리스도의 보혈과 성령으로 인하여 깨끗이 씻김 받은 것을 기억하게 하고 확신하도록 만드는 증거다. 즉, 그리스도의 보혈과 성령으로 우리의 모든 죄를 씻는 것을 나타내는 표식이다. 영적으로 정결하게 된 것을 증거함으로 우리에게 확신을 주는 것이다. 오염되고 더러운 몸이 흉하듯이(문둥병자의 피부 상처와 몰골이 흉한 것처럼) 죄로 오염된 영혼의 더러움이 깨끗이 씻김을 받는 것이다.

따라서 세례는 그리스도의 보혈의 중요성을 더욱 생각나게 한다. 세례는 옛사람이 죽은 것을 더욱 생각나게 하고, 영적으로 깨어난 새사람으로서 거룩을 사모하고 하나님의 영광에 대한 목적이 분명해진 것을 기억하게 한다. 따라서 세례는 그리스도께서 자신의 보혈과 성령으로 택하신 죄인을 깨끗이 씻는 것을 증거하는 것이며, 보이는 것으로 보이지 않는 무한한 은혜를 나타내는 것이다.

질문 70. 그리스도의 피와 영으로 씻음을 받는다는 것은 무슨 의미입니까?

답 | 그리스도의 피로 씻음을 받았다는 것은 그리스도께서 십자가에서 우리를 위하여 흘리신 피로 말미암아 하나님께서 은혜로 우리 죄를 용서하셨다는 것을 의미합니다.[01] 그리스도의 영으로 씻음을 받았다는 것은 성령으로 우리를 거듭나게 하시고 그리스도의 지체가 되도록 거룩하게 하셨으며, 그 결과로 우리가 죄에 대하여는 죽고 거룩하고 책망할 것이 없는 삶을 살도록 인도하신다는 것을 의미합니다.[02]

❶ 그리스도의 속죄의 희생은 선택하신 죄인들의 죄를 용서하는 근거를 마련하셨다. 그리스도는 선택된 자들을 위하여(그들의 자리에 들어가셔서) 십자가에서 피 흘리시고 돌아가셨다(계 1:5). 그리스도가 십자가에서 흘리신 보혈은 성령으로 인하여 선택하신 죄인들에게 적용되어 죄가 씻겨지는 것이다.

---

01 에스겔 36:25; 스가랴 13:1; 에베소서 1:7; 히브리서 12:24; 베드로전서 1:2; 요한계시록 1:5; 7:14.
02 요한복음 3:5-8; 로마서 6:4; 고린도전서 6:11; 골로새서 2:11-12.

그래서 그리스도의 보혈은 실제적으로 우리에게 유익을 준다. 이것으로 우리의 죄가 용서받는 것이다(행 2:38). 이것은 하나님께서 거저 주시는 은혜다(딛 3:5-7). 하나님께서 그리스도의 희생으로 선택하신 죄인들의 죄를 용서하시는 것이다. 그래서 죄의 용서함을 받은 죄인들은 더 이상 정죄에 대한 두려움이 없어지게 된다.

❷ 그리스도의 영에 의해 씻김을 받는다는 것은 성령께서 선택된 죄인 안에 역사하셔서 그의 심령을 중생시키시는 것을 말한다. 이것은 성령에 의한 것이다(요 3:5; 고후 5:17). 성령께서는 영혼을 거룩하게 하여 그리스도의 교회의 회원으로 받아들이기에 합당하게 하신다(엡 1:23; 고전 12:13). 그리고 진정으로 중생한 영혼에게 성화가 시작된다. 따라서 칭의와 성화는 반드시 연결되어 있는 것이다.

의롭다 여김을 받은 자에게는 즉시로 거룩과 경건을 추구하는 삶이 시작된다. 즉, 죄에 대해서는 점증적으로 더욱 죽고, 거룩하고 책망할 것이 없는 거룩한 삶으로 인도된다(갈 3:17; 골 2:6; 롬 6:4). 점증적이라는 것은 성장을 의미하는 것이다(엡 4:15). 따라서 그리스도께서 우리 안에 역사하신 것을 성령으로 인하여 더욱 확신하게 된다.

❸ 그리스도의 은덕은 칭의와 성화다. 씻김을 받는다는 것은 그리스도의 보혈의 은덕으로 의롭다 여김을 받는 것이다. 그리스도의 보혈은 의롭게 하며, 그리스도의 영은 거룩하게 한다. 그리스도의 보혈은 죄와 죄에 대한 심판을 거두어가며, 그리스도의 영은 죄의 힘을 거두어간다. 그리스도의 보혈은 하나님 앞에서 의롭게 하며, 그리스도의 영은 우리 안에서 하나님의 형상을 만들어 가는 것이다.

그리스도의 보혈로 말미암은 은덕은 이렇게 두 가지인데, 이것은 분리될 수가 없다. 즉, 어떤 사람이 자신이 의롭다 여김을 받았다고 생각하는데 그에게 거룩한 삶의 추구가 없고, 또한 완전하지는 않지만 거룩한 삶이 전혀 나타나지 않으면 그것은 그에게 아직 의롭다 여김을 받는 칭의가 일어나지 않은 것이다. 그는 자신을 속이고 있는 상태다. 의롭다 여김을 받으면 반드시 성화로 나타나거나 증거되기 때문이다. 그래서 히브리서 12장 14절에서는 성화 없이는 구원이 없다고 말하고 있는 것이다. 더욱이 예수님께서도 열매로 나무를 알리라고 말씀하셨기 때문이다(마 12:33).

질문 71. 우리가 물세례로 씻음을 받는 것처럼 그리스도께서 그리스도의 보혈과 영으로 우리를 확실하게 씻는다는 약속이 어디에 있습니까?

답 | 그리스도께서 세례를 제정하실 때 "그러므로 너희는 가서 모든 민족을 제자로 삼아 아버지와 아들과 성령의 이름으로 세례를 베풀라"[01]고 하셨고, "믿고 세례를 받는 사람은 구원을 얻을 것이요 믿지 않는 사람은 정죄를 받으리라"[02]고 말씀하셨습니다. 이 약속은 세례가 중생의 씻음[03]과 죄의 씻음[04]이라고 언급된 다른 성경 구절에서도 반복되었습니다.

❶ 세례는 그리스도께서 승천하시기 직전에 제정하신 것이다(마 28:18-20).

---

01 마태복음 28:19.
02 마가복음 16:16.
03 디도서 3:5.
04 사도행전 22:16.

여기서 세례는 제자와 관련되어 있다. 옛 언약에서는 할례가 하나님께서 이스라엘과 맺은 언약으로 받아들여지는 표식이었다. 그러나 새 언약에서의 세례는 하나님 나라의 백성들, 즉 모든 민족에게서 부름을 받은 제자들에게 국한된다(행 10:34, 35). 믿는 자가 세례를 받을 것을 말씀하는 것이다.

디도서 3장 5절에서도 중생과 세례가 관련되어 있음을 말씀하고 있다. 사도행전 22장 16절에서는 세례와 죄를 씻는 것을 말하고 있다. 이러한 구절들은 외적으로 행하는 세례가 주에 의해 제정된 것으로 죄 씻음을 의미한다는 것을 보여준다. 세례는 그리스도 안에 선택된 백성에게 성령이 역사하셔서 그들이 의롭게 되며 거룩하게 된 표식이다. 이처럼 세례는 구원의 약속과 연결되어 있기 때문에 반드시 신자에게만 적용되는 것이다. 따라서 세례를 받았을지라도 믿음이 없는 자는 반드시 정죄될 것이다.

❷ 이 명령에서 세례는 삼위 하나님의 이름으로 시행되는 것으로 말씀하고 있다. 이것은 외적으로 물에 잠기는 것이지만, 내적으로는 하나님의 이름 속에 잠기는 것이며, 하나님과의 교통 속에 잠기는 것을 의미한다(민 6:27; 렘 15:16). 그래서 삼위 하나님께서는 믿는 자에게 자신이 언약의 하나님이심을 확신시켜 주신다.

성부께서는 믿는 자에게 그가 하나님의 자녀로 받아들여졌음을 약속하시고, 성자께서는 믿는 자에게 자신의 은덕을 나누어주시며, 성령께서는 믿는 자를 거룩하게 하시고 영원한 생명으로 보존하신다. 따라서 그리스도 안에 있는 자는 비록 연약할지라도 믿음으로 그리스도의 은덕을 계속 누릴 수 있다.

❸ 우리는 그리스도의 보혈의 은혜와 그리스도의 영으로 씻음을 받는 것

의 중요성을 세례를 통해 분명하게 깨달아야 한다. 또한 이 은혜로 인하여 하나님의 심판에서 벗어나 구원의 은덕에 참여하게 된 것을 감사해야 한다. 우리는 그리스도의 의와 거룩함이 없이는 하나님의 면전에 설 수 없다. 그리스도의 보혈과 이러한 은덕들을 가지고서만 우리는 하나님 앞에 설 수 있을 뿐만 아니라, 하나님의 은혜를 얻기 위해 하나님의 보좌 앞으로 나아가 구할 수 있게 되었다.

우리는 하나님의 은혜의 깊은 의미들을 세례를 통해 분명히 이해하며, 하나님의 은혜로 영원한 생명을 얻게 된 것을 감사해야 한다. 그러나 한편으로 이러한 은혜를 모르고 아직도 회심하지 않은 영혼들에 대해 진리를 가르치려는 열망이 있어야 한다. 그들이 진리를 배우는 가운데 영적인 눈이 열려져서, 자신들의 죄악과 구원의 필요성을 깨닫고 그리스도를 발견하기까지 그들을 위해 기도해야 한다.

제27주

질문 72. 물을 사용하여 베푸는 외적인 세례가 죄를 씻어줍니까?

답 | 아닙니다. 오직 예수 그리스도의 피와 성령만이 우리의 모든 죄를 씻어줍니다.[01]

❶ 성경 어디에도 물로 하는 세례 자체가 효력이 있다고 말하지 않는다. 세례는 그리스도의 부활로 말미암아 선한 양심(중생한 양심)이 하나님과 맺은 언약을 특징적으로 말하는 것이다(벧전 3:21). 따라서 물이 영적인 효과를 가져다주는 것이 결코 아니다. 에티오피아 내시나 백부장 고넬료, 그리고 빌립보 감옥의 간수 모두 그들이 세례를 받기 이전에 구원의 믿음을 가지고 있었다. 만약에 물이 영적인 효과를 가져다주는 수단이라면, 세례를 받은 모든 사람은 그들이 악한 자일지라도 구원을 받을 것이다.

---

01 마가복음 3:11; 베드로전서 3:21; 요한일서 1:7.

❷ 그러나 성경에서는 세례를 받았을지라도 멸망당한 자들에 대해 구체적으로 증거하고 있다. 아나니아와 삽비라는 세례를 받았지만 성령을 속임으로 멸망당하였다. 마술사 시몬도 세례를 받았으나 돈으로 성령의 은사를 사려고 시도하였다. 결국 베드로로부터 회개치 아니하면 멸망당할 것이라는 말을 들었다.

로마서 2장 28-29절에서도 할례를 받았다고 다 유대인이 아니라 내면적 할례를 받은 자만이 유대인이라고 분명하게 말하고 있다. 따라서 외적인 세례를 받은 것에 자신의 구원의 확신을 두지 말고, 심령 속에서 일어난 성령의 중생과 갱신케 하신 역사를 근거로 확신을 가져야 한다(요일 1:7; 히 9:4).

❸ 성경은 오직 그리스도의 피와 성령이 우리를 모든 죄에서 깨끗하게 하신다고 말씀하고 있다(고전 6:11; 엡 5:26; 요 19:34). 옛 언약 아래에서는 죄로부터의 구원이 피와 물로 인한 정화로 성취되었다. 그러나 이것은 그리스도의 보혈과 성령에 의한 실제적인 정화를 나타내는 모형이었다(겔 36:25; 요 7:38-39; 요일 5:6).

질문 73. 그러면 왜 성령께서는 세례를 중생의 씻음과 죄의 씻음이라고 부릅니까?

답 | 거기에는 충분한 이유가 있습니다. 하나님께서는 물이 우리의 더러움을 씻어주듯이 그리스도의 피와 영이 우리의 죄를 씻어준다는 점을 가르치

시려는 것입니다.[01] 그러나 더욱 중요한 것은 하나님께서 이러한 신적 보증과 표지를 통하여 우리의 죄에 대한 영적인 씻음이 물에 의한 몸의 씻음처럼 실제적이라는 점을 확신시켜 주시고 있다는 것입니다.[02]

❶ 성경에서 세례를 중생의 씻음과 죄의 씻음으로 말할 때, 여기에는 두 가지 중요한 이유가 있다. 눈에 보이는 물은 영혼이 깨끗하게 씻김 받은 것에 대한 상징이다. 내적으로는 죄로부터 정화의 과정이 눈에 보이지 않게 일어난 것을 말한다. 그 결과로, 물로 씻음과 같이 그리스도의 보혈과 성령으로 씻음 받은 것이다(계 1:5; 7:14).

이는 평생 동안 감옥에 있었던 자가 용서를 의미하는 왕의 인증을 가지고 감옥에서 나오는 것과 같다. 그는 인증을 가지고 나오지만 실제로는 왕의 은혜로운 뜻과 명령이 구원의 효과를 가져다주는 것이다. 세례는 하나님께서 자신의 택한 백성에게 베푸시는 은덕들을 인증하는 것이다.

❷ 하나님께서는 세례를 통해 죄로 인해 심판 받을 수밖에 없는 영혼들을 그리스도의 피로 구속하시고, 성령으로 중생시킴으로 완전히 회복시키시는 은혜를 증거하신다. 인간은 결코 자신을 정화시키거나 깨끗하게 할 수 없다. 에티오피아 사람들이 자신들의 피부를 변화시킬 수 없으며 표범이 그 몸의 점을 없앨 수 없다. 이와 같이 인간은 자신의 노력으로 의롭게 될 수 없으며, 은혜의 상태로 회복시킬 수 없다. 따라서 세례는 그리스도의 보혈로 의롭게 되며, 성령의 역사로 거룩하게 되는 것을 나타내는 것이다.

---

01 고린도전서 6:11; 요한계시록 1:5; 7:14.
02 마가복음 16:16; 사도행전 2:38; 로마서 6:3-4; 갈라디아서 3:27.

질문 74. 유아들도 세례를 받아야 합니까?

답 | 예. 하나님의 언약과 교회에는 어른뿐만 아니라 유아들도 포함되기 때문입니다.[01] 그리스도의 보혈과 믿음의 저자이신 성령에 의한 죄의 구속은 어른들에게만 아니라 유아들에게도 약속되어 있습니다.[02] 따라서 유아들은 언약의 표식인 세례에 의해 그리스도의 교회에 속하게 되며 불신자의 자녀와도 구별되는 것입니다.[03] 구약에는 이것이 할례로 말미암아 이루어졌으며,[04] 신약에 와서 세례로 대체된 것입니다.[05]

❶ 유아세례에 대해 반대하는 자들은 유아세례가 성경에서 명령하지 않은 것이라고 주장한다. 그리고 성경 어디에도 유아세례에 대해 말하지 않는다고 주장한다. 그들은 성경에서는 단지 성인 남자와 여자의 세례에 대해서만 말하고 있다고 주장하면서 유아세례를 반대한다. 그러나 사도들은 온 가족에게 세례를 베풀었다(행 10:44, 47-48; 16:33). 우리가 집과 가족이라고 말할 때, 어린아이들을 제외시킬 수는 없다. 그리고 모든 나이의 사람들이 그리스도의 교회에 속할 수 있기 때문에 유아세례를 반대하는 것은 잘못된 것이다.

❷ 유아세례를 반대하는 자들은 어린아이들이 세례의 의미를 이해할 수 없다는 것을 이유로 든다. 그러나 그리스도인 가정의 자녀들이 세례를 받아야 하는 근거들이 있다. 유아들과 어린이들이 하나님의 언약과 교회에 포함

---

01 창세기 17:17; 마태복음 19:14.
02 시편 22:11; 이사야 44:1-3; 사도행전 2:38-39; 16:31.
03 사도행전 10:47; 고린도전서 7:14.
04 창세기 17:9-14.
05 골로새서 2:11-13.

되기 때문이다(창 17:7). 또한 믿음은 어른들에게만 독점적으로 주어지는 것이 아니기 때문이다(마 10:14-16). 더욱이 옛 언약에서 할례는 유아들에게 베풀어졌다. 그런데 새 언약 아래에서 어린이들이 교회로 받아들여질 수 없다면 새 언약이 옛 언약보다 열등하다는 것이다.

❸ 골로새서 2장 11, 12절에서는 할례가 세례로 대체되었음을 말하고 있다(바울이 할례와 세례를 연결하여 설명할 때, 그것의 중요성은 옛 자아가 죽고 새로운 성품이 지배하는 것으로 강조되고 있다). 따라서 유아에게 세례를 베푸는 것은 필요하다. 사람들이 자신의 자녀들을 데리고 예수님께로 와서 안수를 받으려고 했을 때 제자들은 이를 막았다. 그러나 이때 예수님께서 아이들도 하나님 나라에 속함을 분명하게 말씀하셨다(마 19:13-15). 물론 아이들에게도 원죄가 있지만 하나님의 교회와 언약에 속해 있다는 것이다.

그리스도의 보혈과 성령에 의한 죄로부터의 구속은 어른에게뿐만 아니라 유아와 어린이에게도 약속되어 있다(막 10:14-16; 행 2:38-39). 선택된 자가 유효한 부르심으로 인하여 실제적으로 언약에 들어오는 것이다. 세례는 언약의 표식으로 그리스도의 교회에 가입되는 것을 나타낸다. 따라서 유아에게 세례를 베풂으로써 불신자의 자녀들과 구별하는 것이다. 이것은 옛 언약 아래에서도 행하였던 것이다(창 17:11-12).

❹ 그리스도인 가정의 부모는 자신의 자녀들에게 세례를 받게 함으로써, 그 자녀들이 가정과 교회에서 복음의 진리로 교육 받을 것을 확인한다. 그리고 유아와 자녀들에게 세례를 받으면서 악한 일들을 버리고 거룩한 삶을 추구하는 의무가 동반되는 것이다. 유아세례를 받은 자들이 적당한 나이가 되었을 때, 교리 교육을 받고 회중 앞에서 신앙고백을 함으로 온전한 교인

으로 받아들여지고 성찬에 참여하게 된다. 이것을 스위스 개혁 교회에서는 '허락'(혹은 입교)이라고 불렀다.

한편으로 유아세례 자체가 그 사람을 중생시키는 것은 아니다. 또한 유아세례는 중생을 추정하고 베푸는 것이 아니다. 선택된 자녀(유아)에게 이미 중생이 일어났다는 것도 아니다. 세례 안에 선택된 자에게 미래의 은혜의 권리가 있음을 인증하는 것이다. 하나님께서 장차 자신의 시간에 선택된 자에게 베푸실 은혜를 바라보는 것이다. 따라서 유아세례 받은 자녀들에게 중생의 필요성과 자신의 영적 상태를(구원의 은혜 여부를) 스스로 점검하도록 강조하고 가르쳐야 한다.

제28주

질문 75. 십자가에서 단번에 드리신 그리스도의 희생과 그의 모든 은덕들에 우리가 참여하고 있다는 것을 주의 성찬이 어떻게 상기시키고 확신시켜줍니까?

답 | 그리스도께서 나와 모든 신자들에게 그리스도를 기억하면서 주께서 떼신 떡을 먹고 주신 잔을 마시라고 명령하셨습니다. 이 명령과 함께 이런 약속들을 하셨습니다.[01] 첫째, 나를 위하여 떼신 주님의 떡과 나에게 주신 잔을 내 눈으로 분명하게 보듯이 주님의 몸은 나를 위하여 제공되었고 십자가에서 찢기셨으며, 또한 나를 위하여 피를 흘리셨습니다. 둘째, 그리스도의 몸과 피의 상징으로 내게 주어진 주님의 떡과 잔을 목회자의 손으로부터 받아서 입으로 맛보는 것이 분명한 것과 같이 그리스도는 나의 영원한 생명을 위해 나의 영혼을 먹이시고, 영양을 공급해주십니다.

---

01 마태복음 26:26-28; 마가복음 14:22-24; 누가복음 22:19-20; 고린도전서 11:23-25.

❶ 주의 성찬은 주께서 잡히시던 날 밤에 제정하신 것이다. 이것은 주께서 우리를 위하여 자신을 내놓으신 것과 자기 자신을 하늘의 양식과 음료로 제공하신 것을 보여 준다. 떡을 떼는 것은(행 2:42) 그의 몸이 희생물로 찢긴 것을 상징한다(고전 10:16). 주의 성찬은 우리를 위해 그리스도께서 희생하신 것과 그것으로 얻는 유익들을 증거하는 것이다. 따라서 주의 성찬은 우리로 마땅히 주께 감사드리도록 만든다.

❷ 우리는 주의 성찬을 먹고 마신다. 음식물이 우리 몸에 들어와 기관에 흡수되듯이, 영적이며 신령한 음식이 영혼에 의해 받아들여지는 것을 상징한다. 성찬을 우리가 먹고 마시지만 믿음으로 그리스도의 은덕들을 누리게 되는 것이다. 성찬을 먹고 마시는 것이 영적으로는 그리스도의 은덕들을 누리는 것이다.

❸ 주의 성찬은 떡과 포도주라는 외적인 표식을 가지고 있다. 이것은 주님에 의해 선택된 것이다. 우리의 몸이 먹고 마시는 것으로 보존되듯이(시 104:14-15), 주의 성찬은 우리의 내적인 영혼이 그리스도의 몸과 피에 의해 깨어나고, 유지되는 것을 나타내고 있다.

❹ 그리스도께서는 주의 성찬을 유월절과 연결시켰다. 유월절에서 사용되었던 것을 떡과 포도주로 대체하셨다. 유월절은 애굽으로부터의 구원과 애굽에 내리셨던 하나님의 심판에서 면제된 것을 기념하기 위한 것이다. 그래서 주의 성찬은 십자가에서의 그리스도의 희생을 가리키고 있으며, 이스라엘을 애굽에서 구원하듯이 죄로부터의 구속하신 것을 보여주고 있다 (고전 11:24-25).

유월절에 하나님의 백성은 유월절 음식을 함께 먹었다. 그들이 하나님의 백성임을 확증하는 것이다(고전 10:16-18). 마찬가지로, 주의 성찬은 하나님의 백성으로서 같은 음식과 음료에 참여하는 것이다. 유월절은 자신의 백성에게 언약을 신실하게 이행하신 하나님께 대한 감사의 고백이다. 따라서 성찬은 그리스도의 피를 통하여 죄의 용서함을 얻고, 죄에서 건짐 받은 것을 기념하여 감사하는 것이다.

❺ 주의 성찬은 주의 명령에 근거하고 있다(고전 11:24-25). 여기에 그리스도의 약속이 있는데, 그의 몸과 피로 우리를 영생에 이르도록 먹이시고 영양을 공급해주시는 것이 포함되어 있다. 그리스도인들은 성장해야 한다. 특별히 믿음이 성장해야 한다. 주의 성찬은 우리가 그리스도에 대한 믿음으로 더욱 성장하게 됨을 보여주는, 눈에 보이는 표식이다. 주의 성찬은 그리스도를 통한 구속의 표식일 뿐만 아니라 영원한 생명에 이르도록 나의 영혼을 먹이시고 풍족하게 하시는 그리스도의 은덕들을 더욱 확신할 수 있도록 제정하신 은혜의 수단이다.

질문 76. 십자가에 달리신 그리스도의 몸을 먹는 것과 그리스도의 피를 마시는 것은 무슨 의미입니까?

답 | 그것은 믿는 마음을 가지고 그리스도의 모든 고통과 죽음을 받아들이는 것이며, 그로써 죄의 용서함과 영생을 얻는 것입니다.[01] 더욱이 그리스도

---

01 요한복음 6:35, 40, 50-54.

와 우리 안에 내주하신 성령으로써 그리스도의 거룩한 몸에 더욱 연합되는 것을 의미합니다.[01] 그 결과 비록 그리스도가 지금 하늘에 계시고[02] 우리는 이 땅에 있을지라도, 우리는 주의 살 중의 살이요, 주의 뼈 중의 뼈인 것입니다.[03] 그리하여 우리 신체의 각 부분이 한 영혼에 의하여 지배되듯이 한 성령에 의하여 지배를 받으면서 영원히 살게 되는 것입니다.[04]

❶ 하나님 나라에 있는 모든 것은 영적인 목적을 가지고 있다. 성찬은 단지 외적으로 먹고 마시는 것에 주된 요소가 있는 것이 아니라, 하늘의 선물로서 영적인 참여를 상징한다. 예수님께서는 요한복음 6장 27-58절에서 자신의 몸을 참된 양식이라 말씀하셨고, 자신의 피를 참된 음료라고 말씀하셨다. 이 구절들이 주의 성찬을 직접 언급하는 것은 아닐지라도 그리스도로 인하여 영원한 생명이 유지되는 것을 의미하는 것으로서, 주의 성찬을 이해하는 데 도움을 준다.

따라서 주의 성찬에 참여하는 자는 눈에 보이는 것의 배후에 있는, 눈에 보이지 않는 것을 보아야 한다. 십자가에 못 박힌 그리스도의 몸을 먹는 것과 피를 마시는 것은 믿는 마음을 가지고 그 안에 있는 죄 용서와 영원한 생명 얻는 것을 받아들이는 것이다. 즉, 그리스도께서 자기 백성의 죄 용서와 구원을 위해 죽음의 고통을 받으시고 피 흘리신 것을, 떡을 떼는 것과 포도주 마시는 것을 통해 확인하고 감사하는 것이다(요 6:35, 47, 50, 54).

❷ 우리는 성령에 의하여 그리스도의 몸에 연합되었다. 이 연합은 비록 그

---

01 요한복음 6:55-56; 고린도전서 12:13
02 사도행전 1:9-11; 3:21; 고린도전서 11:26; 골로새서 3:1.
03 고린도전서 6:15, 17; 에베소서 5:29-30; 요한일서 4:13.
04 요한복음 6:56-58; 15:1-6; 에베소서 4:15-16; 요한일서 3:24.

리스도가 하늘에 계시고, 우리가 이 땅에 있을지라도 유효한 것이다(요 6:63; 골 3:1). 그래서 우리는 주를 바라보게 된다. 그리고 그리스도께서는 마지막 날에 다시 오실 것이다. 바울은 주께서 제정하신 성찬을 그리스도의 다시 오심에 연결하였다(고전 11:25). 주의 성찬은 다시 오실 그리스도를 바라보게 하고, 다시 오시는 그리스도에 의한 심판을 보게 한다. 따라서 우리로 이 땅에서 경건한 삶을 살도록 도전을 주는 것이다.

❸ 주의 성찬 속에서 그리스도의 몸에 연합되었다는 것은 우리가 그의 몸과 뼈에 속해 있다는 것이다. 그만큼 우리는 그리스도와 가까우며 친밀하다. 창세기 2장에서 아담이 자신의 아내에 대해 "내 뼈 중의 뼈요 살 중의 살이라"(창 2:23)고 한 것은 자신과 가장 가깝다는 뜻이다. 이처럼 그리스도의 영적인 몸의 지체로서 성도와 그리스도 사이의 영적 교통은 그 어떤 관계보다 가깝다. 주의 성찬에서 그의 몸을 먹고 피를 마시는 것은 영적인 것이다. 그래서 영적으로 유익을 준다. 영혼이 몸과 연결되어 있듯이 그리스도의 몸과 피가 영원한 생명의 능력에 참여하게 함으로써 우리에게 유익을 주는 것이다.

그 유익으로 우리는 그리스도의 몸에 연합되어 성령의 지배 아래에 놓이게 된다. 성도의 교회 생활은 나의 생각과 견해와 경험을 주장하는 것이 아니라, 나의 생각과 주장들을 버리고 성령께서 지배하도록 하는 것이다. 내 육신을 죽이게 되면 성령의 지배는 더욱 강력해진다(롬 8:13, 14). 성령의 이러한 지배는 우리로 신령한 것을 더욱 갈구하고 추구하게 만든다. 특히 하나님의 말씀을 더욱 사모하게 한다(벧전 2:3). 그리고 거룩한 일과 선한 사업에 더욱 힘쓰게 만든다(딛 3:8).

질문 77. 떼어진 떡을 먹고 주어진 잔을 마시는 것과 같이 그리스도께서 자신의 몸과 피로써 믿는 자들을 먹이시고 양육하시겠다는 것을 어디에서 약속하셨습니까?

답 | 주의 성찬 안에 있습니다. 이것은 다음과 같이 표현되었습니다. "내가 너희에게 전한 것은 주께 받은 것이니 곧 주 예수께서 잡히시던 밤에 떡을 가지사 축사하시고 떼어 이르시되 이것은 너희를 위하는 내 몸이니 이것을 행하여 나를 기념하라 하시고 식후에 또한 그와 같이 잔을 가지시고 이르시되 이 잔은 내 피로 세운 새 언약이니 이것을 행하여 마실 때마다 나를 기념하라 하셨으니 너희가 이 떡을 먹으며 이 잔을 마실 때마다 주의 죽으심을 그가 오실 때까지 전하는 것이니라."[01] 이 약속은 사도 바울에 의해 반복됩니다. "우리가 축복하는 바 축복의 잔은 그리스도의 피에 참여함이 아니며 우리가 떼는 떡은 그리스도의 몸에 참여함이 아니냐 떡이 하나요 많은 우리가 한 몸이니 이는 우리가 다 한 떡에 참여함이라."[02]

❶ 성찬은 주께서 정하신 것이다. 그래서 주의 성찬이라고 부른다. 주께서 마지막 유월절에 성찬을 정하셨다. 따라서 모든 희생의 제사들은 끝났다. 유월절 제사가 폐지되고 새로운 성례로 대체되었다. 그래서 주의 성찬은 그리스도께서 오셔서 자신을 희생으로 드리신 것을 강조한다. 그리스도께서 죽음 직전에 성찬을 제정하실 때 감사하셨던 것은 지상에서 그의 사역이 완성되었으며, 자신의 죽음이 아버지를 기쁘시게 하는 것이었기 때문이다. 그리스도께서 떡을 떼어 제자들에게 나누어주신 것은 자신의 몸을 많은 자들

---

01 고린도전서 11:23-26.
02 고린도전서 10:16-17.

을 위해 내어 줄 것을 나타내신 것이었다. 그래서 주의 성찬에서 떡을 떼어 나누어주는 것은 우리에게 믿음을 확증시켜주는 것이다. 그리스도는 우리를 위해 자신의 몸이 부서진 것을 분명히 가르쳐주셨다.

그리스도는 떡을 떼면서 "이것은 너희를 위하여 주는 내 몸이라"(눅 22:19)고 분명하게 말씀하셨다. 예수님께서 주의 성찬을 제정하시면서 "너희를 위하여"라고 말씀하셨는데, 이는 우리의 구원을 위한 것이다. 떡이 조각으로 부서지는 것은 우리의 영혼과 몸이 십자가에서 찢겨지는 것을 나타낸다. "너희가 이를 행하여 나를 기념하라"(눅 22:19)고 명령하신 것은 주의 성찬을 지켜야 하는 것을 말한다. 또한 "나를 기념"하여 성찬을 시행하라고 하셨는데, 이는 그리스도를 기억하는 가운데 시행하라는 것이다. 단순히 그의 생애를 기억하라는 것이 아니라, 그의 죽음과 그의 은덕들을 기억하고 감사하라는 것이다. 따라서 성찬에 믿음으로 참여하는 자는 그리스도로 말미암은 은덕들을 실제로 기억하고 감사해야 한다.

❷ 잔은 그리스도의 보혈을 기억하게 하기 위한 것이다. 이것 역시 그리스도의 죽음을 나타낸다. "이 잔은 내 피로 세우는 새 언약이니"(눅 22:20)라고 말씀하셨는데, 새 언약이란 갱신된, 혹은 성취된 언약이다. 새 언약은 우리가 하나님과 화목된 것과 믿음으로 그리스도와 연합된 것을 증거한다. 따라서 구약의 유월절 제사를 준수하지 않고도 믿음으로 그리스도 안에 있는 은덕들을 누릴 수 있다.

그리스도께서 새 언약이라고 말씀하신 것은 구약의 옛 것과 대조시키기 위한 것이며, 그리스도께서 희생으로 드려져서 우리가 그리스도께 연합될 수 있음을 강조하는 것이다. 그리스도의 피는 그의 죽음을 나타낸다. 그리스도께서 피를 흘리심으로 은덕들이 제공되는데, 우리는 그것으로 죄의 용서함을 받는다. 이것은 믿음으로 이해되는 것이다.

❸ 우리의 몸이 떡과 음료로 인하여 생명이 유지되고 영양을 공급 받듯이 주의 성찬은 우리의 영혼이 그리스도와의 연합으로 인하여 생명이 유지되고 양육되는 것을 보여준다. 그래서 주의 성찬은 자주 시행되어야 한다. 이것은 그리스도의 죽음이 축복된 것임을 기억하게 한다. 그래서 우리는 이것을 주께서 다시 오실 때까지 시행해야 한다(고전 11장). 이것을 우리는 축복의 잔이라고 부른다. 이는 우리로 그리스도의 은덕들에 대해 생각하게 하고, 그의 고난과 죽음에 대해 감사하게 만든다. 따라서 주의 성찬은 우리로 구주에 대해 더욱 확신하게 한다.

제29주

질문 78. 떡과 포도주는 그리스도의 실제 몸과 피로 변화됩니까?

답 | 전혀 아닙니다. 세례에서도 물이 그리스도의 피로 변화되지 않고, 그 자체가 죄를 씻지 못합니다. 단지 하나님께서 정하신 상징이요 확증일 뿐입니다.[01] 따라서 비록 성례의 본질과 속성상[02] 주의 성찬을 그리스도의 몸이라고 부를지라도,[03] 떡이 그리스도의 실제적인 몸으로 변화되는 것은 아닙니다.[04]

❶ 질문 78번은 떡과 포도주가 실제 예수님의 몸과 피로 변한다고 주장하는 화체설과, 떡과 포도주에 예수님의 몸과 피가 공존co-existed한다고 주장하는 공재설을 반박하기 위한 것이다. 이 주장들은 떡과 포도주에 변화가 일어난다는 주장들이다. 그러나 개혁 교회는 떡과 포도주가 변화되지 않고 여전히 떡과 포도주이지만, 그들의 거룩한 용도에 의해 다른 떡과 포도주와는

---

01 에베소서 5:26; 디도서 3:5.
02 마태복음 26:26-29.
03 고린도전서 10:16-17; 11:26-28.
04 창세기 17:10-11; 출애굽기 12:11, 13; 고린도전서 10:3-4; 베드로전서 3:21.

구별된다고 가르친다(고전 10:16).

❷ 로마 교회나 루터 교회는 예수님의 말씀에 대해 과도한 적용을 하였다. 예수님께서는 '이 떡이 나의 몸이요, 이 포도주가 나의 피다'라고 말씀하지 않으셨다. 또한 '이 떡 안에 나의 몸이 있으며, 이 포도주 안에 나의 피가 있다'고 말씀하지도 않으셨다. 다만 "이것은 너희를 위하여 주는 내 몸이라"(눅 22:19)고 말씀하셨다. 즉, 예수님은 떡과 포도주를 언급하시면서 동시에 그것이 의미하는 바를 말씀하신 것이다.

따라서 떡과 포도주가 그리스도의 몸과 피로 변화되는 것이 아니다. 예수님은 죽음으로 그의 몸을 우리에게 주신 것이며, 그 죽음으로 인한 피를 우리를 위해 흘리신 것이다. 우리는 그리스도의 몸과 피를 먹으면서 그리스도의 죽음을 선포해야 한다. 그리스도는 "너희를 위하여"라고 말씀하심으로, 그리스도의 죽음이 그들의 유익을 위한 것임을 분명히 하셨다. 즉 이것으로 죄의 용서함을 얻게 된다. 따라서 그의 몸을 먹고 피를 마신다는 것은 영적으로 일어나는 일이며, 결코 물리적으로 일어나는 일이 아니다.

❸ 성례는 우리를 위한 그리스도의 십자가에서의 희생에 초점을 두고 있다. 성령께서는 성도들의 심령에 그리스도와 함께 죽고 그리스도와 함께 사는 진리를 확증하고 있다. 떡과 포도주는 결코 그리스도의 몸과 피로 변화되는 것이 아니고, 그 안에 그리스도의 몸과 피가 있는 것도 아니다.

세례를 가리켜 죄를 씻어내는 의식이라고 하듯이, 성찬에서도 단지 떡을 그리스도의 몸이라고 부르며, 포도주를 피라고 부르는 것이다. 떡은 떡으로 남아 있으며, 포도주는 포도주로 남아 있다. 단지 이것은 거룩한 용도 가운데서 그것이 의미하는 바를 나타내는 표식이다.

❹ 할례를 하나님의 언약이라고 부르는데, 이것은 언약의 표식이기 때문이다. 세례를 중생의 세례, 죄를 씻는 세례라고 부르는 것은 우리로 하여금 그것이 의미하는 바를 생각나게 하고 확신을 주기 위한 것이다. 바울은 합당치 않게 먹고 마시는 자는 이미 자신을 심판에 처하게 만들었다고 말씀하고 있다(고전 11:27-30). 그 이유는 그가 그리스도의 몸을 분별하지 못하였기 때문이다. 그리스도의 몸과 피를 마시는 것은 영적인 것으로서 오직 믿음으로 받아야 하는 것이다. 믿지 않는 자가 취할 수 없는 것이다. 믿지 않는 자는 거룩한 떡과 포도주를 분별하지 못하고, 일반적인 떡과 포도주로 알고 취할 것이다. 그는 그리스도의 몸을 분별하지 못함으로 거룩한 것을 남용하였기 때문에 죄를 먹고 마신 것이 된다.

질문 79. 그러면 왜 그리스도께서는 떡을 자기 몸으로, 잔을 자기 피로 혹은 자기 피 안에 있는 새 언약이라고 부르셨습니까? 그리고 사도 바울이 성찬을 그리스도의 몸과 피에 참여하는 것으로 말한 이유는 무엇입니까?

답 ㅣ 그리스도께서 그렇게 부르신 것에는 중요한 이유가 있습니다. 그리스도께서는 떡과 포도주가 우리의 일시적인 생명을 지탱해주는 것과 같이 그의 십자가에 못 박힌 몸과 흘리신 피는 진정한 양식과 음료로서 우리의 영혼을 영원한 생명으로 먹이신다는 것을 가르치신 것입니다.[01] 또한 이렇게 특별하게 보이는 표식들과 보증들은 성령의 사역에 의해 우리가 그의 몸과 피에

---

01 요한복음 6:51, 55.

참여한 자들인 것을 확신시켜줍니다.[01] 주를 기억하는 가운데 거룩한 표식들을 입으로 받음으로써 마치 우리 자신이 우리의 죄 때문에 고난 받아 하나님께 죄의 값을 치르기라도 한 것처럼 그리스도의 모든 고난과 순종이 분명하게 우리의 것이 됩니다.[02]

❶ 요리문답서는 떡과 포도주를 주의 몸과 피로 강조하고 있다. 이미 살펴본 바와 같이 떡을 떼는 것은 그리스도의 몸이 찢기었고, 피를 흘리신 것을 강조한 것이다. 그리고 그것을 분배하는 것은 그리스도의 제사가 우리를 위한 것임을 나타낸다.

예수께서 받아서 먹고 마시라고 하셨던 것은 마치 떡과 포도주를 먹었을 때 우리의 몸에 떡과 포도주가 들어와서 침투되는 것처럼 우리가 믿음으로 그리스도와 연합됨을 나타낸다. 우리가 그의 희생으로 지불한 은덕들을 누릴 자격이 있다는 것이다. 떡과 포도주로 우리의 몸을 양육하듯이, 그리스도의 몸과 피는 우리의 영혼을 양육하는 것이다. 그래서 성찬을 통해 우리의 심령이 더욱 강화되며 새롭게 된다. 이것은 성령의 역사에 의해 이루어지는 것이며, 이것을 통해 우리는 영원한 생명을 확신하게 된다.

❷ 따라서 그리스도의 몸과 피는 우리의 영혼이 영생에 이르게 하는 진정한 양식이며 음료다. 그리스도께서 떡을 자신의 몸으로, 포도주를 자신의 피로 말한 이유가 여기에 있다(시 104:14, 15; 요 6:55-56, 49, 51). 그리스도께서 떡을 자신의 몸으로, 포도주를 자신의 피로 말씀하셨을 때 그리스도께서는 이러한 표식들이 의미하는 바를 우리에게 가르치기 원하셨던 것이다. 이러한

---
01   고린도전서 10:16-17; 11:26.
02   로마서 6:5-11.

표식들을 통해 그리스도께서는 우리가 떡과 포도주를 먹어서 그의 몸과 피에 동참하게 되었다는 것을 성령의 역사로 확신시켜주시는 것이다(고전 10:16). 또한 그리스도께서 죽음으로 드린 제사가 우리를 위한 것이며, 그것이 꼭 필요한 것이었음을 확신시켜준다(고전 11:26).

❸ 우리는 성찬식에 어린이들을 참여시키지 않는다. 그 이유는 성찬을 대할 때에 주를 기억하면서 받아야 하기 때문이다. 따라서 어린이들은 먼저 그리스도의 몸을 분별할 수 있을 때까지 가르침을 받아야 한다. 그리스도에 대한 지식과, 하나님께서 구속의 역사를 이루기 위해 하신 일에 대한 지식이 있어야 한다. 이러한 지식 위에 성령이 역사하셔서 회개가 일어나게 되며 믿음이 형성되는 것이다.

따라서 성찬은 반드시 중생한 자들만이 취할 수 있는 것이다. 이것에 대해 벨직 신앙고백서에서는 '이미 중생한 자이며, 하나님의 가족(교회)에 속한 자만이 성찬을 받을 수 있다'고 서술하고 있다. 여기서 중생하였다는 것은 회개와 믿음이 있다는 것을 의미한다. 이렇게 성령의 역사로 인하여 회개와 믿음이 발생된 자에게, 성찬은 성령의 역사로 인하여 믿음을 더욱 강화시켜주며 영원한 생명에 대한 확신으로 나아가게 만든다.

제30주

질문 80. 주의 성찬과 로마 가톨릭의 미사는 어떻게 다릅니까?

답 | 주의 성찬은 그리스도께서 십자가에서 단번에 성취하신 그리스도의 속죄로 인해 우리가 모든 죄에서 완전하게 용서받았다는 것을 증거하고 있습니다.[01] 또한 그리스도는 지금 이 땅에 계시지 않고 하늘의 아버지 오른편에 계셔서 우리의 예배를 받으시지만,[02] 그의 인성과 성령에 의하여 우리가 그리스도께 연합된 것을 증거하고 있습니다.[03]

그러나 미사는 그리스도의 몸이 사제들에 의하여 산 자와 죽은 자들을 위해 드려지지 않는다면 그의 십자가 고난을 통해서는 죄 사함을 얻지 못한다고 가르칩니다. 더욱이 그리스도의 몸이 떡과 포도주의 형태 아래에 있어서 그 안에서 그리스도가 경배 받으신다고 가르칩니다. 그러므로 미사는 그리스도의 고난과 단번에 드리신 그리스도의 희생 제사를 부인하는 것이며 저주 받을 우상숭배입니다.

---

01 마태복음 26:28; 요한복음 19:30; 히브리서 7:27; 9:12, 25-26; 10:10-18.
02 요한복음 4:21-24; 빌립보서 3:20; 골로새서 3:1; 데살로니가전서 1:10.
03 고린도전서 6:17; 10:16-17.

❶ 미사라는 단어는 라틴어에서 온 것이다. 로마 가톨릭의 미사는 피 없이 그리스도를 매일 희생시키는 것이다. 즉, 그리스도의 십자가상의 죽음을 반복하는 것이다. 따라서 십자가에서 단번에 죽으신 그리스도의 희생을 부정하는 것이다. 가톨릭에서는 죄 용서를 위해 미사에 참여해야 한다. 이것은 그리스도께서 죄 용서를 위해 회개를 요구하시는 것과 충돌되는 것이다. 더구나 미사는 오직 사제에 의해서만 행해진다.

❷ 미사는 산 자에게뿐만 아니라 죽은 자에게도 효력이 미친다고 주장한다. 따라서 장례 시에 사제가 죽은 영혼을 위해 미사를 드려야 한다고 주장한다. 더욱 놀라운 것은, 떡이 그리스도의 몸으로 변화되는 것처럼 물도 사제에 의해 거룩해진다고 믿으며, 거룩한 물을 사제가 뿌린다. 이런 점에서 로마 가톨릭의 미사를 우상숭배적이라고 하는 것이다.

그들은 그리스도의 몸을 우상적으로 섬긴다. 이것은 환상주의fantasticism로서 오류로 가득 차 있다. 영적으로 무지한 사람들은 이러한 미사에 참석하면서 신적인 체험들을 하기 원하고, 이미 이러한 것들을 통해 신적인 것에 참여했다고 믿고 있다. 이러한 현상은 로마 가톨릭뿐만 아니라 영적인 체험을 환상적이고 신비주의적인 방법으로 얻으려는 모든 운동들이 추구하는 것이기도 하다. 이러한 현상들은 오늘날 복음주의 교회에 가득하다.[01] 하나님의 말씀과 복음의 교리에 대해 무지하기 때문에 이러한 오류에 쉽게 빠지는 것이다. 따라서 미사에 참여하는 것은 우상숭배적인 의식에 참여하는 것이 된다(요일 5:21; 고전 10:14).

---

01 예를 들어, 신사도 운동이나 국제 기도의 집 운동들이 여기에 속한다.

❸ 그리스도의 속죄를 미사와 같은 방식으로 나타낼 수는 없다. 미사는 성찬을 대신할 수 없다(히 10:10). 로마 가톨릭의 미사가 우상에 해당됨을 지지하는 성경 구절은 다니엘 11장 38-39절이다. "그 대신에 강한 신을 공경할 것이요 또 그의 조상들이 알지 못하던 신에게 금 은 보석과 보물을 드려 공경할 것이며 그는 이방신을 힘입어 크게 견고한 산성들을 점령할 것이요 무릇 그를 안다 하는 자에게는 영광을 더하여 여러 백성을 다스리게도 하며 그에게서 뇌물을 받고 땅을 나눠 주기도 하리라."

신명기 27장 15절도 다음과 같이 말씀하고 있다. "장색의 손으로 조각하였거나 부어 만든 우상은 여호와께 가증하니 그것을 만들어 은밀히 세우는 자는 저주를 받을 것이라 할 것이요 모든 백성은 응답하여 말하되 아멘 할지니라."

❹ 요리문답서의 80번 질문에 대한 설명 외에도, 루터는 로마 가톨릭의 미사는 가장 혐오스러우며 괴물과 같은 것이라고 말했다. 그는 요한계시록 12장 3-4절과 20장 2절에 있는 것과 같이 미사를 용의 꼬리로 이해하였다. 따라서 미사가 있는 곳에는 우상숭배가 일어나고 미신적인 행태들이 나타난다. 오늘날 로마 가톨릭이 우세한 나라들을 보면 그 의식들이 미신적이며 우상숭배적인 것을 확인할 수 있다.

질문 81. 주님의 식탁에는 누가 참여할 수 있습니까?

답 | 진정으로 자신의 죄를 슬퍼하고 그리스도 때문에 자신이 용서함 받았다는 것과 자신에게 남아 있는 연약함이 그리스도의 고난과 죽음에 의해 덮

어지는 것을 믿으며, 그들의 믿음이 더욱 강해지고 삶이 더욱 거룩해지기를 간절히 소원하는 자입니다. 그러나 진실한 심령으로 하나님께 돌아서지 않은 위선자들은 그들의 심판을 먹고 마시는 것이 됩니다.[01]

❶ 주의 성찬은 단지 외적으로 먹고 마시는 것이 아니라 내적으로 준비된 자가 참여할 수 있는 것이다. 따라서 주의 성찬은 자기 자신을 돌아보게 하는 자기 점검의 기능이 있다. 자기 점검(고후 13:5)이란, 칼로 심부를 도려내듯이 자기의 심령을 철저히 잘라서 검색하는 것을 말한다. 주의 성찬은 그것에 합당한 자만이 참여할 수 있다. 따라서 반드시 내적으로 준비가 되어 있어야 한다.

고린도전서 11장 28절에서는 "사람이 자기를 살피고 그 후에야 이 떡을 먹고 이 잔을 마실지니"라고 말씀하고 있다. 자기를 살피는 것은 자기 자신의 마음과 양심을 살피는 것이다. 자기 자신을 점검할 때 자신의 죄에 대해 슬퍼하는 마음을 갖게 된다. 그래서 그리스도의 은덕들을 더욱 생각하며 그 은혜에 합당한 개혁된 삶으로 회복되기를 간절히 원하게 된다.

고린도전서 11장 26절에서는 "너희가 이 떡을 먹으며 이 잔을 마실 때마다 주의 죽으심을 그가 오실 때까지 전하는 것이니라"고 하셨다. 성찬은 우리의 죄 때문에 그리스도가 고통을 받으시고 죽으신 것을 기억함으로 죄를 미워하게 한다. 우리가 그리스도와 함께 죽은 사실을 기억하고, 죄와 육신을 죽이고자 하는 것이다.

❷ 따라서 주의 성찬을 준비하면서 필요한 것은 죄에 대해 슬퍼함이다. 자신들의 죄를 인정하고 그리스도로 인하여 우리의 죄가 용서받았음을 신뢰

---

01 고린도전서 10:19-22; 11:26-32.

하는 것이다. 또한 거듭났지만 아직도 남아 있는 연약함이 그리스도의 고난과 죽음에 의해 덮여졌다는 것을 믿는 것이다. 우리의 죄는 하나님의 계명을 어기고 무시하는 것으로, 우리의 연약함은 선을 행하지 못하게 하는 것으로 우리에게 고통을 준다(요일 1:7). 그럼에도 불구하고 우리의 연약함까지도 그리스도의 고난과 죽음에 의해 모두 덮여진다는 것을 믿는 것이다.

❸ 더욱 강한 믿음과 거룩한 삶을 갈망하는 마음으로 자기 점검을 하게 되면, 우리에게는 그 어떤 선한 것이나 의로운 것도 없음을 발견하게 된다. 그래서 그리스도의 은덕들이 더욱 필요함을 깨닫게 된다. 따라서 더 부지런히 하나님께 은혜를 얻기 위해 기도하게 된다. 또한 은혜의 수단인 말씀을 더욱 간절히 들음으로 우리의 믿음을 더욱 확고히 하게 된다. 이렇게 함으로써 우리의 죄가 용서받았다는 것을 확신하게 되고, 더 나아가서 우리의 죄 된 삶을 개혁하려고 애쓰게 된다(딤후 2:19). 성찬은 이렇게 심령이 준비된 자에게 합당한 것이다.

❹ 그러나 성찬에 합당치 않은 자는 진정으로 회개를 원하지 않으며, 회심하지도 않은 자들이다(롬 2:5). 위선자들은 자신들이 회심한 척한다. 그럼으로써 그들은 자신을 속이고 다른 사람도 속인다. 그들은 어느 때에는 그리스도 편에 있기를 소망하지만, 어느새 그들은 세상 가운데 있다(고전 10:21).

바울은 이러한 자들을 꾸짖고 있다. 교회는 이러한 자들을 성찬에 참여시켜서는 안 된다(고전 11:16-22). 합당치 않은 자가 주의 성찬을 먹고 마시는 것은 하나님의 심판을 불러일으킨다(고전 11:29). 따라서 개혁 교회는 주의 성찬을 위해 각자 자신들을 돌아보기를 요구하였다. 주의 성찬을 시행하기 며칠 전부터 묵상과 기도로 돌아보게 한 것이다. 주의 성찬을 준비 없이 대하는 것은 위험한 일이기 때문이다.

질문 82. 고백과 삶에 의해 불충실하고 경건하지 못함을 드러내는 자가 주의 성찬에 참여할 수 있습니까?

답 | 안 됩니다. 그것은 하나님의 언약을 모독하는 일이며, 전 회중에게 하나님의 진노를 초래하는 일입니다.[01] 따라서 그리스도 및 사도들의 교훈에 따라 그리스도의 교회는 천국의 열쇠를 공적으로 사용하여 그들이 회개할 때까지 그들을 성찬에서 배제시킬 의무가 있습니다.

❶ 주의 성찬은 철저히 자기 점검을 요구하는 것이다. 그러나 위선자의 경우 자신이 세례를 받았지만 믿음이 있는 상태가 아니기 때문에 자기 점검을 할 수 없고 하지도 않는다. 이렇게 아직 믿음이 없는 자들은 자기 자신을 돌아보지도 않으며 돌아볼 수도 없는 상태다. 따라서 교회는 자신들의 믿음에 대해 회의적이거나, 삶이 경건하지 못한 자들에 대해 더욱 적극적으로 징계해야 하며, 그들에게 주의 성찬을 허락해서는 안 된다. 그들을 주의 성찬에서 반드시 배제시켜야 할 의무가 있다.

❷ 그들이 성찬을 대하겠다고 주장한다 해도 주의 성찬을 허락해서는 안 된다(고전 5:11; 마 7:6). 왜냐하면 거룩한 것을 개나 돼지에게 줄 수 없으며, 설사 주어진다 해도 개나 돼지는 그것을 짓밟기 때문이다. 개나 돼지는 성경에서 불결한 것을 상징하는 짐승이다. 그러나 주의 성찬은 거룩한 것으로서 주의

---

01 시편 50:16; 이사야 1:11-17; 고린도전서 11:17-34.

교회에게 맡겨진 것이다. 따라서 거룩한 것을 개나 돼지에게 주지 말라는 것은 거룩한 것을 불결하게 만들지 말라는 명령이다. 거룩한 것을 더럽히는 것은 하나님의 진노를 불러일으킨다. 교회는 이 부분에 있어서 주의를 기울여야 한다.

❸ 악한 자와 믿음이 없는 자를 주의 성찬에서 배제해야 한다. 하나님의 언약을 더럽혀서는 안 되기 때문이다. 하나님의 언약은 개인뿐만 아니라 회중 전체와 관련된다. 주의 성찬은 언약적인 것이다(시 50:16). 따라서 주의 성찬을 함부로 취급하거나 더럽히는 것은 회중 전체에 하나님의 진노를 불러일으킬 수 있다. 그러므로 교회는 믿음과 행위에서 치리를 게을리 하지 말아야 한다. 고린도전서 11장 30절에 보면, 주의 성찬을 함부로 다룬 결과로 약한 자와 병든 자가 많이 생겼으며 잠자는 자도 있다고 했다. 이것은 영적으로뿐 아니라 육체적으로도 징계를 받는다는 의미가 된다. 잠자는 것은 죽음을 의미하는 것이다(고전 10:1-5).

❹ 이렇게 믿음 없는 자와 경건치 못한 자와 위선자를 주의 성찬에서 배제하는 것은 그리스도와 사도들의 가르침에 기초를 둔 것이다. 그리스도는 "네 형제가 죄를 범하거든 가서 너와 그 사람과만 상대하여 권고하라 만일 들으면 네가 네 형제를 얻은 것이요 만일 듣지 않거든 한두 사람을 데리고 가서 두세 증인의 입으로 말마다 확증하게 하라 만일 그들의 말도 듣지 않거든 교회에 말하고 교회의 말도 듣지 않거든 이방인과 세리와 같이 여기라"(마 18:15-17)고 말씀하셨다.

바울 사도는 "이단에 속한 사람을 한두 번 훈계한 후에 멀리하라"(딛 3:10), "형제들아 우리 주 예수 그리스도의 이름으로 너희를 명하노니 게으르게 행하고 우리에게서 받은 전통대로 행하지 아니하는 모든 형제에게서 떠나라 … 누가 이 편지에 한 우리 말을 순종하지 아니하거든 그 사람을 지목하여 사귀지 말고 그로 하여금 부끄럽게 하라 그러나 원수와 같이 생각하지 말고 형제같이 권면하라"(살후 3:6, 14-15)고 말씀하였다. 그러나 이렇게 배제시키는 것은 그가 회개할 때까지로 국한된다(고후 2:6). 또한 이러한 성찬에서의 배제는 교회의 직원에 의한 것이어야 한다(마 16:19).

제31주

질문 83. 하나님 나라의 열쇠란 무엇입니까?

답 | 거룩한 복음의 설교와 교회의 권징(혹은 그리스도의 교회에서 출교하는 것)입니다. 하나님 나라의 문은 이 두 가지를 통해 믿는 자들에게는 열려 있으며, 믿지 않는 자들에게는 닫혀 있습니다.[01]

❶ 교회의 권징은 성도의 교제에서 제한시키는 것뿐만 아니라 그 이상의 범위로 확장된다. 일시적으로나 영원히 교회에서 제외시키는 것이다. 하나님 나라의 열쇠는 이를 시행하라고 주신 권위에 대한 은유다. 이것은 베드로에게 주셨으며(마 16:19), 모든 사도에게 같은 방식으로 주셨고(마 18:18; 요 20:23), 교회에 주셨다. 이러한 권징은 시민법적인 성격은 지니지 않고 오직 영적인 것이다(고후 10:4-6).

---

01 마태복음 16:19; 요한복음 20:21-23.

❷ 교회는 이 권세를 사용해야 하는데, 이는 죄인을 구원하기 위해서다. 예를 들어 출교의 경우는 회개를 위한 가장 최종적인 처방이다. 그리고 회중을 악에서 보호하기 위한 것이다. 죄악은 모든 사람의 마음을 사로잡을 수 있기 때문이다. 권징은 주의 이름을 거룩하게 유지하기 위한 것이다. 교회는 그리스도의 명령에 따라 이를 시행해야 하는데, 주의 말씀에서는 하나님 나라에 받아들여질 자와 배제될 자에 대해 분명하게 언급하고 있기 때문이다(사 3:10-11). 여기서 두 개의 열쇠는 복음 설교와 교회의 권징이다.

질문 84. 하나님 나라가 거룩한 복음의 설교에 의해 어떻게 열리고 닫힙니까?

답 | 그리스도의 명령에 따라 이루어집니다. 복음이 모든 자에게 설교되고, 그 가운데 모든 믿는 자들이 진정한 믿음으로 복음의 약속을 받을 때 그들의 모든 죄는 그리스도의 은덕에 의하여 실제적으로 용서받습니다. 그러나 반대로 공적으로 복음이 증거되는데도 믿지 않고 진실하게 회개하지 않는 자는 하나님의 심판에 직면하게 되며 영원한 정죄에 놓이게 됩니다. 그들이 회심하지 않는 한 하나님의 복음의 증거에 따라 이 땅에서와 장차 오는 세상에서 심판을 받을 것입니다.[01]

❶ 하나님 나라는 설교를 통해 열린다. 복음의 설교, 또는 그리스도에 의한 구속의 설교를 통해 그것을 믿는 개인에게 열려진다. 이렇게 믿는 자는

---

01 마태복음 16:19; 요한복음 3:31-36; 20:21-23.

그리스도의 은덕에 근거해서 죄를 용서받고, 죄 용서함에 대한 확신을 얻게 된다. 이때 그들의 사죄는 마치 하나님의 입으로부터 죄를 용서받았다는 선언을 직접 듣는 것처럼 분명하다(겔 33:11; 요 6:37; 눅 10:16).

❷ 한편으로 하나님 나라는 설교를 통해 닫힌다. 복음의 설교가 그들에게 전해졌지만 받아들이지 않거나, 회개하지도 않는 경우에는 닫히는 것이다. 그들에게는 하나님의 영원한 정죄밖에 없다. 사실 복음의 설교는 그들에게 자신의 죄에 대한 하나님의 심판을 피할 수 있는 길을 알려주는 것이다. 그럼에도 불구하고 그 설교를 가볍게 여기고 듣지 않으며 받아들이지 않는다면, 하나님의 심판을 피할 수 없는 것이다(요 8:24; 마 3:7-8). 따라서 이들에게 복음의 설교는 오히려 하나님의 심판의 근거를 마련하는 것이 된다.

❸ 이렇게 복음의 설교는 하나님 나라가 열리게 하는 것인 동시에 닫히게 하는 것이다. 복음의 설교는 이 땅에서만 일어나는데, 유효하게 적용되는 자에게는 이 땅에서의 삶은 물론이고 영원한 생명까지 얻게 한다(롬 2:16; 마 18:18). 그러나 죄를 용서받아야 할 필요성을 깨닫지도 못하고 하나님께서 죄를 용서하시려고 마련하신 그리스도의 구속을 깨닫지도 못하며 필요로 하지도 않는 자들은, 이 땅에서의 심판과 영원한 심판에 처하게 된다. 따라서 오늘날 이 땅에서 설교되는 복음이 얼마나 중요한지, 그 귀중함과 엄중함을 동시에 깨달아야 한다.

질문 85. 어떻게 천국의 문이 교회의 권징에 의해 닫히고 열립니까?

답 | 그것은 그리스도의 명령에 따른 것입니다. 그리스도인이라고 할지라도 비기독교적인 교리를 믿고 비기독교적인 생활을 하며 형제들의 계속적인 권면에도 불구하고 자신의 잘못된 교리를 버리지 않고 악한 삶을 계속 산다면, 교회에 알리고 교회에서 지명한 자를 그에게 보내야 합니다. 그럼에도 그들의 훈계를 무시하는 자는 성례에 참여하지 못하도록 금하며, 교회로부터 배제시켜야 합니다. 그러한 자는 하나님께서도 그리스도의 나라에서 쫓아내실 것입니다.[01] 그러나 그들이 약속하고 변화된 삶을 보여준다면 그리스도와 그의 교회의 회원으로 다시 받아들이게 됩니다.[02]

❶ 교회의 권징은 교회의 권위를 나타내는 기회로 사용되는 것이 아니다. 교회 회원의 자격을 박탈하는 수단을 사용함으로써 치리된 자를 회개로 인도하기 위한 것이다. 회원 자격 박탈은 하나님의 말씀에 의한 유익을 더 이상 얻지 못하게 하는 것이다. 따라서 이것은 영적인 징계의 목적으로 시행되는 것이다.

교회는 회원들에게 교회의 권징과 치리의 시행에 대해 강조해야 한다. 그것은 참된 교회의 표식이기 때문이다. 이는 하나님의 말씀이 순수하게 설교되며 성례가 올바로 시행될 뿐 아니라 경건한 삶이 주장되게 하기 위한 것이다. 따라서 권징의 시행은 교회를 거룩하게 유지하는 방편이 된다.

---

01 마태복음 18:15-20; 고린도전서 5:3-5, 11-13; 데살로니가후서 3:14-15.
02 누가복음 15:20-24; 고린도후서 2:6-11.

❷ 교회의 회원이 되기 위한 세례를 받을 수 있는 조건에는 교회의 이러한 권징에 대해 인정하고 받아들이는 것이 포함된다. 교회에서 권징을 행하는 자는 목사와 장로들이다. 교회의 권징은 신실하게 행해져야 하며 덕을 세우기 위한 것이어야 한다. 그래서 개혁파 교회에서는 권징을 실시할 때 회중 앞에서 공개적으로 엄격하게 꾸짖는다. 교회는 회중 앞에서 권징을 당하는 자가 그리스도의 성찬에 합당치 않은 자인 것을 선언하게 된다. 회개도 마찬가지로 회중 앞에서 공개적으로 하게 한다(눅 14:28-30).

❸ 칼빈은 심지어 조그만 단체와 가정이라고 할지라도 권징이 없이는 경건하게 유지될 수 없다고 보았다. 따라서 교회는 더욱 권징이 필요하며, 개인에 대한 훈계와 권징이 없이는 설교가 효과적이지 못하다고 하였다. 또한 교회는 그리스도의 복음의 교리에 대해 반대하는 자들을 권징함으로써 더욱 순수하게 보전된다. 반대로 교회가 권징을 실시하지 않아 교회 안에 악이 더욱 진행된다면, 더 이상 그리스도의 교회가 아닌 모습으로 전락해버리고 말 것이다.

권징의 진행은 먼저 형제로서 훈계하고 그 다음에 교회에서 정한 자로 훈계한다. 그럼에도 불구하고 그가 듣지 않는다면 성례의 참여를 정지한다. 이렇게 권징하는 목적은 그리스도의 교회가 불미스러운 일들을 용인함으로써 하나님의 이름과 교회를 욕되게 하는 일을 막으려는 것이다. 이러한 권징은 적은 누룩이 온 덩이에 퍼지지 않도록 미루지 말고 시행해야 한다. 권징은 죄인으로 하여금 회개케 하려는 것이다. 따라서 교회의 권징에는 예외가 없다. 이것은 그리스도의 명령이기 때문이다. 권징의 중요성은 교회의 거룩성과 복음의 교리가 훼방되지 않도록 하는 데 있다.

교회사에서 개혁 교회는 엄격한 권징의 시행으로 육신적인 자들과 위선자들(거짓 믿음의 고백자들)이 교회에 넘치지 않도록 하였다. 초기 한국교회에서도 권징이 엄격하게 시행되었다. 교회 안에 거짓 고백자와 위선자들이 넘치지 못하게 하고, 경건의 능력을 소유한 교회로 세우기 위한 노력들이었다.

제32주

질문 86. 우리는 자신의 어떠한 공로 없이 단지 그리스도를 통한 은혜로 말미암아 비참함에서 구원을 받는데, 왜 우리는 반드시 계속해서 선행을 해야 합니까?

답 | 그리스도께서 자신의 피로 우리를 구원하시고 구속하셨으며, 그의 성령으로 우리를 갱신하여 하나님의 형상을 닮아가도록 하셨기 때문입니다. 우리는 삶의 행위로써 하나님의 축복에 대해 감사하는 것이며,[01] 우리로 인하여 하나님께서는 찬양을 받으십니다.[02] 이는 믿음의 열매를 통하여 우리의 믿음을 확인하기 위함이며,[03] 우리의 경건한 모습으로 다른 사람을 그리스도께로 인도하기 위함입니다.[04]

❶ 하이델베르크 요리문답서의 질문 3번에서 11번까지는 첫 번째 부분으

---

01 로마서 6:13; 12:1-2; 베드로전서 2:5-10.
02 마태복음 5:16; 고린도전서 6:19-20.
03 마태복음 7:17-18; 갈라디아서 5:22-24; 베드로후서 1:10-11.
04 마태복음 5:14-16; 로마서 14:17-19; 베드로전서 2:12; 3:1-2.

로서 죄로 인한 비참함에 대한 내용이었고, 질문 12번에서 85번까지는 두 번째 부분으로서 죄인을 구속하시는 은혜에 대한 것이었다. 이 두 번째 부분 중, 질문 59번에서 64번까지는 이신칭의에 관련된 것이었다.

그리고 질문 86번에서 마지막까지는 세 번째 부분으로서 구원의 은혜로 인하여 하나님께 감사드리는 내용에 대한 것이다. 우리는 구원의 은혜에 대해 반드시 감사해야 한다. 그리고 그 감사는 우리가 구원의 은혜를 받은 뒤에도 선행을 계속 해야 하는 이유를 설명해준다. 우리가 반드시 선행을 해야 하는 이유는 우리가 받은 구원의 은덕들 때문이다.

우리는 그리스도의 보혈로 인하여 죄에서 구속을 받았다. 주께서 우리의 비참함을 거두어가셨다. 그리고 성령으로 우리를 갱신하셔서 하나님의 형상을 닮을 수 있도록 해주셨다. 우리로 하여금 새 생명의 능력의 실체 가운데 있도록 허락하신 것이다(고전 1:30; 고후 5:17). 구원의 은혜를 받은 자(중생한 자)로서 우리는 반드시 선행을 해야 한다(요일 5:3; 마 11:30). 하이델베르크 요리문답서의 세 번째 부분은 성화에 대한 것으로, 신자의 거룩한 삶과 그리스도 안에서의 성장을 다룬다.

❷ 그리스도 안에서의 칭의와 성화의 목적은 선행을 위한 것이다(엡 2:10; 딛 2:14). 그리스도 안에서 받은 구원의 은덕들은 우리로 하여금 마땅히 감사하도록 만든다. 그 은덕들 가운데서 우리는 성령의 역사로 능력을 얻었다. 따라서 우리는 선행으로 하나님께 감사드릴 수 있게 되었다(히 12:18; 골 3:17). 구원받은 백성의 행위는 하나님의 영광을 위한다는 목적이 있는데, 이것은 다른 사람에게 증거되는 것이다(고전 6:20; 마 5:16). 따라서 구원의 은혜와 함께 받은 은덕들을 가지고 선행을 함으로써 하나님께 영광을 돌려야 한다.

❸ 구원받은 백성의 선행은 자신들에게도 필요한 것인데, 이로써 자신이 믿음 안에 있다는 것을 확신하게 된다. 우리가 진정한 믿음 가운데 있다면 그 믿음은 단지 환상적 체험이 아니다. 단지 머리에만 있거나 입술에만 있는 것도 아니다. 진정한 믿음은 그 자체로 증거하게 되어 있는데, 그것이 바로 선행이다.

진정한 믿음 가운데 선행이 나오는 것이다. 좋은 나무가 좋은 열매를 맺으며(마 7:17-18), 나쁜 나무는 못된 열매를 맺게 되는 원리다(약 2:17; 요일 2:3-4; 벧후 1:10). 따라서 자신에게 믿음이 있고 스스로 그리스도를 믿는다고 고백할지라도, 그 고백의 진실성을 행함에서 확인해 보여야 한다. 단지 교리적 지식에 불과하거나 입술만의 고백이라면 그것은 진정한 믿음이 아닌 것이다.

❹ 진정한 하나님의 백성의 선행은 다른 사람의 구원을 위해 필요하다. 우리의 거룩한 행실과 언어는 다른 사람들로 하여금 그리스도를 믿는 것에 대해 용기를 갖게 해준다. 특별히 우리의 신앙적인 대화들은 다른 사람에게 좋은 영향을 끼친다. 그렇다고 우리의 선행이 하나님 앞에 우리의 의가 되는 것은 결코 아니다. 하나님께서 거저 주시는 은혜로, 우리에게 그리스도의 의를 전가하심으로 우리를 의롭게 하신 것이다. 따라서 우리는 선행으로 하나님께 감사를 보여야 한다. 그것을 통해 하나님께서는 영광을 받으실 것이며, 우리를 구속하신 목적이 이루어지는 것이다(눅 1:74).

이처럼 선행은 믿음의 열매로서 우리에게 확신을 준다. 우리가 거짓 믿음이 아니라 진정한 믿음 가운데 있다는 것을 확신시켜 주는 것이다. 이 선행은 다른 사람을 그리스도께로 이끄는 수단이 된다. 우리는 그리스도 안에 의와 거룩과 구속과 진리와 생명이 있다고 외칠 수 있으며, 이러한 것들이 은혜로 주시는 선물임을 자랑하게 된다.

❺ 하나님께서 인간을 창조하신 목적은 인간으로 하여금 하나님을 찬양하게 하기 위한 것이다. 그러나 인간은 타락하였고 그리스도께서는 이 창조의 목적을 회복시키셨다. 따라서 우리의 구속의 최종적 목적은 하나님을 영화롭게 하는 것이다. 하나님 앞에서 변화된 자로서 반드시 선행이 나타나야 하는 것이다.

질문 87. 악한 삶을 계속 살면서 하나님께 감사하지도 않고, 하나님께 돌아오지 않는 사람도 구원받을 수 있습니까?

답 | 결코 구원받지 못합니다. 성경에서는 부정한 자, 우상숭배자, 간음하는 자, 도적질하는 자, 탐욕스러운 자, 술 취하는 자, 중상모략 하는 자, 강도질하는 자와 같은 자들은 하나님의 나라를 유업으로 받을 수 없다고 가르칩니다.[01]

❶ 선행과 경건한 삶은 중생의 열매다. 즉, 중생한 자에게 반드시 나타나야 하는 증거다. 이것은 구원의 은혜에 대해 하나님께 감사하는 삶이기도 하며, 구원을 가져다주는 진정한 믿음의 증거이기도 하다. 따라서 믿음이 있다고 하면서, 이러한 삶이 나타나지 않는 것은 자신을 속이는 것이며, 거짓말하는 자가 되는 것이다(요일 2:2-3). 경건하지 못한 삶을 살고 있다는 것은 육신의 열매의 증거이며, 하나님께 감사하지 않는 것이며, 더 나아가서는 불신앙의 표지가 된다(마 7:16).

---

01 고린도전서 6:9-10; 갈라디아서 5:19-21; 에베소서 5:5-6; 요한일서 3:14.

❷ 교회 안에 있으면서 드러나게 죄를 짓는 자들이 있다. 불결한 행동과 말로써 하나님의 계명을 어기는 자들인데, 부정한 자에 해당된다. 우상숭배적인 자들은 하나님보다 다른 것들을 너욱 사랑하는 자들로서, 돈이나 먹고 마시는 것을 더욱 사랑하는 자들이다(빌 3:19). 간음하는 자들은 결혼의 서약을 어기고 침상을 더럽히는 자들이다. 도적질하는 자들이란 다른 사람의 소유를 은밀히 취하는 자들을 말한다. 탐욕스러운 자들은 이 세상의 부를 쌓기 위해 모든 생각과 행동을 그것에 맞추는 자들이다(골 3:5). 술 취하는 자들이란 술에 과도하게 취하고 독한 술에 탐닉해 있는 자들을 말한다.

중상모략 하는 자들이란 음모와 거짓으로 남을 해하는 자들이며, 강도들은 다른 사람의 재산을 강제로 취하여 사용하는 자들을 말한다. 또한 남을 미워하는 것도 살인에 해당된다(요일 3:15). 이러한 죄들에 대해 바울은 하나님 나라의 유업을 얻지 못하는 자들의 죄라고 말했다(갈 5:21). 또한 사도 요한은 둘째 사망에 해당되는 죄들이라고 말했다(계 21:8). 이러한 죄들 가운데 생활하는 자들은 결코 구원받은 백성이 아니다.

❸ 우리는 선행으로 구원받는 것이 결코 아니며, 믿음으로 구원을 받는다. 그 믿음에는 반드시 순종이 동반되며 이것은 선행으로 나타나게 되어 있다. 따라서 진정한 믿음은 경건한 대화와 삶을 가져다준다. 하나님께서 죄인인 우리를 용서하시고 은혜를 베푸시는 것은 과거의 죄 된 삶을 계속해서 살아도 된다는 것이 아니라, 하나님의 거룩성에 합당한 거룩한 삶을 살게 하시려는 것이다(살전 4:7).

따라서 믿음이 있고 은혜 아래에 있다고 하면서도 악한 일들을 행하는 자들은 구원과 관련이 없는 사람들이며, 그들은 그 악한 일에 따라 하나님의 심판과 정죄를 받게 되어 있다(계 20:13; 갈 6:8). 특별히 믿음이 있는 척하면서 그들의 악한 행위로 그리스도의 이름을 불명예스럽게 한 자는 더욱 무거운 하나님의 심판을 받게 될 것이다(벧후 2:2-3; 마 18:7).

❹ 회개하지 않는 자는 구원받을 수 없다. 그러나 중생의 역사로 인하여 과거의 죄 된 삶을 수치스럽게 여기고 그 죄에서 떠나며 회개하고 하나님께로 나아오는 자는 구원을 받는다(고전 6:11). 그리고 이들은 성령께서 일으키시는 중생의 역사로 인하여 거룩한 것을 추구하게 되어 있다. 따라서 누구든지 죄 가운데 있고 여전히 죄를 사랑하고 있으면서 입술로만 회개했다고 한다면, 구원의 은혜가 그에게 없는 것이다. 성령의 중생의 역사가 그에게 일어나지 않은 것이다.

따라서 중생의 역사가 자신에게 일어났는지 여부를 스스로 점검하여 확인해보아야 한다(고후 13:5). 성령의 역사로 자신의 죄를 보게 되고 죄의 심각성을 깨달아야 한다. 그리고 죄에서 떠나 하나님께로 돌아와야 하며, 하나님을 섬겨야 한다(살전 1:9). 그것이 거룩한 삶이요 경건한 삶이다.

❺ 거룩함이 없이는 아무도 주를 보지 못한다(히 12:14; 마 3:10; 계 21:27). 이것은 오직 죄 없는 자가 구원을 받는다는 뜻이 아니다. 신자들도 때때로 심각한 죄에 빠지기도 한다. 신자들이 때로는 죄를 짓지만, 죄 가운데 살지는 않는다. 그들은 죄 가운데 계속 살아갈 수 없다. 하나님의 은혜를 통해 회개하는 가운데 주님께로 돌아오게 되기 때문이다(시 51편). 따라서 만약 회개가 결여되어 있으며 여전히 감사하지 않는 가운데 산다면, 그에게는 구원이 없는 것이다.

제33주

질문 88. 진정한 회심은 무엇으로 구성됩니까?

답 | 두 부분입니다. 옛 자아가 죽는 것과 새사람으로 사는 것입니다.[01]

❶ 회심이라는 단어는 때때로 개종이라는 단어로 번역된다. 그러나 그것은 정확한 번역이 아니다. 회심이라는 단어는 회개와 믿음을 말하는 것이다. 하나님께서 인간을 처음 만드셨을 때, 그에게는 의로움과 지혜와 지식이 있었다. 그러나 인간이 범죄함으로 하나님에게서 돌아서서 인간 자신을 위하여 살아갔다. 그래서 인간은 죄와 사탄에게 매여 살아간다. 그러나 회개와 믿음을 통하여, 즉 회심을 통하여 자기 자신과 죄와 사탄에게서 돌아서서 용서와 은혜를 얻기 위해 하나님께로 나아오는 것이다.

이때 자신의 우상적인 것을 모두 버리고 돌아서는 것이 필요하다. 회심은 하나님께로 돌아올 뿐만 아니라 하나님을 섬기기 위해 나아오는 것이다(살전 1:9). 이러한 회심에 대해 이사야 31장 6절에서 잘 말씀하고 있다. "이스라엘

---

01   로마서 6:1-11; 고린도전서 5:7; 고린도후서 5:17; 에베소서 4:22-24; 골로새서 3:5-10.

자손들아 너희는 심히 거역하던 자에게로 돌아오라." 바울도 이에 대해 다음과 같이 잘 표현하고 있다. "이스라엘과 이방인들에게서 내가 너를 구원하여 그들에게 보내어 그 눈을 뜨게 하여 어둠에서 빛으로, 사탄의 권세에서 하나님께로 돌아오게 하고 죄 사함과 나를 믿어 거룩하게 된 무리 가운데서 기업을 얻게 하리라"(행 26:17-18). 즉, 회심이란 외적으로나 내적으로 죄에서 떠나 하나님께로 돌아와 그분을 섬기는 것을 의미한다.

❷ 이러한 회심은 회개와 믿음으로 구성되는데, 먼저 회개가 중요한 요소다. 회심에 있어서 회개는 먼저 하나님께 하는 것이다. 죄를 깨닫는 것이 먼저 필요하다. 죄라는 것은 하나님의 계명을 어기는 것이며, 따라서 죄는 하나님의 계명을 깨달음으로써 알게 되는 것이다. 이렇게 자신의 죄를 깨닫게 될 때, 그 죄가 하나님의 뜻을 거스르고 하나님을 대적한 것을 알게 된다. 따라서 회개는 계명을 세우신 하나님께 하는 것이다.

믿음이라는 것은 그리스도께 대한 믿음이다. 자신의 죄를 깨달은 죄인들은 하나님의 심판 또한 깨닫게 되어 있다. 따라서 하나님의 심판을 피하기 위해 용서를 구한다. 이때 죄인은 하나님께 자신의 죄를 고백하고 겸손하게 용서를 구하게 된다. 이렇게 용서를 구하는 죄인에게 하나님께서는 그리스도를 은혜의 방편으로 정한 것을 알게 하신다. 죄인은 하나님께서 마련하신 은혜의 수단 앞에 복종하게 되며, 그리스도께 대한 믿음을 가지게 된다(행 20:21). 이러한 회심의 역사는 철저히 성령의 역사다. 성령께서 죄인의 심령을 갱신시키시는 과정 속에서 일어나는 것이다(요 16:8).

❸ 따라서 회심이라는 것은 옛사람이 죽는 것과 새사람으로 살아가는 것을 포함한다. 이 회심의 효과는 너무나 분명하다. 옛사람은 아담으로부터

물려받은 것이다. 죄와 악에 항상 기울어져 있는 성향이 그 속에 내재해 있다. 그 마음의 생각과 모든 계획이 항상 악하다(창 6:5).

그러나 새사람은 성령에 의해 갱신된 심령을 가지고 있다. 갱신되고 변화된 심령은 선한 것과 거룩한 것에 대해 기울어져 있다. 그래서 새사람은 본성적인 것과 죄 된 것에 대항하게 되어 있다. 새사람은 죄 된 본성을 죽이고, 의로운 것을 더욱 증가시킨다(롬 6:4-6).

❹ 이렇게 진정한 회심은 그 효과가 분명하기 때문에 거짓된 회심과 구별할 수 있다. 거짓된 회심에는 거짓 회개가 있다. 단지 감정적으로 잠깐 슬퍼하는 것과 입술로만 하는 죄의 고백들은 회개가 아니다. 또한 양심이 잠깐 괴로워하다가 끝나는 것도 회개가 아니다. 이러한 회개는 위선자들이 하는 회개다. 하나님의 심판이 두려워서 잠깐 회개의 고백을 하다가 어려움이 물러가면 다시 죄로 돌아가는 것이다.

바로왕의 회개가 여기에 속한다. 그의 회개의 고백은 완벽한 것이었지만 진정한 회개가 아니었으며, 그는 다시 범죄하였다(출 9:27). 이것은 단지 일시적이고 감정적인 슬픔을 회개로 여기는 경우로서, 진정한 회개가 아니다. 가룟 유다의 경우도 비슷하다. 그는 죄에 대해 후회했지만 회개하지는 않았다(마 27:3-4). 즉, 자신의 죄를 깨달았지만 그 죄를 철저히 인정하고, 용서받기 위해 그리스도께로 나아오지는 않았던 것이다. 이는 자신의 죄에 대해 낮아지지 않았다는 것이다. 따라서 진정한 회개는 죄를 버리고 새로운 삶을 시작하는 것이다. 그것은 옛사람을 죽이는 것으로 나타난다.

❺ 믿음에 있어서도 진정한 믿음과 거짓된 믿음을 구별할 수 있다. 진정한 믿음은 그리스도께 굴복된 증거가 분명히 나타난다. 그리스도의 은덕들에

전적으로 의존하는 것이다. 그러나 믿음을 의지의 행위로 보고, 자기 스스로 그리스도를 믿겠다고 의지를 드리면 구원받는다고 강조하는 자들이 있다. 이것은 성경에서 말하는 믿음이 아니다. 믿겠다고 말함으로써 자신의 의지를 드린다고 해서 변화된 삶이 나타나는 것이 아니다. 왜냐하면 그러한 결심들이 약해지면 여전히 과거의 죄 된 삶을 살게 되며, 그 결심들을 다시 강하게 하려고 해도 잘 되지 않기 때문이다. 이것은 단순히 자기의 의지일 뿐 믿음이 아니다. 성령의 역사에 의한 진정한 믿음이 발생되지 않은 상태다.

진정한 믿음은 우리의 의지에까지 영향을 미치게 되어 있다. 그래서 변화된 증거가 나타난다. 이미 그 성향이 변화되어 거룩한 삶에 대한 갈망이 그 속에 있다. 이러한 변화 없이 인간의 의지에서 비롯된 자발적인 것을 믿음으로 간주하면 결코 그 사람에게서 새로운 삶의 증거를 발견할 수 없다. 거짓 믿음의 또 다른 경우는, 어떤 감정적이며 환상적인 체험을 자신의 믿음의 근거로 여기는 것이다. 이것은 하나님의 말씀에 근거하지 않고, 자기의 주관적인 체험에 근거를 두고 있다. 따라서 체험의 느낌들이 사라지면 다시 옛사람의 모습으로 돌아간다.

또한, 오늘날 교회에서 가장 쉽게 볼 수 있는 거짓 믿음의 유형이 하나 더 있다. 예수를 믿으면 건강해지고 부자가 된다는 말을 듣고 교회를 다니는 경우다. 이것은 성경에서 말하는 복음이 아니다. 이러한 잘못된 복음을 듣고 교회 생활을 하는 자들에게는 결코 새사람의 증거들이 나타나지 않는다. 죄와 싸우고 죄를 미워하는 것을 볼 수 없을 뿐만 아니라, 오히려 세상적인 삶을 교회 안에서 더욱 증가시킨다. 따라서 진정한 회심을 추구하고 참된 회심의 증거가 우리에게 있는지 확인해야 한다. 그 확인 과정을 통해 우리는 하나님께서 우리의 영혼을 강력하게 변화시키신 은혜에 대해 감사하게 된다.

❻ 회심을 통하여 우리가 완전한 상태가 되었다는 것은 아니다. 회심했지만 아직도 부패된 본성이 남아있기 때문에 죄와 싸우는 것과 의로운 삶을 추구하는 것이 필요하다. 그런데 이러한 것 역시 우리를 완전한 상태에 이르게 하는 것은 아니다. 점진적이고도 지속적인 과정이 필요하다. 특정한 일회적 체험으로 되는 것이 아니다. 속도는 비록 더디더라도 지속적으로 앞으로 나아가는 것이다. 따라서 지속적으로 주의 은혜를 의지해야 한다.

질문 89. 옛사람이 죽는다는 것은 무엇입니까?

답 | 이것은 진정으로 죄를 슬퍼하고 더욱더 죄를 미워하며 피하는 것입니다. 왜냐하면 우리의 죄는 하나님을 분노하게 만드는 것이기 때문입니다.[01]

❶ 옛사람은 우리의 죄 된 본성을 말한다. 우리의 본성은 죄에 기울어져 있다. 이것은 아담에게서 물려받은 것이기 때문에 옛사람이라고 부른다. 회개는 죄를 부인하는 것으로서 새생명이 시작된 자에게 반드시 필요한 것이다(사 55:7). 그러나 신자들은 여전히 매일 죄를 짓기 때문에 계속적인 회개가 필요하다. 옛사람을 계속해서 죽여야 하는 것이다.

우리가 하나님을 향하여 돌아섰다고 해서 완전해진 것은 아니다. 계속해서 전진해야 한다. 이렇게 전진할 때, 계속해서 우리의 육신과 충돌이 생긴다(갈 5장; 롬 7장). 이러한 충돌 가운데서 굴복하면 또 다시 죄를 짓게 되는 것이다. 그러므로 계속해서 죄를 죽이는 것이 필요하다. 죄를 죽인다는 것은 죄를 파괴하고 십자가에 못 박는 것을 의미한다(롬 8:3; 갈 5:24). 우리의 옛 본성

---

01   시편 51:3-4, 17; 요엘 2:12-13; 로마서 8:12-13; 고린도후서 7:10.

은 단번에 죽지 않는다. 따라서 계속해서 죽여야 한다. 물론 이것은 고통스러운 일이지만, 그리스도의 죽음의 은덕으로 인하여 우리에게는 가능한 것이다.

❷ 죄를 죽이려면 먼저 죄에 대해 슬퍼해야 한다. 이것은 성령의 역사에 의하여 우리의 심령에 영적 습관으로 형성된다. 이를 위해 성령께서는 먼저 죄인에게 자신의 죄를 알게 하신다. 특히 도덕법을 통해 죄가 무엇인지 분명히 알게 하신다. 그리고 죄가 얼마나 위험한 것인가를 알게 하신다(시 51:3). 성령께서는 계속해서 죄가 얼마나 비참하고 혹독한 것인지 깨닫게 하시고, 그 죄들이 하나님의 엄위에 대적한 것임을 알게 하신다(렘 3:13).

결국 죄인은 자신의 죄에 대해 부끄러워하고 슬퍼하게 된다(단 9:7; 약 4:9; 욜 2:13; 고후 7:10). 이렇게 죄에 대해 깨달은 죄인들은 하나님 앞에서 자신의 죄들을 인정하게 된다(시 32:3, 5; 요일 1:9). 그리고 용서를 위해 간구하게 된다. 이 과정 속에서 자신의 죄로 인한 비참함과, 죄를 없앨 수 없는 자신의 무능을 처절하게 경험하게 된다. 그래서 자신도 모르는 사이에 죄를 미워하게 되고 자신의 죄에 대해 슬퍼하는 영적 성향이 형성되는 것이다(렘 31:19).

이러한 성령을 통한 회심의 과정으로 인하여 진정으로 회심한 자에게는 죄를 미워하고 슬퍼하는 특성이 반드시 나타날 수밖에 없다. 이것은 죄를 짓고서 단지 미안해하거나 섭섭해 하는 정도의 감정과는 전적으로 다른 것이다. 이렇게 죄를 미워하는 마음이 그를 죄로부터 떠나게 만든다.

❸ 죄를 죽이는 것은 죄를 더욱 미워하고 피하는 것이다. 단지 하나님의 심판이 두려워 죄를 혐오하는 것이 아니라 하나님께서 죄를 미워하시기 때문에 우리도 미워하고 피해야 하는 것이다(롬 12:9; 시 45:7). 따라서 과거에 즐

거워하였던 죄들을 이제는 미워하게 된다(시 119:104). 진정으로 죄를 미워하는 자는 죄를 피하려고 애쓴다. 그는 사소한 죄라도 피하려고 하며, 유혹으로 빠지게 하는 기회들에 대해 조심한다(딤후 2:19; 엡 5:4). 죄를 피하는 것은 진정한 회개로부터 비롯되는 것이다.

진정한 회개를 위해서는 먼저 죄에 대한 지식이 필요하다. 그러나 우리의 죄에 대한 지식은 한 번에 완성되는 것은 아니다. 하나님의 말씀 아래에서 날마다 죄악 된 우리 자신의 정체성을 깨닫는 것이 필요하다. 그러면 우리의 부패성을 더욱 잘 알게 된다. 그래서 죄를 더욱 미워하게 되고 그것을 피하려고 애쓰게 된다. 이렇게 나 자신의 죄와 부패성을 더욱 분명히 깨닫게 되면, 그것을 피하기 위해 은혜에 의지하게 되며 성령의 도움을 구하게 된다. 이것이 경건의 첫걸음이다(엡 3:16).

질문 90. 새사람으로 산다는 것은 무엇입니까?

답 | 그리스도를 통하여 신실한 마음으로 하나님을 기뻐하고,[01] 사랑과 즐거움으로 모든 선한 일에 하나님의 뜻을 따라 사는 것입니다.[02]

❶ 먼저 옛사람이 죽고 영적으로 새로운 사람으로 소생되어야 한다. 이것은 내적인 사람이 성령의 능력에 의해 살아나며, 그리스도의 부활의 능력에 거하는 것을 의미한다(골 3:1). 성령께서는 회개하는 죄인을 영적으로 활기차게 하시며 다시 일으켜 세우신다. 즉, 통회하는 죄인으로 하여금 실망 가운

---

01 시편 51:8, 12; 이사야 57:15; 로마서 5:1; 14:17.
02 로마서 6:10-11; 갈라디아서 2:20.

데 망하도록 두지 않으시고 그를 일으켜 세우시는 것이다(시 38:4).

예수님의 비유 중 탕자의 비유는 통회하고 돌아오는 자의 영적인 과정을 보여준다. 이러한 진정한 회개가 있어야 성령의 역사로 인한 일으킴을 경험하게 된다. 한편으로, 통회하는 심령이 없다면 결코 회심으로 말미암은 새로운 생명의 기쁨을 맛볼 수 없다. 따라서 아직 통회하는 상태에 이르지 않았다면 그에게 용서와 하나님의 받아주시는 은혜의 체험은 없는 것이다.

이사야 57장 15절에서는 "지극히 존귀하며 영원히 거하시며 거룩하다 이름하는 이가 이와 같이 말씀하시되 내가 높고 거룩한 곳에 있으며 또한 통회하고 마음이 겸손한 자와 함께 있나니 이는 겸손한 자의 영을 소생시키며 통회하는 자의 마음을 소생시키려 함이라"고 말씀하고 있다.

이사야 66장 2절에서도 "나 여호와가 말하노라 내 손이 이 모든 것을 지었으므로 그들이 생겼느니라 무릇 마음이 가난하고 심령에 통회하며 내 말을 듣고 떠는 자 그 사람은 내가 돌보려니와"라고 말씀하신다(진정한 회개에 대한 시편으로서는 6, 32, 38, 51, 102, 130, 143편을 들 수 있다). 따라서 이렇게 통회하며 전적으로 낮아지고 겸손한 영혼의 상태에 이르지 않았다면, 그것은 회개가 부분적이거나, 올바른 종류의 회개가 아닌 것이다(시 51:3, 12).

❷ 그리스도를 통하여 신실한 마음으로 하나님을 기뻐하는 것은 회심을 경험한 자에게 일어나는 내적인 즐거움이다. 회심한 자는 하나님의 은혜로 인히여 기뻐하고 즐거워한다. 하나님께서 자신의 죄를 용서하시고 받아주신 것에 대해 감격한다. 그리스도를 통하여 영생을 베풀어 주신 은혜를 기뻐하는 것이다(롬 5:1; 사 61:10).

회심한 자는 자신이 과거에 너무나도 어리석었으며 영적으로 무지하였고, 그에 따라 하나님을 대적하였던 모습들이 너무나 부끄럽지만, 그럼에도 불구하고 자신을 받아주신 하나님의 은혜에 대해 기뻐한다. 또한 죄인을 용서하시고 받아주시는 삼위 하나님의 구속 사역과, 그 지혜의 오묘함과 위대함으로 인하여 감격하며 기뻐하는 것이다.

❸ 기쁨으로 가득 찬 마음과 함께 또 하나의 회심의 증거가 있다. 그것은 선한 일을 행하고자 하는 열망이 일어나는 것이다. 이것은 진정하고 신실한 회개의 증거다(롬 7:22; 갈 2:19-20). 회심 전에는 하나님의 계명에 대해 관심이 없지만 회심한 이후로는 하나님의 계명을 지키려고 애쓰게 된다. 하나님의 계명이 너무나도 달콤하게 다가오기 때문에 그 계명을 사랑하며 지키게 되는 것이다.

하나님을 사랑하기 때문에 그의 계명이 무거운 것으로 느껴지지 않고 즐겁게 느껴진다(요일 5:3). 율법 아래에 있다면 구원을 위해 계명을 지켜야 하기 때문에 무겁게 느껴질 것이지만, 이미 율법에서 자유하고 하나님의 종이 되었기 때문에 계명을 지키는 삶이 마땅한 것으로 생각된다(롬 6:20-22). 따라서 진정으로 회심한 사람은 이 세상 가운데 있지만 이 세상에 속한 자가 아니다(요 17:11, 16; 약 1:27).

질문 91. 선한 행실은 무엇입니까?

답 | 오직 선한 행실은 진정한 믿음에서 나오는 것이며,[01] 그것은 하나님의

---

01   요한복음 15:5; 로마서 14:23; 히브리서 11:6.

율법에 따라[02] 그의 영광을 위해 행하는 것입니다.[03] 그리고 선한 일들은 우리의 상상력이나 사람들의 관습에 근거를 두고 있지 않습니다.[04]

❶ 질문 91번은 질문 86번 및 90번과 관계되어 있다. 중생하고 회심한 자는 그리스도를 통한 구속에 감사하는 가운데 반드시 선한 행실로 중생한 자의 삶을 드러내게 되어 있다. 선한 행실로써 자신의 새로운 생명이 하나님께로부터 온 것임을 나타낸다. 이렇게 경건이 드러남으로 인해 그 사람은 실로 중생하였으며 회심한 자인 것이 증거된다. 그러나 만약 신앙고백이 있음에도 불구하고 삶의 변화가 없거나 여전히 과거의 죄 된 삶 가운데 그대로 머물러 있다면, 열매로 판단하는 원리로 볼 때 그 사람에게는 진정한 믿음이 없는 것이며, 아직 회심하지 않은 상태인 것이다.

❷ 선한 행실은 오직 진정한 믿음으로부터 나온다. 이러한 믿음은 하나님에 대한 확실한 지식을 가지며, 그의 말씀에 대해 분명하게 깨닫고 그리스도 안에 있는 그의 은혜에 대해 진정으로 확신하는 데서부터 비롯된다(히 11:4; 롬 14:23). 따라서 선한 행실을 하려면 하나님께서 우리들에게 요구하시는 선한 행실이 무엇인가를 바르게 이해하는 것이 필요하다(미 6:8).
또한 하나님께서 우리가 선한 행실을 추구할 때 그것을 실제적으로 행할 수 있도록 도우시겠다고 약속하시는 것을 깨닫고, 그에 대한 확신이 있어야 한다. 왜냐하면 우리가 선한 행실을 가지고 싶다고 해서 그것을 행할 수 있는 것은 아니기 때문이다(사 40:29). 더욱이 우리가 선한 행실을 한다고 하더

---

02 레위기 18:4; 사무엘상 15:22; 에베소서 2:10.
03 고린도전서 10:31.
04 신명기 12:32; 이사야 29:13; 에스겔 20:18-19; 마태복음 15:7-9.

라도 그것이 완전한 것도 아니다. 여전히 부족한 것이다. 그럼에도 불구하고 하나님께서는 우리의 불완전한 행위들을 받아주신다(히 13:16).

❸ 선한 행실이란 율법을 따라 행동하는 것을 의미한다. 하나님의 율법은 이중적 목적을 가지고 있다. 첫째, 우리의 죄를 알게 한다(롬 3:20). 죄를 깨달은 죄인은 용서를 구하게 되고, 결국 용서를 받게 되며, 새로운 생명을 얻게 된다. 이렇게 새로운 생명으로 들어갈 때 율법은 우리에게 삶의 규칙이 된다.

그러나 여전히 우리에게는 능력이 부족하다. 따라서 하나님의 은혜의 도우심을 입어 그 율법을 지키려고 애쓰는 것이다(롬 8:4). 결국 이러한 삶은 하나님을 기쁘시게 하는 삶으로 인도된다(레 18:4; 겔 20:19; 갈 6:16). 선한 행실은 오직 하나님께 영광이 되게 하는 것이다. 이것은 하나님께서 우리에게 새 생명을 주신 가장 중요한 목적이다(고전 10:31; 마 6:2).

❹ 선한 행실에 관한 잘못된 오해들도 있다. 사람들의 계명은 하나님의 계명을 대체할 수 없다. 예수님께서는 장로들의 유전을 가지고 자신들의 명예를 위해 선한 행실을 하는 척하는 바리새인들을 꾸짖었다(마 6:1-7, 16, 17; 15:1-14). 선한 행실을 하나님의 계명에 근거하지 않고 인간의 상상력으로 행하는 경우도 있다. 사울 왕은 자신의 생각과 뜻으로 하나님께 예배하였다. 결국 하나님께서는 그를 버리셨다(삼상 17:7-23). 오늘날도 교회 안의 많은 사람이 하나님의 계명과 뜻에 따르지 않고 자기 상상과 주장을 가지고 주의 일을 하려 한다. 그들은 먼저 하나님의 뜻이 무엇인지를 깨달아야 한다. 그리고 헛된 자기 열심을 버려야 한다.

제34주

질문 92. 주님께서는 율법을 통해 무엇을 말씀하셨습니까?

답 | 하나님이 이 모든 말씀으로 말씀하여 이르시되 나는 너를 애굽 땅, 종 되었던 집에서 인도하여 낸 네 하나님 여호와니라.

제1계명 | 너는 나 외에는 다른 신들을 네게 두지 말라.

제2계명 | 너를 위하여 새긴 우상을 만들지 말고, 또 위로 하늘에 있는 것이나, 아래로 땅에 있는 것이나, 땅 아래 물속에 있는 것의 어떤 형상도 만들지 말며, 그것들에게 절하지 말며, 그것들을 섬기지 말라.

나 네 하나님 여호와는 질투하는 하나님인즉 나를 미워하는 자의 죄를 갚되, 아버지로부터 아들에게로 삼사 대까지 이르게 하거니와, 나를 사랑하고 내 계명을 지키는 자에게는, 천 대까지 은혜를 베푸느니라.

제3계명 | 너는 네 하나님 여호와의 이름을 망령되게 부르지 말라. 여호와는 그의 이름을 망령되게 부르는 자를 죄 없다 하지 아니하리라.

제4계명 | 안식일을 기억하여 거룩하게 지키라. 엿새 동안은 힘써 네 모든 일을 행할 것이나, 일곱째 날은 네 하나님 여호와의 안식일인즉, 너나 네 아들이나, 네 딸이나, 네 남종이나, 네 여종이나, 네 가축이나, 네 문 안에 머무

는 객이라도 아무 일도 하지 말라. 이는 엿새 동안에 나 여호와가 하늘과 땅과 바다와, 그 가운데 모든 것을 만들고 일곱째 날에 쉬었음이라. 그러므로 나 여호와가 안식일을 복되게 하여, 그 날을 거룩하게 하였느니라.

제5계명 | 네 부모를 공경하라. 그리하면 네 하나님 여호와가 네게 준 땅에서 네 생명이 길리라.

제6계명 | 살인하지 말라.

제7계명 | 간음하지 말라.

제8계명 | 도둑질하지 말라.

제9계명 | 네 이웃에 대하여 거짓 증거하지 말라.

제10계명 | 네 이웃의 집을 탐내지 말라. 네 이웃의 아내나, 그의 남종이나 그의 여종이나, 그의 소나 그의 나귀나, 무릇 네 이웃의 소유를 탐내지 말라

(출 20:1-17; 신 5:6-21).

❶ 하나님께서 시내산에서 모세를 통하여 이스라엘에게 율법을 주셨다. 율법을 주시는 것은 하나님과 이스라엘 백성 간의 언약의 추인이다. 그래서 하나님의 율법이라고 부르는 것이다. 율법은 하나님께서 이스라엘에게 요구하시는 것을 분명하게 명시하고 있다. 거룩하신 하나님께서 백성에게 거룩할 것을 요구하시는 것이다.

율법이 요구하는 형태는 명령하거나 금하는 것인데, 대부분 금하는 것이다. 그 이유는 율법은 죄에 대해 반대하기 때문이다. 그러나 내용상으로는 명령하는 것과 금하는 것 모두를 포함하고 있다. 십계명은 구약의 백성에게 주었지만 신약의 백성에게도 구속력이 있다(마 5:17). 왜냐하면 율법은 문자에 의해 단순히 외적으로 성취되는 것이 아니라 내적으로 성취되는 것이기 때문이다(롬 3:31).

❷ 십계명의 서문에는 중요한 것들이 언급되어 있다. 율법을 주시는 분이 주이시며, 그분은 영원한 분이시고 모든 능력을 가지고 계신 분이라고 말씀하고 있다. 바로 그분께서 이스라엘 백성과 언약을 맺으시고, 그들은 하나님의 백성이 되며, 하나님은 그들의 하나님이 되신다는 것이다.

하나님의 백성이 받은 은혜는 하나님의 능력에 의해 애굽에서 건짐받은 것이다. 따라서 이스라엘은 하나님을 예배하고 섬겨야 하며, 하나님의 전능하심과 진리와 자비에 대해 감사해야 한다. 이것은 신약에서도 마찬가지다. 하나님은 우리를 그리스도를 통하여 사탄과 죄의 종 된 상태로부터 건지셨다. 따라서 구속의 은혜를 받은 자는 그리스도를 주로 섬겨야 한다.

❸ 율법은 영적인 의미로 이해해야 한다. 각 계명은 특정한 죄의 형태에 대해 지칭하고 있다. 따라서 전체적인 형태로 이해해야 한다. 또한 금하고 있는 것들은 그 반대를 요구하시는 것이다. 율법은 우리의 행위에 대해 지시하고 있을 뿐만 아니라 우리의 생각에 대해서도 지시하고 있다.

❹ 십계명의 각각의 개요를 간단히 살펴보면, 제1계명은 하나님만이 진정한 하나님이시라는 것이다. 제2계명은 그러한 하나님께 예배할 것을 말씀하고 있는데, 심각한 경고가 함께 주어진다. 제3계명은 하나님의 성호에 대한 것이다. 이 성호는 하나님을 나타내는 것이다. 제4계명은 안식일(주일)에 관한 계명으로서, 날을 구별하여 하나님께 드릴 것을 요구하고 있다.

제5계명은 가정에 대한 것이지만 공적인 생활에도 적용할 수 있는 것이다. 제6계명은 인간의 삶에 관련된 계명이며, 제7계명은 결혼의 상태에 대한 것이다. 제8계명은 이웃의 재산에 관련된 것이고, 제9계명은 이웃의 평판에 대한 것이다. 그리고 제10계명은 제7계명에서 제9계명까지의 내용을 집약한 것이다. 이렇게 율법 전체가 요구하는 것은 악한 행위뿐만 아니라 그 마음의 악한 욕망도 금하는 것이다(롬 7:7).

질문 93. 십계명은 어떻게 구분됩니까?

답 | 두 부분으로 구분됩니다. 첫째 부분은 우리가 하나님께 반드시 행해야 하는 것을 가르치고 있으며, 둘째 부분은 우리의 이웃에게 행해야 할 의무들에 대해 가르치고 있습니다.[01]

❶ 율법은 단일체다. 야고보서 2장 10절에 의하면 "누구든지 온 율법을 지키다가 그 하나를 범하면 모두 범한 자가 되나니"라고 말씀하고 있기 때문이다. 그럼에도 불구하고 십계명을 두 부분으로 구별하는데, 제1계명에서 제4계명까지를 첫째 부분으로, 제5계명에서 제10계명까지를 둘째 부분으로 본다.

이렇게 구분하는 이유는 첫 번째 부분이 하나님께 대한 의무이며, 두번째 부분은 이웃에 대한 의무이기 때문이다. 또한 하나님께서 율법을 주실 때 두 부분으로 주셨기 때문이다. 하나님께서 직접 십계명을 쓰셨고(신 4:13) 모세는 그 내용에 따라 두 개의 돌 판으로 구별하였다. 그 내용은 하나님을 사랑하는 것과 이웃을 사랑하는 것이다(신 6:5; 레 19:18). 따라서 예수님께서도 율법을 두 개의 계명으로 요약하셨던 것이다(마 22:37-40).

---

01 마태복음 22:37-40.

❷ 하나님께서 직접 십계명을 쓰신 이유는 율법이란 결코 지워질 수 없다는 것을 상징적으로 전하고자 하셨기 때문이다. 도덕법은 영원히 유효하다. 그리고 십계명은 완전한 것이다. 십계명이 돌에 새겨졌다는 것은 지울 수 없을 뿐만 아니라 동시에 그 위에 어떤 것도 추가할 수 없음을 말하는 것이다. 성경에서 10이란 숫자는 완성을 의미하는데, 하나님께서 직접 완성하신 것을 뜻한다. 따라서 하나님의 율법은 완전한 것이며, 십계명에는 하나님의 뜻이 완전하게 표현되어 있다.

십계명의 두 부분 중 첫 번째 부분은 하나님께 대한 사랑의 계명이다. 이것은 하나님께 대한 사랑이 모든 십계명을 통제하는 원칙이 됨을 나타낸다. 하나님께 대한 사랑 없이 이웃을 사랑할 수 없다. 우리가 이웃을 사랑하는 것도 하나님을 위한 것이다.

❸ 십계명이 요구하는 것은 하나님을 사랑하는 것이다. 하나님을 사랑하는 것은 오직 하나님을 섬기는 것이 동기가 되어야 한다. 하나님의 말씀에 따라 하나님을 예배하며, 그의 거룩한 이름을 공경하며, 안식일을 지키며, 권위에 있어서 이웃을 존경하며, 이웃관계와 그들의 재산에 대해 존중하며, 자족하는 심령으로 탐욕을 제어해야 한다.

십계명은 단지 외적 행위나 개념의 코드가 아니다. 십계명은 우리의 마음과 의지, 우리의 성향을 요구하는 것이다. 우리가 하나님의 계명을 지키지 않는 것은 하나님을 사랑하지 않아서이며, 그것은 곧 죄다. 거듭난 영혼은 그의 계명을 즐거이 지키게 되어 있다(요일 5:1-3). 그의 계명은 하나님을 사랑하며 그 형제를 사랑하는 것인데, 결코 무겁지 않다고 하였다. 왜냐하면 하나님을 사랑하는 것이 전제되어 있기 때문이다.

중생한 영혼은 율법 아래에 있지 않다. 의를 이루기 위해 율법을 지키는 것이 아니라, 그리스도 안에서 하나님의 뜻을 이루기 위해 지키는 것이다. 계명은 중생한 자로 하여금 날마다 진정한 회개를 하도록 인도하며, 그리스도에 대한 지식이 얼마나 중요한 것인지 알게 한다. 뿐만 아니라 하나님의 뜻에 대한 지식을 증가시키고, 그의 길에서 행하고자 하는 열망을 더욱 강하게 갖도록 해준다.

질문 94. 제1계명에서 하나님이 명령하시는 것은 무엇입니까?

답 | 우리 자신의 구원을 진정으로 원하며, 모든 우상숭배[01]와 마술과 점보는 것과 미신[02]을 피하고 성인에게나, 혹은 어떤 다른 피조물[03]에게 기도하는 것을 버리고 오직 참되신 하나님을[04] 바르게 배우며, 오직 하나님 한 분만을 신뢰하며,[05] 모든 겸손[06]과 인내[07]로써 하나님께 굴복하며, 모든 좋은 것을 오직 하나님께 바라며,[08] 사랑[09]과 두려움[10]으로 온 마음을 다해 하나님을 영화롭게 하는 것입니다.[11] 그래서 나는 하나님의 뜻에 반대되는 어떠한 것도 행하지 않으며,[12] 다른 모든 피조물들을 섬기는 일을 버리는 것입니다.

---

01 고린도전서 6:9-10; 10:5-14; 요한일서 5:21.
02 레위기 19:31; 신명기 18:9-12.
03 마태복음 4:10; 레위기 19:10; 22:8-9.
04 요한복음 17:3.
05 예레미야 17:5, 7.
06 베드로전서 5:5, 7.
07 로마서 5:3-4; 고린도전서 10:10; 빌립보서 2:14; 골로새서 1:11; 히브리서 10:36.
08 시편 104:27-28; 이사야 45:7; 야고보서 1:17.
09 신명기 6:5; 마태복음 22:37.
10 신명기 6:2; 시편 111:10; 잠언 1:7; 9:10; 마태복음 10:28; 베드로전서 1:17.
11 신명기 6:13; 10:20; 마태복음 4:10.
12 마태복음 5:29-30; 10:37-39; 사도행전 5:29.

❶ 제1계명은 모든 계명의 뿌리가 된다. 이 계명은 우상숭배를 금하고 있다. 우상숭배란 진정한 하나님을 대체하는 모든 생각과 행위를 포함하는 것이다. 우상숭배에는 이방의 우상을 섬기는 형태를 비롯하여(롬 1:23; 시 81:8-9; 고전 6:9) 마술과 점보는 것과 미신, 그리고 성인을 숭배하는 것이 포함된다.

마술은 하나님이 아닌 다른 것으로부터 하나님의 역사를 기대하는 것이다. 점을 치는 것은 하나님이 계시하지 않은 것을 찾고 구하는 것이다. 미신은 하나님이 아닌 다른 것을 기대하는 것이다. 또한 성인 숭배도 우상이다. 위대한 인물에 대한 과도한 존경은 결국 우리의 마음을 허망한 것으로 채우게 만든다. 이러한 것들은 하나님의 말씀에 계시된 것을 거부하고 인간의 부패한 개념으로 고안한 것들이다(시 14:1). 구원을 위해 반드시 이러한 것들을 피하고 그로부터 완전히 떠나야 한다.

❷ 그리스도인을 위한 제1계명의 구체적인 적용은 진정한 하나님 이외의 다른 것에 확신을 두는 행위를 포함한다. 세상을 사랑하면 아버지의 사랑이 그 속에 없다고 말씀하고 있다 (요일 2:15-17). 즉, 세상을 사랑하는 것은 제1계명을 어기는 것이다.

예수님께서 부자 청년에게 가진 것을 다 팔아 가난한 자에게 나눠주고 그리스도를 따르라고 하셨다(눅 18:22). 그러나 청년은 그 말을 듣고는 근심한 채 그리스도를 떠났다. 재물을 사랑하는 마음이 가득하였기 때문에 그리스도의 명령을 따르지 못하였던 것이다. 재물이 그에게 우상이었다. 우리는 하나님 이외에 어떤 것도 우선순위에 두어서는 안 되며, 그것을 사랑해서도 안 된다.

❸ 제1계명은 여덟 가지 덕들을 명령하고 있다. 첫째, 하나님께 대한 바른

지식이다. 이러한 지식의 원천은 오직 성경이다. 성경에서만 하나님께서 자신을 계시하고 있기 때문이다. 바른 지식은 머리로 이해하는 것으로 끝나는 것이 아니라 삶 가운데 실천되는 것이다(렘 9:23-24; 요 17:3). 둘째, 하나님에 대한 확신이다. 오직 하나님만을 신뢰하는 것이다. 하나님만이 전능하시며, 신실하시고, 진리가 되신다는 지식에 근거를 두고 있다. 하나님께서 우리에게 약속하신 것과 하나님께서 그 약속을 성취하실 수 있다는 것에 대해 확신하는 것이다(시 62:11; 사 26:4; 시 118:8).

셋째, 하나님 앞에 겸손해야 한다. 겸손해야 하나님을 신뢰할 수 있다. 자신의 연약함을 잘 알기 때문에 자신을 신뢰하지 않고, 오직 하나님만을 신뢰하는 것이다. 동시에 자신의 무가치함을 깨달을 때, 자신에 대해 어떠한 주장도 하지 않게 된다(벧전 5:5). 넷째, 하나님께 대하여 인내하는 것이다. 인내라는 것은 하나님에 대한 신뢰의 계속성을 의미한다. 마치 하나님께서 우리를 잊어버리신 것 같은 상황에서도, 또한 우리가 구하는 것과는 정반대의 상황이 전개된다 하더라도 하나님을 신뢰하는 것이다(시 27:14; 62:1; 히 10:36).

❹ 다섯째, 소망이다. 우리는 모든 좋은 것이 하나님께로부터 온다는 것을 생각해야 한다. 그러할 때 우리는 그것들을 기다릴 수 있다. 지금 우리 눈에 보이게 어떤 것이 나타나지 않는다 하더라도 바라보고 기다리는 것이다(약 1:17; 롬 5:5). 여섯째, 하나님을 사랑하는 것이다. 전심으로 하나님을 사랑하는 것이다. 사랑이란 그 대상에게 마음이 굴복된 것이며, 전심이라는 것은 나누어지지 않은 사랑을 의미한다(시 23:26). 우리가 진정으로 하나님께 굴복되었다면, 우리는 하나님의 길 가운데서 걸어갈 것이다(시 18:1-2).

일곱째, 하나님을 두려워하는 것이다. 이것은 하나님의 심판에 대해 두려워하는 종의 두려움이 아니다. 하나님의 무한하신 엄위에 대한 인식으로부터 나오는 두려움이다. 그래서 우리가 하나님 앞에 겸손히 자신을 낮추는 것이다(시 34:9; 창 18:27). 여덟째, 하나님을 영화롭게 하는 것이다. 하나님만이 우리에게 모든 좋은 것을 주시며, 우리 가운데서 모든 선을 위하여 일하시는 분이시다. 따라서 우리는 하나님의 자비를 인정하면서 하나님을 영화롭게 해드려야 한다(렘 13:16; 시 29:2).

❺ 제1계명을 설명함에 있어서 요리문답서는 '우리가 우리 자신의 영혼의 구원을 원하는 것과 같이'라고 서술하고 있다. 이것은 제1계명과 구원의 관계를 설명하는 것이다. 진정 구원의 은혜를 깨닫고 구하는 자는 하나님께 대한 바른 지식이 있다. 그는 하나님의 말씀을 통하여 하나님께서 하신 일과 그 성품에 대해 알고 있다. 그리고 그 하나님께 구원 얻기를 갈망하는 것이다.

기생 라합은 이스라엘 하나님에 대한 지식이 있었다. 하나님께서 약속을 이행하시고 지키시는 분이시며, 그 능력이 무한하시다는 것을 깨달아 알고 있었다. 그래서 그는 자신은 물론이고 자신의 식구들도 심판에서 건짐을 받고 하나님의 백성 가운데 거하기를 원하였다. 이는 하나님을 아는 지식으로부터 온 것이다. 따라서 하나님에 대한 지식이 없이는 구원이 있을 수 없다. 또한 하나님에 대한 잘못된 개념이나 지식을 가지고도 구원에 이를 수 없다. 그것은 단지 인간 스스로의 개념으로 혹은 상상으로 만든 우상적인 것에 불과하기 때문이다.

질문 95. 우상숭배란 무엇입니까?

답 | 우상숭배란 자신의 말씀 안에서 자신을 계시하신 오직 한 분이신 하나님 대신에 어떤 다른 물건들을 만들어서 그것을 신뢰하는 것입니다.[01]

❶ 우상숭배라는 것은 하나님의 말씀 안에서 자신을 계시하신 하나님 대신에 다른 것을 섬기는 것이다. 이방의 우상들은 모두 형상이 있다(롬 1:23; 시 81:8-9; 고전 6:9). 인간들은 자기 나름의 개념으로 하나님을 만들어서 그것을 섬기는데(시 14:1), 이것은 하나님이 말씀 안에서 자신을 계시한 것과는 다른 것이다. 따라서 우상숭배는 하나님을 부정하는 것이다.

과거 교회사 속에서 조나단 에드워즈와 찰스 촌시가 알미니안주의에 대해 논쟁을 하였다. 에드워즈는 하나님의 사랑만 강조하고 공의를 무시하는 알미니안주의자들에 대해 인간의 이성으로 하나님을 재구성하고 있다고 꾸짖었다. 마찬가지로 오늘날 교회 내에서도 이러한 신학적 성향이 분명히 존재한다. 하나님의 속성 가운데 사랑만을 강조하고 공의를 무시하는 모습이 널리 퍼져 있다. 이것은 인간 스스로의 개념으로 인간을 위한 하나님을 새롭게 만들어낸 것이다. 이것 역시 우상숭배다.

❷ 외형적으로 그리스도인이라 할지라도 그들의 생각과 행위 속에서 하나님의 말씀 안에서 자신을 계시하신 하나님을 한 쪽으로 버려두고 그 어떤 다른 것에 신뢰를 둔다면 그것은 우상숭배다(요일 5:21). 세상을 따라 행하는 것도 우상 숭배다. 요한일서 2장 15절에서는 "이 세상이나 세상에 있는 것

---

01 역대상 16:26; 갈라디아서 4:8-9; 에베소서 5:5; 빌립보서 3:19.

들을 사랑하지 말라 누구든지 세상을 사랑하면 아버지의 사랑이 그 안에 있지 아니하니"라고 말씀한다.

특히 돈을 사랑하는 것을 맘몬 숭배라고 부른다(마 19:22; 마 6:24). 사람들에게 영광을 구하는 것도 우상숭배이며(요 12:43), 좋은 옷을 입고 그것에 만족하는 것도 우상숭배다(사 3:16-23). 먹는 것과 마시는 것에 온통 마음을 두는 것도 우상숭배다(빌 3:19; 벧전 4:7). 자신의 가까운 친구나 친척, 아내 혹은 자녀들을 도가 넘치게 사랑하는 것도 우상숭배이며(마 10:37; 눅 14:26), 자신의 건강을 지나치게 신뢰하는 것과(시 103:15-16), 아름다움을 신뢰하고(사 14:11) 지식을 신뢰하는 것(잠 28:26)도 우상숭배다.

개혁 신학자들은 로마 가톨릭의 미사를 우상으로 보았다(질문 80번). 특별히 루터는 다니엘 11장 38-39절을 적용해서 로마 가톨릭의 미사를 우상으로 보았고, 교황에게는 데살로니가후서 2장 4절을 적용하여 인간이 하나님의 영광을 가로챈 경우로 보았다.

❸ 하나님을 아는 지식은 하나님의 성품에 대한 개념을 가지게 하며, 이를 통해 하나님을 신뢰하고 사랑하고 예배하게 된다. 그러나 하나님의 뜻에 무지한 자는 하나님에 대해 알지 못하는 것이다. 그들은 성경의 하나님을 섬기는 것이 아니라 자신의 개념으로 만든 신을 섬기는 것이다. 이교도들이 자신의 신들을 섬기고 예배하는 것과 같은 우상숭배다.

인간의 부패한 심령은 하나님의 썩지 않는 영광을 썩어질 사람의 형상이나 벌레 형상의 우상으로 만든다(롬 1:23, 25). 그리고 그것을 영적으로 음란하게 섬기고 예배한다. 그들은 한편으로 성경을 가지고 있다 하더라도 잘못된 오류와 잘못된 신학에 의해 하나님을 잘못 이해하고 예배한다. 그러한 하나님은 자신들을 위한 하나님으로서 하나님의 말씀에 계시되어 있는 하나님이 아니다.

오늘날 교회 내에서도 이성으로 인간을 위한 하나님을 재구성하여 섬기고 있다. 이것은 교회가 거룩성을 잃어버리게 만들었다.[02] 그들은 하나님의 말씀에 근거하지 않고 인간의 이성을 기준으로 하나님을 상상해서 만들었는데, 그 하나님은 단지 인간의 행복을 위해 존재하시는 하나님에 불과하다. 거기에는 하나님께 대한 경건한 두려움이나 존경심이 없다. 그래서 예배는 더욱 타락해서 인간의 즐거움을 위한 예배로 전락해버리고 말았다. 그들의 예배는 우상숭배적인 것이다. 그들이 아무리 하나님을 부르고 찬양한다 하더라도 그들은 하나님을 헛되이 섬기는 자들에 불과하다.

❹ 제1계명이 우리에게 요구하는 것은 하나님을 예배하는 것이다. 그리고 자의적으로 만든 모든 종교를 금하는 것이다. 이러한 형태의 종교는 하나님께 불순종하는 것이며, 하나님을 사랑하지 않는 마음에서 형식을 지키는 것일 뿐이다. 따라서 제1계명은 우리에게 하나님의 말씀에서 명령하고 있는 방법대로 예배할 것을 요구하고 있다. 우리는 하나님을 바르게 예배해야 한다(엡 5:1).

---

[02] 바른 신학의 실종으로 거룩하신 하나님을 상실하였고, 더 나아가서 그리스도인의 생활(윤리)이 실종되고 말았다(데이빗 웰스의 「신학 실종과 윤리 실종」 참조).

제35주

질문 96. 제2계명에서 하나님께서 요구하시는 것은 무엇입니까?

답 | 하나님에 대한 어떤 형상도 만들지 말며,[01] 하나님의 말씀에서 명령하신 것 외에 다른 방법으로 하나님을 예배하지 말라는 것입니다.[02]

❶ 총체적인 형상 예배는 하나님에 대한 형상을 만들고 그것을 예배하는 것인데, 마치 이교도들이 그림과 조각상으로 자신의 신들을 예배하는 것과 같다(신 4:23-24; 히 12:29; 롬 1:22-23; 시 97:7). 그러나 좀 더 정교한 형상 예배는 하나님에 대한 잘못된 개념 가운데서 예배드리는 것, 그리고 자신의 마음에 하나님에 대한 그림들을 그려놓고 예배하는 것이다(골 1:15; 요 14:9; 고후 15:16). 오늘날 관상 기도의 경우는 정교한 형상 예배에 해당되는 것인데, 자신의 상상력을 동원해서 그것을 영적인 현상으로 만들어내는 것이다. 이것은 육체에 나타나는 물리적 현상으로 인하여 영적 현상들처럼 보일 수 있으나 성

---

01 신명기 4:15-19; 이사야 40:18-25; 사도행전 17:29; 로마서 1:23.
02 레위기 10:1-7; 신명기 12:30; 사무엘상 15:22-23; 마태복음 15:9; 요한복음 4:23-24.

령의 역사는 아니다.

❷ 어거스틴은 '우리는 그리스도께서 하나님 보좌 우편에 앉아계신 것을 믿는다. 그러나 하나님 아버지를 인간의 모습처럼 오른쪽과 왼쪽이 있는 것으로, 혹은 그가 사람처럼 육신을 가지고 앉아서 말씀하시는 것으로 생각해서는 안 된다. 이것은 하나님을 모독하는 것이다'라고 했다. 또한 바울은 "썩어지지 아니하는 하나님의 영광을 썩어질 사람과 새와 짐승과 기어다니는 동물 모양의 우상으로 바꾸었느니라"(롬 1:23)고 하면서, 이러한 자들에게는 하나님의 진노가 임할 것이라고 했다. 왜냐하면 하나님을 형상화하는 것은 하나님을 가장 욕되게 하는 것이며, 형상을 만들지 않았더라도 마음에 이와 같이 형상화하면 그것은 하나님을 더욱 욕되게 하는 것이다.

❸ 여기에는 어떤 물건들을 예배하는 것도 포함된다. 예를 들면 예수님께서 입으셨던 수의라든가 그리스도께서 달리셨던 십자가와 못들을 예배하는 경우다. 의식주의자ceremonialist들은 하나님을 예배하는 데 있어서 외적 활동들을 중시한다. 예를 들어 향을 피우고 흔드는 것, 그림 앞에서 모자를 벗는 것, 예배시 행진하는 것들을 중요하게 여기는 경우다(행 17:24-25). 이런 것들을 강조하는 이유는 이러한 활동들을 하나님께 자신을 헌신한 것으로 간주하기 때문인데, 이것은 그리스도의 은덕들을 최소화시키는 것이며 오히려 자신의 선행, 혹은 덕행을 구원의 근거로 삼는 것이다(갈 3:10).

❹ 제2계명이 적극적으로 요구하는 것은, 하나님께 대한 예배는 공예배나 개인 및 가정 예배에서 하나님의 말씀을 묵상하는 가운데 드려져야 한다는 것이다. 하나님의 말씀은 우리가 하나님을 신령과 진리 가운데 예배해야

한다는 것을 명령하신다(요 4:24; 딤전 2:8). 하나님은 비록 그의 약속에 대한 믿음을 요구하시려고 놋 뱀을 세우기도 하셨지만(민 21장) 그것이 남용되어서는 안 된다. 히스기야 왕은 놋 뱀이 우상화되었을 때 그것을 없앴다(왕하 18:4). 잘못된 예배는 하나님을 욕되게 하는 것이다. 따라서 철저히 경계해야 한다. 오늘날의 예배에도 인간적으로 고안된 방법들(특히 눈으로 보이는 것들)이 들어와 있다. 이러한 것들은 하나님을 진정으로 예배하는 데 방해가 되는 것들이기 때문에 경계해야 한다.

질문 97. 그렇다면 어떤 형상도 만들지 말아야 합니까?

답 | 하나님은 눈에 보이는 어떤 모양을 가진 분으로 그릴 수 없으며 그려서도 안 됩니다. 피조물들은 그림으로 그릴 수 있지만, 그것이 예배의 대상이 되거나 하나님을 섬기는 수단의 하나로 사용되지 못하도록 하나님께서는 그러한 형상들을 만들거나 가지지 말라고 하셨습니다.[01]

❶ 하나님은 어떤 형상으로도 나타낼 수 없다. 하나님은 영이시며 보이지 않는 분이시다. 하나님에 대한 아주 약한 정도의 상징도 사용할 수 없다(요 4:24; 롬 1:20; 요 1:18; 사 46:5). 사람이 하나님의 임재를 깨닫기 위해서는 어떤 형상의 도움도 필요 없다. 왜냐하면 하나님은 모든 곳에 계시기 때문이다(행 17:27-28).

---

01 출애굽기 34:13-14, 17; 민수기 33:52; 열왕기하 18:4-5; 이사야 40:25.

❷ 구약에서 하나님께서 아브라함에게 사람의 모습으로 나타나셨는데, 그렇다면 하나님을 사람의 모습으로 그릴 수 있는 것이 아니냐고 반문하는 자들이 있다. 그러나 하나님께서는 옛 언약에서처럼 더 이상 자신을 눈에 보이게 계시하시지 않는다. 우리에게는 하나님의 나타나심에 대한 그림이 없다. 따라서 하나님에 대해 어떤 모습도 그릴 수 없다. 어떤 이는 그리스도께서 사람으로 오셨기 때문에 그리스도에 대한 그림은 그릴 수 있다고 주장한다. 그러나 우리는 그리스도에 대한 그림이 없다. 누가와 같은 전도자는 화가가 아니라 의사였다. 오늘날 우리 주위에 있는 예수 그리스도에 대한 그림들은 로마 교회가 그려놓은 우화들이다. 인간의 상상력을 동원해서 그린 것들이다.

❸ 물론 피조물들을 표현하기 위해 그림을 그리거나 조각하는 것은 합법적이다. 옛 언약 시대에 하나님께서 사람들에게 지혜를 주셔서 그와 같은 작업들을 하게 하셨다(출 35:30-35). 그러나 이러한 것을 남용하여 그것을 예배하거나 그것으로 하나님을 섬겨서는 안 된다. 조각가나 예술가들의 훌륭한 작품들을 보고 그들을 칭찬하고 감상할 수는 있지만, 이러한 것들이 예배에 들어올 수는 없다. 왜냐하면 이러한 것들은 하나님을 제한하는 것이며, 또한 하나님을 인간 자신의 목적에 이용하는 것이기 때문이다. 하나님을 아는 지식은 어떤 그림이나 표현을 통해서가 아니라 하나님의 속성과 하신 일들을 통해 얻을 수 있는 것이다.

❹ 츠빙글리는 그림과 조각들은 분명 하나님의 선물로 인식할 수 있지만 하나님을 예배하는 목적으로 사용할 수는 없다고 하였다. 칼빈도 제네바 요리문답서에서 '우리가 모든 그림이나 조각을 반대하는 것으로 이해해서는

안 된다. 우리는 하나님을 찾고 예배하는 것에서 그것들의 사용을 반대하는 것이다. 그것들을 예배에 사용하는 것은 우상숭배적이며 미신적이다'라고 하였다.

질문 98. 그러나 그 형상들을 평신도를 위한 교재로서 허락할 수는 없습니까?

답 | 안 됩니다. 우리가 하나님보다 더욱 지혜로운 척해서는 안 됩니다. 하나님께서는 자신의 백성을 말 못하는 우상에 의해서가 아니라[01] 하나님 말씀의 살아 있는 설교로 가르치십니다.[02]

❶ 평신도를 위한 교재로 그림을 사용하도록 허락하는 것은 잘못된 것이다. 더욱이 사제와 평신도를 엄격하게 구별하는 것은 신약 시대에는 합당치 않다. 하나님께서는 성령과 하나님 말씀의 수단을 통해 모든 성도에게 하나님을 아는 지식을 주시기 때문이다.

학교에서 교육적 목적으로 그림을 사용하고 교회에서는 묵상을 위해 그림을 사용하는 것은 문제될 것이 없지 않는가라는 질문을 할 수 있다. 그러나 성인의 그림들이나 마리아 상은 묵상에 도움이 되지 않는다. 오히려 그러한 것들은 너무 쉽게 미신으로 빠지게 만든다. 예를 들어 성인들의 그림이나 마리아의 그림들을 기적을 일으키는 수단으로 사용하기도 하는데, 그것은 분명 우상적인 것이다(히 2:18-20).

---

01 예레미야 10:8; 하박국 2:18-20.
02 로마서 10:14-15, 17; 디모데후서 3:16-17; 베드로후서 1:19.

❷ 우리가 하나님보다 지혜로운 척해서는 결코 안 된다. 하나님께서 정해 주신 수단 외에 다른 방법들로 하나님을 아는 지식을 구하거나 찾아서는 안 된다. 하나님께서는 자신의 백성을 하나님 말씀의 설교를 통해 가르치기로 작정하셨고, 또한 실제로 그렇게 하신다. 교회에서 가르침 이외에 다른 수단은 없다. 그러나 설교가 무시되고 외면될 때, 사람들은 형상들과 의식에 빠진다. 사람들이 쉽게 빠지는 형상들은 십자가나 그림들, 조각들이다.

이러한 현상은 오늘날 교회에서도 마찬가지다. 설교가 무시되면서 눈에 보이는 화려한 것이나 시각적 효과를 강조한 수단들이 예배에 들어오고 있다. 그래서 요즘 사람들은 생각보다는 느낌 중심의 예배를 드리고 있다. 인간 자신의 감각과 느낌이 예배를 판단하는 기준이 되고 말았다. 예배를 통해 경배 받으셔야 하는 삼위 하나님은 우선순위에서 밀려나고 말았다. 교회에서 가장 중요한 은혜의 수단은 생동감 있는 설교다. 그로 인하여 교회는 은혜를 누리게 된다(시 93:5).

❸ 중세 교회는 가장 세속화된 교회들 중의 하나다. 그림들이 예배의 중심이 되었고, 사람들은 그것을 바라보면서 신비적인 체험들을 구하였다. 예를 들어 예배당 유리의 스테인드 글라스를 통하여 햇빛이 비칠 때, 어떤 신비적 형상들이 나타나면 그것을 하나님의 임재가 나타난 것처럼 여겼다. 그러나 이러한 것은 자연적인 현상이지 영적인 현상이 아니다.

때로는 잘못된 체험들도 있다. 하나님의 말씀으로 설교하는 가운데 임하는 성령의 감화가 진정으로 성경적인 영적 체험이다. 형상들을 통해 추구하는 신비적 체험은 인위적이며, 때로는 사탄이 우리를 속이는 수단이 되기도 하기 때문에 경계해야 한다. 우리는 어떤 형상적인 수단이나 인위적인 방법을 동원해서 잘못된 신비적 체험을 구하기보다는, 오직 하나님 말씀의 설교

가운데 성령이 임하기를 기도해야 한다.

우리의 심령에 더욱 거룩한 성향이 깊이 새겨질 수 있도록 기도해야 한다. 그러한 것이 신비적인 현상이나 환상적 체험보다 더욱 중요한 것이다. 오늘날 국제 기도의 집의 경우, 기도라는 명목 아래 예언 운동을 하고 있다. 신비적인 것을 찾고 구하는 사람들은 이러한 잘못된 영성 운동에 너무도 쉽게 빠져서 사탄에게 자신의 영혼을 내어놓고 있으며, 스스로 거짓 체험에 속고 있다. 이는 마치 여러 형상들을 가지고 신비적인 체험을 추구하였던 것과 다를 바가 없다.

오늘날 유행하고 있는 관상 기도도 마찬가지다. 성령에 의한 영적 체험이 아니라 상상력과 주관, 혹은 직관을 통해 영적 현상을 추구하는 것인데, 이는 매우 위험하다. 사탄에게 자신의 영혼을 내어주는 것이기 때문이다. 오직 하나님께서 우리를 가르치는 수단은 하나님 말씀의 설교다. 따라서 진정한 은혜를 누리기 위해서는 하나님께서 정하신 수단인 설교를 들어야 한다.

제36주

질문 99. 제3계명이 요구하는 것은 무엇입니까?

답 | 우리는 저주하거나[01] 거짓 맹세하거나[02] 성급한 서원을 하여[03] 하나님의 이름을 오용하거나 모독해서는 안 됩니다.[04] 또한 다른 사람의 이와 같은 끔찍한 죄악에 대해 침묵하거나 못 본척해서도 안 됩니다. 간단히 말해서 우리는 하나님의 거룩한 이름을 두려움과 경외함 말고 다른 태도로 사용해서는 안 됩니다.[05] 이렇게 할 때 우리는 하나님께 바르게 고백하고,[06] 기도할 수 있습니다.[07] 하나님은 우리의 모든 말과 행위로 영광 받으셔야 합니다.[08]

❶ 하나님의 이름은 하나님의 존재, 곧 영원함과 전능함, 은혜를 나타낸

---

01 레위기 24:10-17.
02 레위기 19:12.
03 마태복음 5:37; 야고보서 5:12.
04 레위기 5:1; 잠언 29:24.
05 시편 99:1-5; 이사야 45:23; 예레미야 4:2.
06 마태복음 10:32-33; 로마서 10:9-10.
07 시편 50:14-15; 디모데전서 2:8.
08 로마서 2:24; 골로새서 3:17; 디모데전서 6:1.

다. 하나님의 이름은 거룩한 것이다. 따라서 하나님에 대해 무례하게 말하거나 헛되게 말하고, 하나님의 이름을 잘못 사용하거나 생각 없이 사용해서는 안 된다. 하나님께서는 이러한 악함에 대해 특별한 심판을 선언하고 계신다. 하나님의 이름을 모독하는 것은 하나님을 모독하는 것이다. 하나님께서는 이러한 죄악에 대해 그의 거룩하심과 공의에 따라 심판하실 것이다 (출 5:2).

❷ 하나님의 이름이 모독되거나 헛되게 불리는 것은 먼저 맹세에 의해서다. 하나님의 이름으로 헛되이 맹세하는 것이다. 사람들이 자신의 약속을 믿지 못할 때 어떤 이는 심지어 하나님의 이름으로 맹세하는데, 이것은 자신의 부정직함을 하나님의 이름으로 가리려는 것일뿐이다. 따라서 하나님의 이름을 잘못 사용하는 것이다. 하나님의 이름은 이러한 잘못된 서원에 오용되어서는 안 된다.

예를 들어, 어떤 사람이 만약 자신이 약속을 지키지 않으면 하나님께서 자신을 저주하실 것이라면서 자신을 믿어달라고 했다면, 그는 하나님의 저주를 함부로 잘못 사용한 것이다. 하나님의 저주는 인간들이 하나님의 계명을 어겼을 때 하나님께서 그들의 죄에 대해 의로우신 심판을 하는 것이다. 시편 35, 69, 109편에서는 원수들을 저주하는데, 이 저주는 개인적인 원수에 대한 것이 아니라 하나님과 그의 나라의 원수들에 대한 것이다. 악한 자들에 대한 하나님의 의로우신 심판을 간구하는 것이다.

❸ 구약성경에서 맹세자 혹은 저주자의 예로 시므이의 경우를 들 수 있다 (삼하 16:5-8). 그는 하나님의 이름으로 저주하였는데, 사실과 다른 것을 근거로 여호와의 이름을 빌려서 저주하였다. 레위기 19장 12절은 "너희는 내 이

름으로 거짓 맹세함으로 네 하나님의 이름을 욕되게 하지 말라 나는 여호와 이니라"고 말씀하고 있다.

불필요한 서원도 마찬가지다. 어떤 약속을 할 때 그것의 확증을 위해 하나님의 이름을 사용하고 아예 그것이 습관처럼 된 경우 심각한 죄가 된다(레 5:4; 마 5:34-37). 예수님께서는 매일의 삶 속에서 불필요한 서원을 하는 것을 금하고 있다. 따라서 하나님의 백성은 진리 안에서 '예'하고, 진리에서 벗어난 것에 대해서는 '아니오'라고 하면 된다.

❹ 제3계명은 하나님의 이름을 생각 없이 사용하는 것을 금하는 것이다. 그리고 자신이 경건하다는 것을 위선적으로 나타내기 위해 하나님의 이름을 사용하는 것도 금하고 있다(마 6:7). 또한 다른 사람이 하나님의 이름을 모독하는 끔찍한 죄를 짓고 있는데도 못 본척하거나 가만히 침묵하고 있다면 우리 역시 그 사람의 죄에 동참하고 있는 것이다. 레위기 5장 1절에서는 "도둑과 짝하는 자는 자기의 영혼을 미워하는 자라 그는 저주를 들어도 진술하지 아니 하느니라"(잠 29:24)고 말씀하고 있기 때문이다.

질문 100. 맹세나 저주로 하나님의 이름을 욕되게 하는 것이 그렇게 극악한 죄입니까? 저주하는 것을 금하거나 막으려고 노력하지 않는 자들에 대해서도 하나님께서 분노하십니까?

답 | 진실로 그렇습니다.[01] 하나님의 이름을 모독하는 것보다 더 큰 죄는 없

---

01 레위기 5:1.

으며, 그것보다 하나님의 분노를 더 크게 불러일으키는 것도 없습니다. 그래서 하나님은 그 죄에 대하여 죽음의 형벌을 내리시는 것입니다.[02]

❶ 하나님의 이름을 욕되게 하고 모독하는 것에는 하나님의 이름을 사용하여 경건하지 못한 저주를 하거나 단순히 흥미나 오락 가운데 하나님의 이름을 사용하는 것도 포함된다. 또한 자신의 거짓말을 감추기 위해 하나님의 이름으로 맹세하는 것도 이 모독죄에 해당된다. 성급한 맹세에 하나님의 이름을 사용하는 것도 하나님의 이름을 욕되게 하는 것이다. 이러한 것들은 모두 하나님을 낮추는 것이며, 하나님의 전능성을 의심하는 것들이다. 우리의 기도 가운데서 하나님의 이름을 생각 없이 반복하거나 생각 없이 습관적으로 사용하는 것도 여기에 해당된다.

❷ 맹세와 저주를 금하시는 명령 속에는 우리가 하나님의 이름을 바르게 사용해야 한다는 것이 포함된다. 이러한 목적으로 하나님께서는 자신의 이름을 계시해주셨다(출 3:15). 그래서 우리는 하나님의 이름을 두려움과 존경을 가지고 사용해야 한다. 하나님의 이름을 높여야 한다. 하나님께 대해 유치한 어구를 붙이는 것은 하나님의 속성에 맞지 않는 것이다(사 8:13; 마 10:28; 말 4:2).

우리는 하나님의 이름을 바르게 고백해야 한다. 친구들 앞에서, 때로는 원수들 앞에서도 하나님께서 우리의 하나님이심을 드러내야 한다. 사람들 앞에서 하나님의 이름을 말하기를 주저하거나 단순히 '하늘'이라는 식으로 애매하게 표현한다면, 그것 또한 하나님을 부끄럽게 여기는 것이며 하나님을 욕되게 하는 것이다(마 10:32-33; 벧전 3:15; 롬 10:10).

02　레위기 24:16.

예배 가운데서도 하나님의 이름을 바르게 사용해야 한다. 기도 중에 하나님을 부를 때에는 진정으로 불러야 한다(롬 10:13; 시 50:15). 하나님의 이름은 우리의 모든 말과 행위에서 영광이 되어야 한다. 우리의 모든 말과 행위가 하나님의 뜻과 일치할 때 하나님께 영광이 될 것이며, 우리가 주의 이름을 부를 때 주의 능력이 우리 가운데 거할 것이다(골 3:17; 벧전 2:9).

❸ 하나님의 이름을 모독하는 것이야말로 가장 지독하고 심각한 죄다. 그것은 하나님의 영광을 찬탈하는 것이며, 전능하신 하나님을 개인적으로 욕하는 것이기 때문이다. 예를 들어 바로는 '주가 누구냐?'고 반문하였다. 이에 대해 하나님께서는 그를 심판하셨다. 성경은 하나님의 이름을 모독하는 것에 대해 가장 무거운 벌을 내리실 것이라고 선언하고 있다(레 24:16).

따라서 공공 사회에서라도(혹은 정부 차원에서라도) 이러한 심각하고 끔찍한 죄를 짓지 못하도록 막아야 한다. 사회에서 맹세가 유행하고 하나님의 이름을 욕되게 하는 일들이 널리 행해질 때, 그것은 교회가 경건의 능력을 상실한 증거다. 그리스도인이라고 하는 자들의 삶이 사회에 선한 영향력을 전혀 미치지 못하고 있다는 증거다. 우리는 이러한 것들을 경계해야 한다.

제37주

질문 101. 그렇다면 우리는 신앙적으로 하나님의 이름으로 서약할 수 있습니까?

답 | 예. 권위 있는 자가 그 아래에 있는 자들에게 요구할 때, 혹은 필요에 의해 진리와 하나님의 영광과 이웃의 안전을 위해 충성을 확고히 할 때입니다. 이러한 서약은 하나님의 말씀에 근거한 것으로써[01] 신약과 구약의 성도에 의해 바르게 사용되어진 것입니다.[02]

❶ 제3계명은 거짓된 서약으로 하나님의 이름이 헛되게 사용되는 것을 금하고 있다. 주의 이름을 헛되이 부르거나 취하는 것은 죄다. 왜냐하면 이것은 언약을 깨는 것이며, 하나님을 욕되게 하는 것이기 때문이다. 주는 가장 위엄 있는 분이시며, 왕 중의 왕이시고, 전능하신 분이시다. 그의 이름을 하찮게 부르거나 취급하는 것은 하나님의 영광에 도전하는 것이다. 따라서

---

01 신명기 6:13; 10:20; 예레미야 4:1, 2; 히브리서 6:16.
02 창세기 21:24; 31:53; 여호수아 9:15; 사무엘상 24:22; 열왕기상 1:29-30; 로마서 1:9; 고린도후서 1:23.

제3계명은 하나님의 억제하시는 은혜를 보여주는 것으로 우리로 하여금 죄에 빠지지 않도록 막아준다.

❷ 그러나 제3계명이나 산상보훈(마 5:34-37)이 서약에 있어서 하나님의 이름을 일반적으로 사용하는 것을 금하는 것은 아니다. 신앙문제에 있어서 합당한 서약은 허용된다. 물론 야고보서 5장 12절에 보면, "내 형제들아 무엇보다도 맹세하지 말지니 하늘로나 땅으로나 아무 다른 것으로도 맹세하지 말고"라는 말씀이 있는데, 여기서 금하고 있는 것은 생각 없이 서둘러 서약하는 경우이지, 합법적이며 신앙적인 서약을 금하고 있는 것은 아니다. 따라서 합당한 서약은 신앙적인 서약이라는 전제가 있다.

이러한 서약은 정직하게 행해져야 한다. 진리와 완전히 일치하게, 그리고 하나님을 경외하고 두려워하는 가운데, 하나님의 높으심과 엄위 앞에서 행해져야 한다. 신앙적인 서약이라는 것은 가볍게 하는 서약이 아니며, 거짓이 없는 서약을 말한다. 이렇게 합당하게 드려진 서약은 반드시 지켜져야 한다. 심지어 위험과 어려움이 동반된다 하더라도 지켜져야 한다(민 30:2). 그러나 만약 합당한 서약임에도 불구하고 지켜지지 않는다면, 그것은 두 가지의 죄를 범하는 것인데, 약속을 어긴 것과 서약의 행위를 어긴 것이다.

❸ 합당한 서약의 경우를 요리문답서는 두 가지로 말하고 있다. 불필요하게 서약을 남용하는 것도 죄이기 때문이다. 서약이 남용되고 있다면 경건을 잃어버린 증거다. 서약이 필요한 첫 번째 경우는, 지위를 가진 자가 그 아래에 있는 자들에게 서약을 요구할 때다(출 22:10-11; 스 10:5; 롬 13:1, 4).

그리고 두 번째 경우는 오직 진리를 유지하기 위한 목적에서 서약이 행해질 경우다. 인간에게는 부패가 만연하기 때문에 서약이 필요하다(시 116:11).

부패성을 가진 인간에게 신뢰할 만한 것이 전혀 없기 때문에 정직이 요구되는 경우에 합법적인 서약이 필요한 것이다. 물론 이러한 서약에서 대전제는 전지하신 하나님께서 인간들의 심령을 다 아시는 것이다. 그래서 그의 가장 거룩하신 이름 앞에서 행하는 것이다.

❹ 진리와 하나님의 영광에 대한 충성을 서약할 때, 합당한 경우의 서약이라고 할 수 있다(히 6:16). 서약은 반드시 하나님의 영광(신 10:20; 대하 15:14)과 이웃의 안전(수 2:12; 9:15)을 위해 드려져야 한다. 이러한 서약들은 하나님의 말씀에 근거를 두고 있다(신 6:13; 사 45:23). 하나님께서는 아브라함과 다윗에게 직접 서약하시기도 했다(창 22:16; 시 110:4; 히 6:17).

구약과 신약성경에서 성도들이 서약한 예를 볼 수 있다. 아브라함은 소돔 왕에게 맹세하였으며(창 14:22), 아브라함의 종은 아브라함에게 맹세하였다(창 24:3, 9). 이삭은 아비멜렉과 서로 맹세하였다(창 26:31). 야곱은 라반과 맹세하였고(창 31:53), 다윗은 사울에게 맹세하였다(삼상 24:22). 신약에서도 바울의 경우 로마서 9장 1절에서 맹세와 같은 말을 하고 있다. 물론 그리스도께서도 서약을 사용하셨다(마 26:63-64).

질문 102. 우리가 성인들과 다른 피조물들로 서약할 수 있습니까?

답 | 없습니다. 합법적인 서약은 우리의 심령을 알고 계시는 하나님의 이름으로 하는 것인데, 하나님은 진리에 대해 증거하시며, 만약 사람이 거짓 맹세

하는 경우에는 심판하십시다.[01] 어떤 피조물도 영광을 받을 수 없습니다.[02]

❶ 이교도들은 금과 은, 나무나 돌로 된 우상을 놓고 서약을 하고, 유대인들은 예루살렘의 성전으로 서약을 하였다. 로마 가톨릭은 마리아와 성인들의 이름으로 서약을 한다. 그러나 이러한 것들은 사람들의 마음을 모르기 때문에 그것들로 하는 서약은 아무 소용이 없다. 서약은 반드시 사람의 마음을 아는 분 앞에서, 그리고 잘못 서약하는 것에 대해서는 심판하시는 분에 의해 드려져야 하는 것이다.

따라서 합법적인 서약은 전능하신 하나님의 이름으로 하는 것이다(사 65:16; 고후 1:23). 하나님만이 인간의 심령을 아시고, 인간의 마음의 비밀까지도 아신다. 하나님께서는 진리에 대해 직접 증거하신다(왕하 8:39). 하나님은 전능자로서 내가 잘못 서약한다면 심판하실 것이다(신 32:35). 서약할 때, 하나님의 이름으로 하는 것은 진리에 대한 증거로서 거짓일 경우 심판을 감수한다는 것을 의미한다. 따라서 서약은 모든 것을 아시는 하나님 앞에서 하는 것이며, 성인이나 어떤 다른 피조물로는 할 수 없다. 어떤 인간이나 피조물이라도 전능하거나 전지하지 못하기 때문이다.

❷ 하나님의 이름으로 서약을 하고 나서, 그것에 충실하지 않는 것은 하나님을 모독하는 것이다(레 19:12; 잠 6:19; 갈 6:7). 합법적인 서약은 위험이 있다 할지라도 반드시 지켜져야 한다(민 30:2). 그러나 불법적인 서약은 이미 그 자신이 죄를 범한 것이며, 서약을 지키지 않는 것은 약속을 어기고 서약의 행위를 어긴 죄에 해당한다(삼상 25:22, 32-34).

---

01 로마서 9:1; 고린도후서 1:23.
02 마태복음 5:34-37; 23:16-22; 야고보서 5:12.

서약에 의해 선언, 혹은 약속이 확증된다. 선언은 진리에 초점을 두고 있는 것이며, 약속은 충성에 초점을 두고 있다. 서약에 의해 약속이 확증되고, 약속은 충성이나 의무에 초점을 두고 있다. 그래서 이것은 이중적이다. 굴복과 동맹에 대한 서약은 의무에 대한 서약이다. 총회가 열릴 때, 회원들은 공식적으로 서약을 하는데, 이것은 선언적이다. 그리고 어떤 국가의 통치자가 그의 업무를 시작하면서 충성을 약속하는데 이것은 약속적인 서약이라고 한다.

❸ 서약을 할 때, 보통 오른손을 들거나 손등을 얼굴을 향하기도 한다. 이것은 약속을 하고 지키지 않을 경우 하나님의 화를 불러일으키게 된다는 의미다. 약속을 이행하지 않을 경우 자신의 몸과 영혼 위에 하나님의 진노가 임할 것을 상징하는 것이다. 일반적으로 결혼식에서 서로의 사랑과 충성을 위해 하나님 앞에서 약속하는 것도 서약이다(시 50:14; 전 5:2, 4).

따라서 서약에 대해 우리는 반드시 정직해야 하고, 서약한 것에 대해 두려움을 가지고 마땅한 의무를 행해야 한다. 나에게 손실이 일어난다 하더라도 그 약속을 지키는 것이다. 특히 이 시대에는 결혼 서약이 쉽게 깨지고 있다. 이것은 심각한 죄로 하나님의 진노를 일으키게 하는 것들이다. 물론 서약은 우리에게 위로를 준다(사 54장). 우리가 주께 은혜를 얻고, 그 은혜로부터 떠나지 않겠다고 했던 약속은 우리에게 위로를 주는 것이다.

제38주

질문 103. 제4계명에서 하나님께서 요구하시는 것은 무엇입니까?

답 | 첫째, 복음의 사역과 가르침들이 유지되어야 하며[01] 특별히 주일에 안식하며 부지런히 하나님의 교회에 참석하며[02] 하나님의 말씀을 듣고[03] 성례에 참여하며[04] 공적으로 하나님께 기도하고[05] 가난한 자들을 위한 헌금을 하고[06] 그리스인으로 행동하는 것입니다. 둘째로, 매일의 생활 속에서 죄악 된 삶을 중단하고 나 자신을 주님께 드리며, 내 안에 계신 성령께 의존하여 일함으로써 이생의 삶에서부터 영원한 안식이 시작되는 것입니다.[07]

❶ 모든 만물을 만드신 후 하나님께서 안식일을 제정하셨다. 따라서 안식일은 이스라엘의 의식법 중의 한 부분이 아니라 모든 시대에 적용되는 것이

---

01 신명기 6:4-9; 20:25; 고린도전서 9:13-14; 디모데후서 2:2; 3:13-17; 디도서 1:5.
02 신명기 12:5-12; 시편 40:9-10; 68:26; 사도행전 2:42-47; 히브리서 10:23-25.
03 로마서 10:14-17; 고린도전서 14:26-33; 디모데전서 4:13.
04 고린도전서 11:23-24.
05 골로새서 3:16; 디모데전서 2:1.
06 시편 50:14; 고린도전서 16:2; 고린도후서 8-9장.
07 이사야 66:23; 히브리서 4:9-11.

다. 이 날을 거룩하게 지키라는 것은 이 날을 특별히 주께 드리라는 것을 의미한다. 이 날은 주께 예배드리는 날로 드려지는 것이다. 안식일을 거룩하게 한다는 것은 주간의 날들로부터 구별하여 일상의 일들을 내려놓고 쉬는 가운데 공예배를 위해 회중으로 모이는 것이다.

이스라엘에게 안식일은 영적, 사회적, 도덕적인 성격의 세 가지 차원에서 중요성을 가지고 있었다. 먼저 하나님과 이스라엘의 언약관계의 표식이다(출 31:17). 그래서 안식일은 창조와 애굽에서 나온 것과 시내산에서 계명을 받은 것을 기억하게 하였다. 따라서 안식일은 예배 모임을 위해 의도된 것이다.

둘째, 안식일의 사회적인 차원은 몸과 영혼이 쉬게 함으로써 노동에 매이지 않도록 하였다. 안식일은 노동자들에게 하나님의 축복이다(막 2:27). 셋째, 도덕적인 차원은 인간으로 하여금 이 땅의 삶에 잠겨 있는 것을 막고, 하나님과의 교통을 통해 보다 높은 삶을 추구하도록 독려한다. 물론 이스라엘이 이 날에 꼭 필요한 일이나 구제의 일들도 금한 것은 아니다(막 2:23). 예수님께서는 안식일에 병든 자를 고쳐주셨다(막 3:1; 눅 14:1).

❷ 옛 언약에서 모든 의식은 그리스도의 모형이며, 새 언약의 그림자다(골 2:16, 17). 그리스도는 안식일의 주인이셨다(막 2:18). 부활하신 그리스도께서는 안식일을 주일로 변경하셨다. 그래서 주중의 일곱째 날에서 첫째 날로 옮겨졌고, 이 날을 주일로 부른다. 이 날에 안식을 하며, 주를 예배하기 위해 회중으로 모인다. 사도들은 주일에 회중으로 모여 예배드렸다(행 20:7; 고전 16:2; 계 1:10). 주일은 옛 언약에서 창조와 구속을 기념한 것에 더하여 그리스도에 의해 죄로부터 해방된 것을 기념한다. 주일에는 노동을 하지 않음으로써 육신이 남용되고 세상에 몰입되는 것을 막는다. 즉, 우리의 삶이 세속화되는

것을 막아주는 기능을 한다.

❸ 복음의 사역과 가르침은 장년들과 청년들을 거룩하게 하는 바른 교리를 가르치는 것이다. 이것은 그리스도에 의해 제정된 것이다(엡 4:11; 딛 1:5). 따라서 주일에 하나님의 말씀을 듣고 성경을 공부해야 한다(롬 10:17). 그리고 성례에 참석해야 한다. 또한 주께 기도드려야 하는데, 회중으로 함께 기도하는 것이다. 또 회중으로 시편을 노래하면서 찬송해야 한다(행 1:14; 시 68:26; 엡 5:19; 암 5:23).

또한 가난한 자들을 구제하기 위해 헌금을 드려야 한다. 헌금을 주일에 드리는 것은 일반적인 것이다(고전 16:2). 그리고 주일에 예배를 드리는 것 외에도 가족이나 친구들과 함께 성경을 읽고, 찬송하고 기도하며 경건한 대화에 힘써야 한다(골 3:16). 주일은 이 땅에서의 일로부터 육신을 쉬게 하며, 하나님 안에서 영혼의 안식을 누리는 날이다. 여기에 진정한 주일의 기쁨이 있다(시 84:1-2).

❹ 주일은 영원한 안식을 바라보게 하는 것인데, 이미 영원한 안식은 이 땅에서부터 시작되었다. 우리의 매일의 삶 속에서 죄악 된 일을 중단함으로 시작된 것이다(사 58:13; 롬 12:1; 벧전 2:11; 약 1:22, 27). 나를 주님께 드리고, 성령을 따라 행함으로 내가 사는 것이며, 매일 하나님의 말씀을 읽고 찬송하고 기도함으로 사는 것이다(갈 5:16). 영원한 안식은 결국 이 땅의 삶을 넘어서 있는데, 주일은 이것을 미리 맛보는 것이다. 따라서 우리는 주일을 통해 영원한 안식을 바라보게 된다(히 4:9, 11).

제39주

질문 104. 제5계명에서 하나님께서 요구하시는 것이 무엇입니까?

답 | 나의 아버지와 어머니를 공경하고 사랑하며, 그들에게 충성하는 것입니다. 그리고 나에 대하여 권위 있는 모든 사람에게 복종하고, 그들의 선한 가르침을 받으며, 그들의 훈계에 대해 마땅한 순종으로 고치는 것입니다.[01] 또한 그들의 연약함과 실수에 대해서도 인내해야 하는데,[02] 그 이유는 하나님께서 그들을 통해 우리를 다스리시기를 기뻐하시기 때문입니다.[03]

❶ 제5계명은 십계명의 두 번째 돌판의 첫 계명이다. 자녀의 부모에 대한 의무를 말하는 계명인데, 그만큼 부모와 자녀의 관계가 중요하다는 것을 일깨워준다. 부모를 공경한다는 것은 심령으로 부모를 존경하고 외적으로도 존경의 행위들을 나타내는 것이다(출 21:15, 17). 물론 젊은이들이 연세 드신

---

01 출애굽기 21:17; 잠언 1:8; 4:1; 로마서 13:1-2; 에베소서 5:21-22; 6:1-9; 골로새서 3:18-4:1.
02 잠언 20:20; 23:22; 베드로전서 2:18.
03 마태복음 22:21; 로마서 13:1-8; 에베소서 6:1-9; 골로새서 3:18-21.

분들에게 표하는 존경을 포함하는 것이다(레 19:32).

부모를 사랑한다는 것은 다른 어떤 사람들보다 더 사랑하는 것을 말한다. 부모에게 충성한다는 것은 부모를 신뢰하고, 그들이 이해할 수 없는 상황이라 할지라도 부모를 믿는 것이다. 그리고 부모를 어떤 경우이든지 부양해야 한다(잠 28:24). 이렇게 부모를 공경해야 하는 이유는 하나님께서 부모에게 권위를 주셨기 때문이다. 이는 우리를 다스리기 위한 것이다. 그래서 성경에서는 부모를 선지자, 교사, 다스리는 자라고 이름하였다(창 45:8; 삿 5:7; 왕하 2:12; 13:14).

❷ 부모의 의무 중 하나는 자녀를 징계하는 것이다. 이때 자녀는 부모의 가르침과 교훈에 굴복해야 하며, 훈계에 대해 마땅히 순종해야 한다. 더욱이 자녀의 합당치 않은 행동에 징계를 가하는 것에 대해 자녀는 순복함으로 교정해야 한다(잠 1:8; 골 3:20). 부모의 연약함과 실수에 대해 자녀는 인내하며 감당해야 한다. 부모가 늙었거나 젊었거나 혹은 병들었거나 건강하거나 관계없이, 때로는 부모가 변덕을 부리거나 화를 내어도 자녀는 그것에 대항해서는 안 된다(잠 30:17; 23:22). 자녀는 부모를 멸시해서는 안 된다.

❸ 나에 대해 권위를 가진 모든 자에게 순종해야 한다. 어린이들에게는 어른들이, 학생에게는 교사가, 교인에게는 목회자가 이러한 관계 가운데 있다. 종들은 주인을 존경해야 한다. 그리고 주인에게 충성해야 한다(딤전 6:1). 교인들은 특히 잘 가르치는 자에게 배나 존경해야 하며 순종해야 한다(딤전 5:17; 히 13:17).

이러한 모든 관계는 모든 사람에 대해 권위를 가지신 하나님의 명령에 근거하는 것이다(행 5:29). 권위 있는 자들은 하나님을 대표하기 때문이다

(창 18:19; 엡 6:7; 눅 10:16; 롬 13:1). 하나님께서는 그들의 손으로 우리를 다스리시기를 기뻐하신다. 그들은 하나님을 대표하는 것이며, 그래서 하나님은 우리에게 그들에 대한 순종과 존경과 굴복을 요구하시는 것이다. 물론 그들에게 이러한 권위를 주신 것은 영적인 의미가 있는데, 우리의 구원과 관계되기 때문이다.

예수님도 부모 공경에 대해 모범을 보이셨다(눅 2:51). 요셉은 진실로 야곱을 공경하고 사랑했으며(창 46:29), 룻은 시어머니를 존경하고 사랑하고 그녀에게 충성하였다(룻 1:16-17). 홉니와 비느하스의 경우 그들은 불순종하며 악을 행하였던 자들이다. 이들의 악에 대한 징계를 게을리 하였던 엘리 제사장의 책임도 큰 것이다(삼상 3:13). 종으로서 요셉은 주인에게 충성하였다(창 39:20-23). 그러나 게하시 같은 종은 충성하지 않은 경우다(왕하 5:19).

빌립보 교회의 교인들은 목회자를 존경하고 사랑하였다(빌 4:1, 10, 14). 그러나 목회자에게 대적하고 비방한 경우도 있다(딤후 4:14-15). 목회자에게 권위를 주신 것은 영혼들을 돌보게 하고 그들의 구원을 위해서다. 물론 시민 정부의 경우에는 사회의 질서를 유지할 수 있도록 하기 위해 권위를 주신다.

❹ 제5계명에는 이 땅에서의 장수의 복이 약속되어 있다. 주께서 이 계명을 지키는 자들에게 복을 주실 것을 말하고 있다. 즉, 권위를 부여받은 자들의 가르침과 권징의 중요성을 강조하면서 하나님이 세우신 권위에 순종하라고 명령한다.

제40주

질문 105. 제6계명에서 하나님께서 요구하시는 것은 무엇입니까?

답 | 생각이나 말이나 몸짓 또는 행동으로 나의 이웃과 나 자신 혹은 다른 사람들을 미워하거나 상처를 주거나 혹은 죽이지 말아야 합니다[01]. 다른 사람들이 그러한 일을 도모하려는 데에 가담하지도 말아야 합니다. 복수하려는 마음을 내려놓아야 하며,[02] 또한 나 자신을 해하지 아니하며, 의도적으로 나 자신을 어떤 위험에 노출시키지 말아야 합니다.[03] 정부가 무기를 가지고 있는 이유는 살인을 막기 위한 것입니다.[04]

❶ 제6계명이 금하고 있는 것은 살인이다. 살인은 다른 사람의 생명을 취하는 것이다. 몸을 죽일 뿐만 아니라 영혼을 죽이는 것도 포함한다. 물론 살

---

01 창세기 9:6; 레위기 19:17-18; 마태복음 5:21-22; 26:52.
02 잠언 25:21-22; 마태복음 18:35; 로마서 12:19; 에베소서 4:26.
03 마태복음 4:7; 26:52; 로마서 13:11-14.
04 창세기 9:6; 출애굽기 21:14; 로마서 13:4.

인이라는 것은 외적인 폭력으로, 혹은 직접적인 방법으로 사람의 목숨을 해하는 것이다. 그런데 살인이라는 것은 목숨을 빼앗는 것뿐만 아니라 나의 이웃에 대해 악하게 말하는 것도 포함된다(시 15:1, 3). 그리고 이웃을 미워하는 것도 살인이다(레 19:17). 이웃에 대해 중상모략을 하며, 그 마음에 상처를 주는 것도 포함된다(레 24:19).

살인은 생각으로도 범할 수 있다(슥 8:17). 말을 함부로 하거나 남용하는 것도 살인이다(렘 9:8; 마 5:22). 분노를 내거나 위협하고, 조롱하는 몸짓도 살인이다(창 4:6; 시 22:7). 다른 사람의 영혼을 파괴하거나, 걸려 넘어지게 하거나, 그들로 하여금 신앙을 부정하게 하거나 그들을 범죄로 인도하는 것도 살인에 해당된다(마 18:6-7).

❷ 자기 자신의 목숨을 끊는 것도 살인이다. 자살은 특별히 금하는 것으로서, 이것은 그 심령에 어두움이 가득 차거나, 혹은 과도한 흥분에 의해, 그리고 자신의 상황에 대한 극도의 절망 혹은 심판에 대한 두려움에 의해 일어나는데, 어느 누구도 자신의 목숨을 취할 수 있는 권리가 없다. 우리의 목숨은 하나님께 속해 있다. 따라서 자살은 하나님께 나아가 자신의 죄를 고백하고 의지하기를 거부하는 자기 스스로의 완고한 고집에 해당된다(행 1:25).

더 나아가 몸을 학대하거나 자기 몸에 해를 주는 것도 살인에 포함된다. 너무 술을 많이 마셔서 몸을 해하는 것, 쉬지 못하거나 혹은 정결하지 못한 삶으로 건강을 해치는 것도 포함한다(고전 3:17). 우리는 신체적으로나 영적으로 우리 자신을 돌보아야 한다. 우리의 생명이 하나님의 선물임을 기억하고 하나님의 영광을 위해 바르게 사용해야 한다.

❸ 극한 상황 속에서 다른 해결책이 없는 경우 자기 방어와 전쟁은 명령된 것이다. 이것은 생명에 대한 공격이 아니라 생명을 보호하기 위한 것이다. 따라서 정부는 무기를 가지고 있는데 이는 살인을 막기 위한 것이다. 물론 때때로 정부가 잘못 판단하여 그 무기를 오용할 수 있다.

바울을 예로 들면, 바울은 복음을 전하였다는 이유로 빌립보 감옥에 갇혔다. 그럼에도 불구하고 바울은 화를 내거나 대항하기보다는 마음을 차분히 하였다(고후 11:23-25). 하나님께서 간섭하셔서 건지실 것을 확신하였기 때문이다. 물론 구약에서 의도적이지 않은 가운데 순전히 사고로 일어난 살인의 경우, 살인자는 도피성으로 피할 수 있었다. 그리고 대제사장이 죽은 다음에 집으로 돌아올 수 있었다. 그는 이웃으로부터 분리되는 처벌은 받았지만 죽음의 처벌은 받지 않았다.

질문 106. 이 계명은 오직 살인만을 언급하는 것입니까?

답 | 살인을 금하는 가운데 하나님께서 우리에게 가르치시는 것은, 살인의 원인이 되는 시기, 미움, 분노, 복수의 욕망을 미워하시며,[01] 그래서 이러한 모든 것을 살인으로 간주하신다는 것입니다.[02]

---

01 잠언 14:30; 로마서 1:29; 12:19; 갈라디아서 5:19-21; 야고보서 1:20; 요한일서 2:9-11.
02 요한일서 3:15.

질문 107. 위에서 언급한 방식으로 이웃을 죽이지 않으면 그것으로 충분하다는 것입니까?

답 | 아닙니다. 하나님께서는 시기, 미움, 분노를 금하시며, 우리가 이웃을 내 몸과 같이 사랑해야 한다고 명령하셨습니다.[01] 따라서 인내, 화평, 온유, 자비와 같은 모든 친절을 보이며,[02] 위험에서 보호해야 합니다. 그리고 하나님께서는 우리의 원수에게도 선을 행하라고 명령하셨습니다.[03]

❶ 살인에는 원인과 뿌리가 있다. 그것은 우리의 생각에서부터 나오는 것들이다. 시기, 미움, 분노는 우리의 이웃에 대해 악한 마음을 더욱 불일 듯 일어나게 한다(갈 5:19-21). 특별히 복수는 자신이 다른 사람의 악으로 인해 고통 받은 것을 되돌려주려고 하는 것이다. 이것은 아주 지독한 악의 뿌리다. 그리스도인들에게는 복수하는 것이 금해져 있다(롬 12:20). 따라서 이러한 악의 뿌리들은 심령에서부터 제거되어야 한다. 왜냐하면 이러한 것들이 결국 살인을 하게 만들기 때문이다. 더욱이 하나님께서는 마음속에 있는 악한 욕망을 보고 계시며, 그러한 생각들마저도 이미 행동한 것으로 보시기 때문이다(삼상 16:7; 마 5:22; 요일 3:15). 성경에서 예를 들어보면, 요셉의 형들은 요셉을 시기하고 미워하였다. 그래서 결국 그를 죽이려는 계획까지 세우게 되었다(창 37:4, 11, 18). 압살롬 역시 암논을 미워하였다. 압살롬이 그를 미워하는 마음이 결국 그를 죽이는 데까지 이르게 되었다(삼하 13.22, 28-29).

---

01 마태복음 7:12; 22:39; 로마서 12:10.
02 마태복음 5:5; 누가복음 6:36; 로마서 12:10, 18; 갈라디아서 6:1-2; 에베소서 4:2; 골로새서 3:12; 베드로전서 3:8.
03 출애굽기 23:4-5; 마태복음 5:44-45; 로마서 12:20.

❷ 제6계명은 이웃을 죽이지 않는 것으로 족하지 않다고 말한다. 하나님께서는 또한 우리가 이웃에 대해 해야 할 일에 대해 명령하고 있다. 우리는 이웃에게 정직하게 대해야 한다. 모든 사람은 우리의 이웃이다. 특별히 그들이 도움을 필요로 할 때, 우리의 이웃이 된다. 예수님께서는 이것을 선한 사마리아 사람의 비유로 말씀하셨다(눅 10:29-37). 이웃을 내 몸과 같이 사랑해야 한다. 이웃 사랑은 인내, 화평, 온유, 자비와 모든 친절을 이웃에게 베푸는 것이다. 이러한 것들이 사랑을 표현하는 것이다(골 3:12-13).

인내란 모욕에 대해 견디는 것이다. 물론 이것은 절제(자기 통제)를 통해 가능하다(마 5:39). 화평이라는 것은 기꺼이 자신의 권리를 포기하고 이웃과의 연합을 도모하는 것이다(롬 12:18). 불평이 생기면 화해하는 것까지 포함한다. 온유라는 것은 이웃과 동료의 잘못에 대해 부드러운 말로 교정해 주는 것이다(마 5:5). 자비라는 것은 이웃이 몸과 마음 모두 어려움을 겪고 있을 때 도와주는 것이다(눅 6:36). 친절을 베풀면서도 대가를 바라지 않으며, 이웃이 어려움과 위험에 처해 있을 때 건져주어야 한다. 더욱이 우리는 원수들에게도 선하게 대해야 하는데, 십자가에서 예수님이 친히 모범을 보이셨으며(눅 22:49-51), 스데반 역시 원수를 사랑하였다(행 7:59).

제41주

질문 108. 제7계명이 우리에게 가르치는 것은 무엇입니까?

답 | 정결하지 못한 모든 것은 하나님께서 정죄하시는 것입니다.[01] 따라서 우리는 온 마음으로 그러한 일들을 혐오해야 합니다.[02] 거룩한 결혼 생활에 있어서나 독신 생활에 있어서 순결하고 절제 있는 삶을 살아야 합니다.[03]

질문 109. 이 계명에서는 하나님께서 오직 간음과 그와 같은 죄악들만 금하시는 것입니까?

답 | 우리의 몸과 영혼 모두 성령의 전이기 때문에, 하나님께서는 우리가 그것을 순수하고 거룩하게 보존하도록 하셨습니다. 따라서 하나님께서는 모든 순결하지 않은 행동들과 몸짓, 언어들, 생각들, 욕망들과[04] 다른 사람들을 그

---

01 레위기 18:30; 에베소서 5:3-5.
02 유다서 1:22-23.
03 고린도전서 7:1-9; 데살로니가전서 4:3-8; 히브리서 13:4.
04 마태복음 5:27-29; 고린도전서 6:18-20; 에베소서 5:3-4.

리로 유혹하는 모든 것을 금하십니다.[05]

❶ 결혼이라는 것은 남녀 간의 영혼과 몸의 연합이다. 이것은 하나님께서 직접 제정하신 것이며, 그리스도 안에서 거룩해지는 것이다(창 1:27-28; 마 19:4-6). 그리스도께서는 가나 혼인잔치에 참석하셔서 첫 번째 기적으로 결혼을 축복하셨다(요 2:1-11). 물론 결혼하고자 할 때, 생각 없이 혹은 상대방의 외적인 환경이나 외모의 아름다움에 의해서만 결정해서는 안 된다. 이것은 심령의 문제다. 결혼에 있어서도 반드시 하나님의 뜻을 구하여야 한다(창 24:3-4, 12-14).

결혼 생활의 기본적인 관계는 서로 사랑과 존경과 충성을 보이는 것이다(엡 5:22-23). 아내는 남편을 돕는 자이며 결코 남편의 종이 아니다. 서로 짐을 지는 것은 물론이고 기쁨의 상태여야 한다. 하나님께서는 가족을 건강하게 하시고 자녀들을 축복하신다(시 128:2-6). 한편, 그리스도인은 불신자와 결혼해서는 안 된다(고후 6:14).

❷ 결혼이나 독신 생활에 있어서, 순결하지 않은 모든 더러운 행동들을 금해야 한다(갈 5:19). 간음은 배우자 외의 다른 사람과 불법적인 성관계를 갖는 것을 말한다. 세례 요한은 헤롯의 이러한 불법을 꾸짖었다(막 6:17, 18). 요셉은 보디발의 아내의 유혹을 물리쳤는데, 간음을 하나님께 대한 큰 죄악으로 보았기 때문이다(창 39:9). 성경은 간음을 순결치 못한 죄 혹은 은밀한 죄라고 말하는데, 하나님께서 아주 혐오하시는 것이다(창 18:20-21).

순결하지 못한 몸짓이나 말들도 금해야 한다(엡 4:29). 여성의 경우에는 적

---

05 고린도전서 15:33; 에베소서 5:18.

절치 못한 의상도 여기에 해당된다. 더욱이 순결하지 못한 생각과 욕망들은 모든 더러움의 원천이 된다(마 15:19). 순결하지 못한 책이나 그림, 오락, 춤추는 것 등은 육신적 감각들을 통해 욕망을 불러일으키는 것으로서 여기에 해당된다(마 14:6).

❸ 순결은 결혼 생활이나 독신 생활에서 가장 중요한 원칙이다. 모든 순결하지 못한 것을 혐오해야 한다. 그리고 순결한 마음을 유지해야 한다. 삶에서 적당하게 절제하는 태도가 중요하다(히 13:4; 갈 5:16). 순결하지 못한 것은 몸과 영혼에 손상을 입히는 것이며 하나님께서 정죄하시는 것이다. 더욱이 그리스도인의 몸과 영혼은 성령이 거하시는 성전이다. 결혼은 그리스도와 성도 간에 이뤄지는 거룩한 교통의 상징이기도 하다. 따라서 기도로 순결한 마음을 유지하고, 모든 더러움을 피하며, 나 자신을 경계하고 살펴야 한다(잠 4:23). 그리고 하나님께 더욱 가까이 나아가 자신의 마음과 심령을 살펴야 한다(시 139:1-4).

제42주

질문 110. 제8계명에서 하나님께서 금하시는 것은 무엇입니까?

답 | 위정자들에 의해 처벌되는 도둑이나 강도짓을 금하는 것뿐만 아니라,[01] 모든 악한 속임수와 사기, 그리고 이웃에게 속한 것을 취하려는 의도들, 저울을 속이는 일, 위조, 폭리[02] 또는 하나님께서 금지한 기타의 모든 수단이 포함됩니다.[03] 그뿐만 아니라 하나님께서는 모든 탐욕[04]과 자신의 은사를 무분별하게 낭비하는 모든 일들을 금하십니다.[05]

질문 111. 이 계명에서 하나님께서 요구하시는 것은 무엇입니까?

답 | 내 이웃의 유익을 위하여 최선을 다하고, 다른 사람들이 내게 해주기를

---

01 출애굽기 22:1; 고린도전서 5:9-10; 6:9-10.
02 미가 6:9-11; 누가복음 3:14; 야고보서 5:1-6.
03 신명기 25:13-16; 시편 15:5; 잠언 11:1; 12:22; 에스겔 45:9-12; 누가복음 6:35.
04 누가복음 12:15; 에베소서 5:5.
05 잠언 21:20; 23:20-21; 누가복음 16:10-13.

바라는 대로 남들을 대하며, 가난한 사람들을 도울 수 있도록 열심히 일하는 것입니다.[06]

❶ 이웃의 물건과 재산을 불법으로 취하는 것은 도적질이다(합 2:6). 많은 사람은 다른 사람의 것을 취하고도 자신을 정당화한다. 때로는 많이 소유한 자의 것을 빼앗아 필요한 사람에게 나누어 주는 것이라고 변명할 수도 있다. 그러나 죄는 상황에 따라 구성 여부가 결정되는 것이 아니다. 어떠한 경우에도 다른 사람의 것을 훔치는 것은 죄다. 가난한 자라고 해서 남의 것을 훔치는 게 정당화될 수 없다. 도적질은 무거운 죄다. 왜냐하면 하나님께서 각 사람에게 분량을 정해 놓으셨는데, 그것을 무시하고 불법으로 자신의 소유를 더욱 늘리려는 것이기 때문이다. 그래서 도적질하는 자는 하나님 나라를 유업으로 받을 수 없다고 말씀한다(잠 30:9; 고전 6:10).

❷ 도적질에는 여러 가지 종류가 있다. 강도는 다른 사람의 생명을 위협해서 무력으로 그의 재산을 취하는 것이다. 또한 속임수를 사용하여 타인의 재산을 취할 수도 있다. 정직하지 않은 거래도 여기에 속한다. 물론 이러한 거래가 외형적으로는 정상적인 것으로 보이기도 한다. 그러나 정직하지 않은 모든 것을 하나님께서는 미워하신다(암 8:4-7).

성경에서는 이러한 도적질에 대해 구체적인 예를 들고 있는데, 저울을 속이는 것(레 19:35, 짐 11:1), 니쁘게 변조된 물건을 파는 것(살전 4:6), 가짜 혹은 위조 상품을 파는 것이 포함된다. 물론 자기의 경계를 속이는 것(잠 22:28), 남의 물건을 빌리고 갚지 않는 것(시 37:21), 임금을 착취하는 것(레 19:13), 도박하는

---

06 이사야 58:5-10; 마태복음 7:12; 갈라디아서 6:9-10; 에베소서 4:28.

것(살후 3:11-12), 불법으로 고소하는 것(약 5:28)도 여기에 해당된다. 또한 다른 사람의 물건을 불법으로 사용하는 것도 도적질이다. 더욱이 시간과 돈을 낭비하는 것도 도적질에 해당된다.

❸ 이 계명이 적극적으로 우리에게 요구하는 것은 청지기로서 물건들을 적당하게, 그리고 하나님께서 기뻐하는 방식대로 사용해야 한다는 것이다 (눅 16:1-13). 그리고 이웃의 유익을 증진시키며, 우리의 이웃이 어떤 특별한 필요 가운데 있을 때, 그들에게 도움을 주어야 한다는 것이다(사 58:7; 엡 4:28). 그래서 이웃에게 구제를 시행하는 것이다.

도적질에 반대되는 것은 우리가 직접 수고해서 우리의 소유를 유지하고 증가시키는 것이다. 그러기 위해 우리는 부지런해야 하며, 직업을 가지고 일을 해야 한다. 그리고 자족해야 한다(딤전 6:6-8; 히 13:5). 그래서 우리의 재산의 분량 안에서 분수에 맞게 살아야 한다. 불법으로 남의 것을 취하는 것은 더욱 탐욕스러운 것이다. 따라서 자기를 부정하고 이웃을 사랑하라는 것이 제8계명이 요구하는 것이다.

제43주

질문 112. 제9계명에서 요구하시는 것은 무엇입니까?

답 | 아무에게도 거짓된 증언을 하지 말고, 다른 사람들의 말을 왜곡하지 말며, 비방하지 말며, 중상모략 하지 말며, 다른 사람의 말을 들어보지 않은 채 성급하게 정죄하는 일에 참여하거나 판단하지 말라는 것입니다.[01] 그리고 모든 종류의 거짓말과 속이는 것을 피해야 하는데, 그 같은 일은 마귀의 일이며, 하나님의 무서운 진노를 초래하기 때문입니다.[02] 오직 진리를 사랑하고[03] 진실을 말하며 고백해야 합니다. 또한 이웃의 선한 이름을 보호하고 영예롭게 하기 위해 최선을 다해야 합니다.[04]

❶ 제9계명은 우리 이웃의 명예와 평판에 관련한 우리의 행동에 대한 명령이다. 이웃의 명예와 평판에 훼손을 가하는 모든 것이 금지되어 있다. 거

---

01 시편 15편; 잠언 19:5, 9; 21:28; 마태복음 7:1; 누가복음 6:37; 로마서 1:28-32.
02 레위기 19:11-12; 잠언 12:22; 13:5; 요한복음 8:44; 요한계시록 21:8.
03 고린도전서 13:6; 에베소서 4:25.
04 베드로전서 3:8-9; 4:8.

짓 증거는 다른 사람에 대해 잘못된 말을 하는 것이다(출 23:1; 잠 19:5). 중상모략은 그 사람의 말을 오해한 것을 근거로 해서 잘못된 말을 만들어내어 그 사람의 평판에 손상을 주는 것이다. 어떤 사람의 말을 오해하는 대부분의 경우는 그가 말한 것을 누락시키거나 첨가해서 잘못된 말들을 만들어내는 데서 생긴다(레 19:16; 잠 4:24; 시 15:3). 그리스도에 대한 사람들의 잘못된 증거도 여기에 속한다(마 26:61). 비방하는 것도 마찬가지다(약 4:11). 더욱이 그 사람의 정황을 확인하지 않고 생각 없이 정죄하는 것도 여기에 속한다(요 7:51).

거짓말은 진실이 아니라는 것을 알면서도 의도적으로 하는 말이다(레 19:11). 예를 들어 아나니아와 삽비라의 경우다(행 5장). 물론 어떤 이는 어쩔 수 없이 하는 '하얀 거짓말'에 대해서는 정당화하려고도 하지만, 죄는 어떤 경우에도 정당화될 수 없다(롬 3:8). 위선자들은 말을 많이 한다. 자신을 신앙적인 사람으로 위장하고 다른 사람을 속이기 위해서다(시 12:2). 우리는 거짓말과 속이는 것을 피해야 한다. 왜냐하면 이것은 마귀의 일이며 마귀로부터 온 것이기 때문이다(요 8:44). 이러한 것들은 모두 하나님의 진노를 불러일으킨다(시 5:6).

❷ 우리는 보다 적극적으로 진리를 사랑해야 한다. 그리고 진실을 신실함 속에서 말해야 한다. 우리는 모호한 언어들을 피해야 한다. 때로는 우리가 모든 진실을 말해야 하는 의무는 없지만, 우리가 말하는 것은 진실이어야 한다(잠 12:17; 엡 4:25). 따라서 진리에 대해 고백하고, 때로 진리에 대한 고백으로 인해 우리의 삶이나 몸에 실제적인 위험이 닥친다 하더라도 진실을 고백해야 한다. 베드로와 요한이 공회 앞에서 진실되게 말하였던 것처럼 해야 한다(행 4장). 그리고 우리는 이웃의 선한 이름이 명예롭게 유지되도록 힘써야 하며, 그것이 다른 이웃에 의해 훼손될 때 변호해야 한다(사 5:20; 삼상 19:4).

그리고 이웃의 명예를 증진시켜야 한다(삼상 16:18). 물론 우리 또한 이러한 죄들을 피하기 위해 경계해야 하며(시 39:1) 기도해야 한다(시 141:3).

제44주

질문 113. 제10계명에서 우리에게 요구하는 것은 무엇입니까?

답 | 어떠한 작은 의도 혹은 생각이라도 하나님의 명령에 어긋나는 것은 우리의 마음속에 일어나지 않도록 하고, 다만 우리의 있는 힘을 다하여 항상 모든 죄를 미워하고, 모든 의로움 가운데 즐거워하는 것입니다.[01]

❶ 제10계명은 주로 이웃의 재산에 대한 불법적인 욕망들과 관련되어 있다. 이는 결론 계명으로서 둘째 판의 계명들과 관련되어 있다. 그리스도께서는 산상보훈에서 모든 악한 의도가 제10번째 계명에서 금하는 것이라고 설명하셨다. 악한 의도는 마음속에서 일어나는 죄에 대한 욕망이다. 물론 이러한 악한 의도는 때때로 마음속에서 무의식적으로 나오는 것 같지만, 그것의 뿌리가 있다. 따라서 아주 작은 의도라 할지라도 그것은 죄다. 왜냐하면 생각 속에서 나온 것이기 때문이다(약 1:14; 마 15:19-20).

열 번째 계명은 악한 욕심들을 금하기도 하지만, 악에 유혹 받아 행하게

---

01 시편 19:7-14; 139:23-24; 로마서 7:7-8.

되는 모든 것을 금하고 있다. 새가 주위에 맴도는 것은 막을 수 없지만, 새가 머리에 둥지를 트는 것은 막을 수 있는 것이다(창 4:7). 악한 욕망들은 우리로 위험 가운데로 치닫게 하므로 피해야 한다(요일 2:15-16; 5:19). 악한 것에 기울어진 생각과 의도는 죄다. 그리고 모든 죄악의 근원이기도 하다.

❷ 따라서 모든 죄를 미워해야 한다. 우리는 죄스러운 행동들을 피해야 하지만, 한편으로 우리 안에 있는 죄를 미워해야 하며, 그 죄와 몸부림치며 싸워야 한다. 죄와 싸우는 것은 자기 부정을 통해 이뤄진다. 자기를 부정하는 것은 자신에게 있는 육신의 소욕을 부인하는 것이다. 자기 자신의 육신을 위한 모든 행동을 멈추어야 한다. 그리고 오직 하나님을 위한 행동들로 채워져야 한다. 만약 자신의 육신의 소욕을 따라 계속 살아간다면, 그는 구원받은 백성이 아니다. 구원받은 백성은 반드시 육신의 정욕과 싸우도록 되어 있으며, 그것을 위해 성령을 받은 것이다. 따라서 자기를 부정할 때, 육신을 원수로 여겨야 한다. 그리고 육신 안에서 충돌이 일어날 때 반드시 극복해 내야 한다(시 119:104; 갈 5:24).

❸ 죄를 이기는 적극적인 방법은 모든 의로움 가운데 기뻐하는 것이다. 의로움은 하나님과 관련되어 있는 것이다(롬 7:22; 마 5:48). 따라서 정직하고 의로운 삶을 추구하면서, 그로 인하여 어려움과 손실이 있다 하더라도 기꺼이 의로움을 추구해야 한다. 이러한 목적을 위하여 심령이 계속 갱신되어야 하므로 성화의 삶은 필수적이다(엡 4:22-23; 갈 5:16). 온 힘을 다해 항상 모든 죄를 미워하고, 모든 의로움 가운데 즐거워해야 한다. 우리가 악을 미워하지 않고서는 결코 선을 사랑할 수 없다(렘 4:3; 마 6:24).

질문 114. 하나님께 회개하고 돌아온 사람은 이러한 계명들을 완벽하게 지킬 수 있습니까?

답 | 아닙니다. 이 세상에서 가장 거룩한 사람이라 할지라도, 아주 작은 순종을 시작한 것에 불과합니다.[01] 그럼에도 하나님의 사람들은 하나님의 계명들의 일부가 아니라 전부를 지키기 위하여 최선의 노력을 기울여야 합니다.[02]

❶ 아직 중생하지 않은 영혼들은 외형적으로 도덕적인 삶을 추구함으로써 자신의 이름과 명예를 유지하려고 하며, 그것으로 자신이 도덕적인 사람이라는 것을 나타내려고 한다. 그래서 그들은 자선 행위를 하기도 한다. 그러나 이러한 것들은 하나님의 계명을 지키는 것이 아니다. 왜냐하면 그들이 아무리 도덕적으로 흠 없이 살려고 해도, 그렇게 할 능력이 없다. 중생 혹은 회심하지 않은 자는 하나님의 계명을 지킬 수 없기 때문이다. 진정한 도덕성은 중생한 사람이 하나님의 계명을 자신의 힘이 아니라 성령의 능력에 따라 지키려고 애쓸 때 나타난다.

물론 회심한 자가 계명을 순종하려고 애쓰는 것 역시 여전히 부족하며 완전하지 않다. 그것은 불완전하고 흠이 있는 것이다. 그럼에도 불구하고 중생하고 회심한 사람은 하나님의 계명을 지키려고 애쓴다. 왜냐하면 하나님을 사랑하기 때문이다. 그러나 자신의 힘으로 계명을 지키는 것이 아니라 성령에 의해서 지키는 것이다. 그럼에도 여전히 하나님의 계명을 완벽하게 지킬 수는 없다. 왜냐하면 그는 여전히 육신과 싸워야 하기 때문이다(갈 5:17; 요일 1:8; 약 3:2).

---

01 전도서 7:20; 로마서 7:14, 15; 고린도전서 13:9; 요한일서 1:8.
02 시편 1:1, 2; 로마서 7:22-25; 빌립보서 3:12-16.

❷ 그래서 회심한 자가 하나님의 계명에 순종하는 것은 하나님의 율법이 요구하는 완전의 기준에서 본다면 아주 작은 시작에 불과하다(약 2:10). 더욱이 가장 거룩한 사람이 가장 높은 수준의 순종에 이르렀다 할지라도, 그는 자신이 성취한 것은 단지 미약한 시작에 불과한 것이라고 고백해야 한다(욥 9:2-3; 시 19:12; 롬 7:18-19; 빌 3:12). 그것은 자기 자신의 능력에 의해서 된 것이 아니라 오직 하나님의 은혜가 있어서 가능한 것이었기 때문이다. 만약 자기 자신에게 원인을 돌린다면 그것은 벌써 교만한 것이며, 하나님의 은혜의 방식과 어긋나는 것이다.

❸ 그러나 우리는 거룩을 추구하는 것을 미루거나 중지해서는 안 된다. 비록 이 땅에서는 완전함에 이를 수 없다 하더라도 그것을 핑계로 완전함에 대한 추구를 내려놓아서는 안 된다. 복음적 완전함에 이르기까지 내적으로 성장해야 한다. 이렇게 성장하려고 갈망하고 추구하는 것은(벧전 2:2) 그가 진정으로 회심한 자임을 증거해주는 것이다.

물론 중생한 자라 할지라도 죄에 빠질 수 있다. 이때 회개와 하나님의 은혜로, 특히 그리스도의 보혈을 통해 회복되어야 한다. 결국 이렇게 완전함을 추구하는 것은 진정으로 은혜를 받은 자가 자신의 힘을 의지하는 데서 벗어나 더욱 하나님의 은혜만을 붙잡게 해준다. 그리고 더욱 부지런하게 만들어 죄를 지을 수 있는 기회와 가능성을 더 낮춰준다.

질문 115. 아무도 이 세상에서 십계명을 완전하게 지킬 수 없습니다. 그렇다면 왜 하나님께서는 십계명을 그렇게 엄격하게 지키도록 명령하셨습니까?

답 | 십계명을 지키라는 명령을 통해 우리는 두 가지 유익을 얻습니다. 첫째, 우리의 모든 생애 속에서 우리의 죄성을 더욱 잘 알게 되고, 그래서 죄의 용서를 더욱 간절하게 구하며, 그리스도의 의를 찾게 됩니다.[01] 둘째, 우리가 지속적으로 노력하고, 하나님께 성령의 은혜를 주시길 기도하며, 그 결과로 우리는 하나님의 형상에 더욱 일치되어가고, 마침내 오는 세상에서 제시된 완전함에 도달하게 됩니다.[02]

❶ 회심의 과정에서 십계명의 기능은 우리의 죄를 분명히 알게 한다는 것이다(롬 3:20). 물론 처음에는 우리의 죄를 총체적으로 깨닫는다 하더라도, 십계명을 통해 더욱 구체적으로 깨닫게 되어 있다. 우리가 죄에 대해 더욱 분명한 지식을 얻게 될 때, 죄에 대한 하나님의 심판도 깨닫는다.

이 모든 과정은 성령의 역사로 가능한 것이다. 죄를 깨달은 죄인은 죄의 용서를 찾고 구하게 되어 있다. 한편으로 죄를 짓지 않으려고 노력도 한다. 계명을 지키려고 애를 쓰지만 결국 완전하게 지킬 수 없음을 깨닫는다. 그래서 계명을 지켜서 스스로 의로워지려는 노력을 포기한다. 왜냐하면 죄에 대해 더욱 분명히 인정하게 되고, 자신의 능력 없음을 더욱 분명히 알게 되기 때문이다.

그래서 주께 기도한다. 은혜로 자신의 불의를 가리고, 의로 덧입게 해달

---

01 시편 32:5; 로마서 3:19-26; 7:7, 24-25; 요한일서 1:9.
02 고린도전서 9:24; 빌립보서 3:12-14; 요한일서 3:1-3.

라는 기도를 드린다. 이것을 죄인의 기도라고 부른다(눅 18:13). 하나님께서는 이렇게 은혜를 구하는 죄인에게 그리스도 안에 용서가 마련되어 있다는 것을 알게 하신다. 그래서 그리스도께로 나아간다. 그리스도 안에는 우리의 불의를 가릴 수 있는 의가 확보되어 있다. 그리스도께서 죽음에 이르기까지 순종하심으로 확보해놓으신 의다. 자신의 불의를 철저히 깨닫고, 스스로 어떤 행위로도 죄를 해결할 수 없다는 것을 알고 있는 죄인은 그리스도의 의를 덧입기 위해 그리스도께로 달려가는 것이다.

그리스도께로 달려가는 것이 믿음인데, 그 믿음으로 그리스도께 연합되며, 그리스도 안에서 의를 덧입는 것이다. 즉, 그리스도의 소중성을 알기 전에 십계명을 통해 자신의 죄를 깨닫는 것이 먼저다. 십계명을 통해 자신의 죄를 철저히 알아야 그리스도의 의가 왜 필요한지를 알게 되어 있다. 오늘날 복음 전도에서 누락되어 있는 것이 바로 이 부분이다. 죄인으로 하여금 죄를 깨닫게 하는 중요한 수단인 십계명에 대한 설명이 없다. 이렇게 불완전한 전도에서는 그리스도의 소중성이 제대로 나타날 수 없는 것이다.

❷ 질문 115번은 분명 중생한 자에게 적용되는 십계명에 대한 설명이다. 중생한 자에게 십계명은 여전히 죄를 깨닫게 하는 기능을 가지고 있다. 중생한 자일지라도 육신에 죄성이 남아 있다. 그래서 죄를 범한다. 이때 십계명은 죄를 알게 하고 책망하는 기능을 한다. 물론 이것은 성령의 역사에 의한 것이다. 그래서 그리스도의 의가 여전히 우리에게 왜 필요한지를 더욱 깨닫게 한다. 그리고 그리스도의 의의 소중성을 찬양하게 만든다.

다른 한편으로, 중생한 자에게 십계명은 하나님 앞에서 살아가는 생활의 원리다. 십계명을 지키려고 애쓰는 가운데 우리는 더욱 하나님의 형상을 닮아가는 것이다(신 31:11-13; 고후 7:1). 물론 중생하였다 할지라도 스스로의 힘으로 이렇게 할 수는 없다. 따라서 성령의 은혜가 필요하다(롬 8:4). 그 성령은 우리에게 능력을 주신다(엡 3:16; 시 143:10). 또한 우리가 아직 완전하지 않지만 완전함에 이르려는 목표를 향해 나아가야 한다(딤후 1:12). 따라서 십계명은 중생한 자에게 여전히 죄를 깨닫게 하고, 우리의 삶의 규율로서 일하며, 우리로 완전함에 이르는 갈망을 갖게 한다.

제45주

질문 116. 왜 그리스도인들은 기도해야 합니까?

답 | 기도는 하나님께서 우리에게 요구하시는 감사에서 가장 중요한 부분이기 때문입니다.[01] 하나님께서는 평화와 성령을 신실하게 계속적으로 원하는 자에게 그것을 주실 것이며, 그것으로 인하여 감사하게 하십니다.[02]

❶ 기도가 필요한 이유는 하나님께서 우리에게 기도하기를 요구하시고 있기 때문이다(살전 5:17). 또한 기도는 감사의 중요한 부분이기 때문이다. 하나님께서 우리에게 감사하기를 요구하고 계신다. 더욱이 주께서 기도하는 자들에게 성령의 은혜를 주실 것을 약속하고 계신다. 그래서 우리는 기도 가운데 성령의 도우심을 직접 체험할 수 있으며, 성령의 도우심으로 인하여 하나님의 뜻을 깨달을 수 있다.

---

01 시편 50:14-15; 116:12-19; 데살로니가전서 5:16-18.
02 마태복음 7:7-8; 누가복음 11:9-13.

❷ 기도는 단지 하나님에 대해 묵상하는 것이 아니다. 하나님과 마음으로 교제를 하는 것이다(시 19:14). 기도는 갱신된 사람의 자연적 호흡이다. 이미 회심하는 과정 속에서 기도하기 시작하며(행 9:11), 회심한 영혼은 반드시 기도하게 되어 있다(롬 8:15). 그래서 기도는 우리의 영적인 삶의 온도계다.

그러면 우리는 언제 기도하는가? 구약에서는 아침, 정오, 밤에 기도하였다(시 63:6). 예수님은 제자들과 함께 기도하였다(마 14:19). 이삭은 들에 나가면서 기도하였고(창 24:63), 다니엘은 하루에 세 번 기도하였다. 베드로와 요한은 이스라엘의 기도 시간을 지켰다(행 3:1). 지금 우리는 원할 때면 언제든지 자주 하나님께 기도드릴 수 있다(시 62:8). 더욱이 우리는 쉬지 말고 기도해야 한다(살전 5:17). 물론 이것은 쉬는 시간도 없이 기도하라는 뜻이 아니라 중단하지 말고 기도하라는 것이다(벧전 3:7). 우리는 계속해서 기도해야 하는데, 때때로 주께서 우리로 하여금 간절하게 기도하도록 만드시기 때문이다(눅 18:1-8).

❸ 우리는 어디서 기도해야 하는가? 혼자 은밀히 기도할 수 있다(마 6:6). 이삭은 들에 나가서 기도하였으며(창 24:63), 예수님은 산에 올라가서 기도하셨다(마 14:23). 물론 우리는 회중의 예배 가운데 기도할 수 있다. 예배 때 드리는 찬송도 기도다. 특히 목회자가 기도할 때, 우리는 마음으로 조용히 그 기도를 따라한다(시 111:1).[03] 그리고 가정에서 식구들과 함께 기도할 수 있다.

❹ 그러면 우리는 어떻게 기도해야 하는가? 소리를 내어서 기도해야 하는가, 아니면 조용하게 기도해야 하는가? 이것에 대한 규칙은 없다. 다만 상황에 따라 정기적으로 기도하면 된다(눅 6:45). 한나는 마음으로 기도하면서 입

---

03 청교도들은 예배 가운데 드려지는 회중 기도를 목회자가 해야 하는 것으로 강조하였다.

술이 움직였지만 소리는 들리지 않았다(삼상 1:13). 모세는 오직 한숨만 쉬기도 하였다(출 14:15). 기도에서 가장 중요한 것은 신실하게, 그리고 지속적으로 기도하는 것이다.

그렇다면 어떠한 자세로 기도해야 하는가? 구약에서 이스라엘 사람들은 때로는 서서 기도하였고, 때로는 무릎을 꿇고 기도하였다. 누가복음 18장 11, 13절에서 바리새인들은 서서 기도하였다. 물론 무릎을 꿇는 것은 하나님 앞에서 우리가 보이는 겸손의 표시다. 예수님도 무릎을 꿇고 기도하셨으며(눅 22:41), 스데반(행 7:60), 베드로(행 9:40), 바울(행 20:36) 모두 무릎을 꿇고 기도하였다. 이것은 초대 교회에서 행하여졌던 일반적인 모습이다(행 21:5). 칼빈은 성도가 무릎을 꿇고 기도할 때, 주님 앞에 가장 겸손한 모습이라고 말하였다.

❺ 기도에 대한 다른 표현들이 있다. 탄원은 죄 용서를 위해, 그리고 구원을 위해 드리는 기도다(시 20:5). 기도에는 다른 사람을 위해 드리는 간구가 있다(골 1:3; 약 5:16). 그리고 받은 것에 대해 드리는 감사가 있다(골 1:12). 기도는 하나님께서 우리에게 요구하시는 것이다. 하나님께서는 우리가 하나님 앞에 나아와 기도하기를 원하고 계신다. 그리고 우리가 하나님을 찬양하기를 원하신다. 기도는 우리의 믿음을 강화시킨다(마 6:32).

기도는 감사의 가장 중요한 부분인데, 기도를 통해 우리가 직접적으로 감사를 표현할 수 있기 때문이다. 감사는 우리가 하나님께 마땅히 드려야 하는 것이며, 이것은 하나님을 영화롭게 하는 것이다. 우리는 우리에게 있는 모든 것에 대해 감사해야 한다. 하나님께서는 신실하게 지속적으로 구하는 자들에게 성령을 주신다(눅 11:13). 하나님의 은혜와 성령의 역사가 필요한 자들에게도 성령을 주신다. 그리고 그 성령은 우리로 더욱 간구하게 하신다(슥 12:10).

질문 117. 무엇을 기도해야 하나님께서 받으실 만하며 들으십니까?

답 | 첫째로, 우리는 마음으로부터 유일하시며 진실하신 하나님께만 기도하여야 합니다. 하나님께서는 자기 자신을 말씀 속에서 계시하셨으며, 모든 것을 위해 자신에게 기도하도록 우리에게 명령하셨습니다.[01] 둘째로, 우리는 우리 자신의 필요와 비참함을 철저하게 올바로 알아야 합니다. 그래서 우리는 하나님의 신적 위엄 앞에서 우리 자신을 철저히 낮추어야 합니다.[02] 셋째로, 우리가 비록 무가치함에도 불구하고 하나님께서 자신의 말씀으로 약속하신 것과 같이 그리스도를 위하여 우리의 기도를 확실하게 들으시는 것에 대해 분명히 확신해야 합니다.[03]

❶ 하나님께서 모든 기도를 다 들으시는 것은 아니다(사 1:15; 약 4:3). 따라서 우리의 기도를 하나님께서 들으시는 기도가 되게 하려면 바른 기도를 드려야 한다. 하나님께서 받으시는 기도를 드리려면 먼저 우리가 누구에게 기도를 드리는가에 대해 생각해야 한다. 우리는 오직 참되시며 유일하신 하나님께만 기도드린다.

하나님은 자기 자신을 말씀에서 계시하고 있다. 즉, 삼위 하나님으로서 아버지, 아들, 성령이시다. 우리가 기도드리는 하나님은 어느 곳에서나 계시며 전능하신 분이시다. 따라서 오직 하나님만이 들으시고 응답하실 수 있다 (시 94:9; 115:6; 엡 3:20). 물론 우리는 그리스도께도 기도할 수 있다. 예수님은 하나님이시기 때문이다. 제자들은 부활하신 예수님께 예배하였다. 그리고 스

---

01 시편 145:18-20; 요한복음 4:22-24; 로마서 8:26-27; 야고보서 1:5; 요한일서 5:14-15; 요한계시록 19:10.
02 역대하 7:14; 20:12; 시편 2:11; 34:18; 62:8; 이사야 66:2; 요한계시록 4장.
03 다니엘 9:17-19; 마태복음 7:8; 요한복음 14:13-14; 16:23; 로마서 10:13; 야고보서 1:6.

데반은 예수님께 기도하였다(행 7:58).

❷ 하나님께서는 우리에게 모든 것을 위해 기도하라고 명령하셨다(요일 5:14). 물론 육신적인 성질의 것들은 간구 제목에서 제외된다. 예를 들어, 솔로몬이 이해하는 마음을 구하였을 때 하나님은 그가 이 세상 것들을 구하지 않고 좋은 것을 구하였다고 하셨다(왕하 3:9-13). 따라서 우리는 하나님의 뜻에 합당한 모든 것을 구하여야 한다.

❸ 하나님께서 받으실 만한 기도를 드리려면 우리는 반드시 하나님을 알아야 한다. 하나님께서는 자신을 말씀 안에 계시하셨다. 진정한 기도는 우리의 소원 목록을 하나님께 전해 드리는 것이 아니다. 하나님의 약속을 믿고 빈 그릇을 가지고 하나님께 나아가는 것이다. 그러면 하나님께서 채우실 것이다.

따라서 올바른 기도를 위해서는 먼저 말씀을 들어야 한다. 그 다음으로 우리 자신을 알아야 한다. 우리 자신에 대해 올바로 깨닫는다면 하나님께 드리는 기도의 태도가 달라질 것이다. 바리새인처럼 자신을 나타내는 기도를 드리지 않을 것이다. 한편으로 하나님께서 받으실 만한 기도를 드리려면 그리스도를 알아야 한다. 우리 자신으로서는 하나님께 기도드릴 자격이 없지만 그리스도 때문에 기도드릴 수 있는 것이다.

❹ 따라서 하나님께서 받으실 만한 기도는 반드시 겸손과 믿음으로부터 구하는 것이다. 그러한 기도는 우리의 심령으로부터 나오는 기도다. 그래서 우리의 모든 생각과 마음을 오직 하나님께만 향하게 하며, 우리의 생각을 산만하게 만드는 것들을 피한다(애 3:41; 시 145:18; 히 10:22). 이렇게 기도하면

입술로만 드리는 기도를 피할 수 있으며, 아름다운 수사어만 남발하거나 반복할 필요도 없게 된다. 물론 기도문을 사용하여 기도할 수도 있지만, 더욱 바람직한 것은 성령에 의지해서 심령을 전적으로 드리면서 기도하는 것이다(롬 8:26). 그리고 추천할 만한 기도의 형식은 예수님께서 이렇게 기도하라고 말씀하신 것과 같은 주기도문의 형식이다.

우리는 기도할 때 반드시 우리의 필요와 비참함을 알아야 한다. 그래서 하나님의 엄위로우심 앞에서 우리를 깊이 낮추어야 한다. 자신의 육신적, 영적 필요와 비참함을 알 때, 우리의 무가치함을 알 수 있다(사 26:16). 이렇게 겸손한 기도를 하나님은 들으신다(시 34:18). 겸손한 기도는 결코 낙망이나 실망으로 인도되지 않는다. 그리고 믿음의 기도는 우리에게 확신을 준다. 야곱은 확신 가운데 기도하였다(창 32:26).

❺ 그리스도의 이름으로 드리는 기도는 하나님께서 받으실 만한 기도가 되게 한다. 이는 기도가 하나님의 뜻에 일치하게 된다는 것이다(눅 22:42). 그리고 그리스도의 은덕에 근거해서 드리는 기도다. 이것은 하나님의 약속에 일치하는 것이다(요 14:13). 하나님께서는 성령의 증거로 기도하는 영혼에게 그의 기도가 드려졌다는 확신을 주시며(요일 5:15) 때로는 예외적으로 주시기도 한다(행 4:31; 16:26).

❻ 기도의 응답은 항상 즉각적으로 나타나는 것은 아니다. 하나님께서는 모든 것을 위해 때를 정해놓으셨다(전 3:11; 요 2:4). 하나님께서는 우리의 믿음을 시험하기 원하신다(히 2:3). 예를 들어, 예수님은 가나안 여인의 믿음을 시험하셨다(마 15:22). 따라서 하나님께서는 우리가 쉬지 않는 기도와 하나님을 귀찮게 하는 기도로 나아오길 원하신다(눅 18:1 이하). 그러한 기도를 통하여 우

리의 믿음의 진정성을 확인하시고자 하기 때문이다.

질문 118. 하나님께서는 무엇을 위해서 기도하라고 하셨습니까?

답 | 우리 주 그리스도께서 가르쳐주신 기도에 내포되어 있는 것처럼 우리가 영육 간에 필요로 하는 모든 것을[01] 위해서 기도하라고 하셨습니다.

❶ 우리는 우리의 몸과 영혼에게 필요한 모든 것을 놓고 기도할 수 있다. 우리가 하나님께 기도하는 것은 특권일 뿐만 아니라 또한 명령이다(빌 4:6; 약 1:17). 일단 영적 필요라는 것은 하나님의 영광과 관련되어 필요한 모든 것이며, 또한 우리의 구원을 위한 것이다. 즉, 죄의 용서와 성령의 갱신, 그리고 하나님의 뜻에 따라 사는 것과 영원한 생명을 위해 영적으로 필요한 것들이다(시 51:10; 약 1:5). 이러한 영적 필요는 몸의 필요보다 우선하는 것이다. 왜냐하면, 몸의 필요는 일시적이며 임시적인 것이지만, 영혼이 필요로 하는 것은 영원한 것이기 때문이다. 예수님께서도 영적인 필요의 우선성에 대해 말씀하셨다(마 6:33; 16:26).

❷ 몸의 필요는 우리의 건강, 음식, 의복, 소유물 등이다(잠 30:8; 약 5:15). 우리는 몸이 필요로 하는 것에 대해 하나님께 간구해야 한다. 물론 하나님께서는 자신이 기뻐하시는 때에 가장 적합한 것으로 우리에게 공급해 주실 것이다. 따라서 이 땅의 일시적인 필요를 위해서도 기도해야 하지만, 필요 이상

---

01 마태복음 6:33; 야고보서 1:17.

으로 욕심을 내고 구해서는 안 된다. 주께 기도하되 자기 부정과 자족하는 심령이 있어야 한다.

질문 119. 주님께서 가르쳐주신 기도는 무엇입니까?

답 | 하늘에 계신 우리 아버지여, 이름이 거룩히 여김을 받으시오며, 나라가 임하시오며, 뜻이 하늘에서 이루어진 것같이 땅에서도 이루어지이다. 오늘 우리에게 일용할 양식을 주시옵고, 우리가 우리에게 죄 지은 자를 사하여 준 것 같이 우리 죄를 사하여 주시옵고, 우리를 시험에 들게 하지 마시옵고, 다만 악에서 구하시옵소서. 나라와 권세와 영광이 아버지께 영원히 있사옵나이다. 아멘.[01]

❶ 우리의 영적 필요와 몸의 필요를 위해 기도할 때, 그 모범이 있다. 예수님께서 제자들에게 가르쳐주신 주기도문이다(마 6:9-13; 눅 11:2-4). 이 기도는 회중 모임에서 사용될 수 있는 것이다. 물론 예수님은 이 기도를 사용하라고 가르쳐 주신 것이다. 주기도문은 모범적 기도의 형식일 뿐만 아니라, 모범적 기도의 내용을 말하는 것이다. 따라서 주기도문을 통하여 우리는 어떻게 무엇을 기도해야 할지 배우게 된다.

❷ 주기도문은 먼저 '하늘에 계신 우리 아버지여'라는 말로 시작한다. 그 다음으로 주기도문은 여섯 개의 간구로 구성되어 있다. 첫째, 이름이 거룩히 여김을 받으시오며, 둘째, 나라가 임하시오며, 셋째, 뜻이 하늘에서 이루

---
01 마태복음 6:9-13; 누가복음 11:2-4.

어진 것같이 땅에서도 이루어지이다. 넷째, 오늘 우리에게 일용할 양식을 주시옵고, 다섯째, 우리가 우리에게 죄 지은 자를 사여준 것같이 우리 죄를 사하여 주시옵고, 여섯째, 우리를 시험에 들게 하지 마시옵고 다만 악에서 구하시옵소서. 그리고 송영으로서 '나라와 권세와 영광이 아버지께 영원히 있사옵나이다'로 끝난다.

앞의 세 개의 간구는 하나님의 영광과 관련되어 있으며, 뒤의 세 개의 간구는 우리의 필요와 관련된 것이다. 뒷부분에서 두 개는 영적 필요에 대한 것이며, 나머지 하나는 우리의 육신의 필요를 위한 것이다. 그리고 주기도문은 '우리'라는 복수어를 사용하고 있는데, 모든 성도 간의 교통 가운데 간구에 참여하며 기도해야 함을 의미한다. 이러한 간구는 우리의 마음을 확장시키고, 우리의 이기적인 마음을 누그러뜨린다. 그리고 여섯 번째 간구는 그 내용상 하나의 간구다.

제46주

질문 120. 그리스도께서는 왜 우리에게 하나님을 아버지라고 부르도록 명령하셨습니까?

답 | 우리가 기도드리기 시작할 때부터 즉각적으로, 우리의 기도의 근거인 하나님을 어린아이처럼 경외하고, 하나님께 대한 확신을 불러일으키기 위한 것입니다. 하나님께서는 그리스도 안에서 우리의 아버지가 되십니다. 우리의 부모가 세상의 것을 제공하기를 거절하지 않는 것처럼 하나님은 우리가 진정한 믿음 안에서 하나님께 구한 것을 부정하지 않으십니다.[01]

질문 121. '하늘에 계신'이라는 문구가 왜 추가되었습니까?

답 | 하나님께 대해 하늘의 위엄의 개념을 땅의 것으로 형성하지 않게 하기 위한 것이며,[02] 그래서 우리는 하나님의 전능하신 능력으로부터 우리의 영혼

01　마태복음 7:9-11; 누가복음 11:11-13.
02　예레미야 23:23-24; 사도행전 17:24-25.

과 몸에 필요한 모든 것을 위해 기대합니다.[03]

❶ 우리는 하나님을 아버지라고 부른다. 왜냐하면 이 이름은 하나님의 무한한 사랑을 표현하는 것이기 때문이다. 진정으로 중생한 영혼은 하나님의 자녀가 된다. 그래서 자녀로서 아버지라고 부르는 것이다. 하나님의 사랑을 만끽하는 자녀는 그분께 감사하고 존경하는 마음으로 아버지라 부른다. 자녀는 어린아이처럼 하나님을 경외하면서도 한편으로는 하나님께 대한 확신을 가진다. 하나님을 아바 아버지라고 부르는 것은 하나님의 사랑에 대해 감사함으로 부르는 것이며, 믿음으로 그리스도 안에 들어가 성령, 즉 양자의 영을 받음으로 아바 아버지라고 부르게 되어 있다.

어린아이들이 아버지의 사랑에 대해 확신하듯이, 하나님의 자녀는 하나님의 사랑에 대해 확신한다(시 89:26; 103:13). 그래서 이 땅에서 육신의 부모가 아이들의 요구에 대해 응답하듯이, 하나님께서는 그리스도 안에서 우리의 영혼과 몸에 필요한 모든 것을 공급해주신다(롬 8:32). 따라서 주기도문을 시작할 때, 하나님을 아버지라고 부르도록 명령하신 이유는 우리의 기도 전체가 어린아이처럼 확신 가운데 드려지게 하기 위한 것이다.

❷ 여기서 하늘이라는 것은 하나님의 영광의 장소다(시 103:19). 물론 하나님께서는 모든 곳에 계시지만 예수님이 이렇게 말씀하신 것은 우리로 하여금 계속해서 하나님의 위엄에 대해 생각하게 하기 위해서다. 우리는 하나님에 대한 개념들을 땅의 것으로 형상화할 수 없다. 하나님에 대해 묘사할 때 땅의 개념들을 사용할 수 없다(왕상 8:27). 우리가 어린아이와 같이 기도한다

---

03   마태복음 6:25-34; 로마서 8:31-32.

하더라도 유치하게 기도해서는 안 된다. 어린아이가 아버지에 대해 가져야 하는 것은 존경이다. 따라서 하나님께 함부로 할 수 없으며, 반드시 경외함이 있어야 한다.

하나님께서 주님이시라는 것을 잊어서는 안 된다. 하나님께서는 아브라함에게 벗이라고 하였지만(약 2:23) 아브라함은 하나님께 "나는 티끌이나 재와 같사오나 감히 주께 아뢰나이다"(창 18:27)라고 하였다. 따라서 우리는 하나님의 엄위를 가볍게 여겨서는 안 된다. 그리고 하나님의 전능하심은 우리의 몸과 영혼에 필요한 모든 것을 주시기에 충분하다는 확신을 가지고 있어야 하며, 하나님을 절대적으로 신뢰해야 한다(시 115:3; 눅 1:37; 롬 10:12).

제47주

질문 122. 첫 번째 간구는 무엇입니까?

답 | '이름이 거룩히 여김을 받으시오며'는 우리로 하여금 가장 먼저 하나님을 바르게 아는 것을 허락하시고,[01] 주님의 모든 사역에서 분명하게 나타난 주의 능력과 지혜, 선하심, 정의, 그리고 공의와 진리 안에서 주님을 거룩하게 하고 영화롭게 하며 찬양하는 것을 허락해주시기를 기도하는 것입니다.[02] 더 나아가서, 우리의 전체적인 삶과 생각과 말들과 행동들을 지도하셔서, 하나님의 이름이 우리로 인하여 더럽혀지지 않고 오직 존경과 찬양만 받으실 수 있도록 해달라는 것입니다.[03]

❶ 첫 번째 간구는 하나님의 영화로움이 모든 피조물들의 가장 우선되고 가장 높은 목적임을 드러낸다(롬 11:36). 모든 사람은 기도로 하나님께 나아갈 때, 하나님의 탁월하심과 거룩에 대한 감동과 경외감을 가져야 한다(레 10:3).

---

01 예레미야 9:23-24, 31, 33; 마태복음 16:17; 요한복음 17:3.
02 출애굽기 34:5-8; 시편 145편; 예레미야 32:16-20; 누가복음 1:46-55, 68-75; 로마서 11:33-36.
03 시편 115:1; 마태복음 5:16.

하나님의 이름은 우리에 의해, 그리고 우리를 통해 거룩히 여김을 받아야 한다. 하나님께서는 자신의 이름으로 자신을 계시하셨다. 그래서 우리는 그의 말씀 안에서, 그리고 그의 사역 안에서 하나님을 알게 된다. 하나님의 이름은 자신을 나타내시는 것이다. 하나님의 사역 안에서 하나님의 속성들이 나타난다. 하나님의 이름을 거룩하게 한다는 것은 하나님께 영광을 돌리는 것이다(시 115:1).

❷ 따라서 우리가 하나님을 올바로 아는 것이 필요하다. 우리는 하나님께서 우리로 하여금 그의 이름을 바로 알게 해주시기를 기도해야 한다. 이와 같은 지식은 단지 이해의 문제가 아닐 뿐만 아니라, 마음의 문제이기도 하다. 그리고 이것은 동시에 믿음을 포함하고 있다(요 17:3; 시 119:18). 하나님의 이름에 대한 지식은 그의 사역을 아는 지식으로부터 온다. 창조의 사역으로부터 우리는 하나님께서 모든 것을 창조하시고, 그것들을 보존하신다는 것을 안다(시 19:1). 하나님께서는 그리스도를 통하여 우리를 구속하시고, 성령으로 갱신하셔서서 우리로 하여금 영원히 행복하게 하신다(요 3:16).

❸ 창조의 사역에서 하나님의 능력(롬 1:19-20)과 지혜(시 104:24)와 선하심 (시 36:5)을 드러내셨으며, 구속의 사역에서는 하나님의 정의(고후 5:21), 자비하심 (딛 3:5), 진리(요 17:19)를 드러내셨다. 따라서 하나님에 대한 지식을 표현해야 한다. 그래서 그의 이름을 영화롭게 해야 하며, 그의 이름을 찬양해야 한다 (시 105:3; 출 15:2).

❹ 우리의 기도를 통해 단지 하나님의 이름을 영화롭게 하고 찬양할 뿐만 아니라 우리의 전체적인 삶, 즉 우리의 모든 생각, 말, 행동도 하나님을 영

화롭게 하는 것이 되어야 한다. 이것은 우리를 통하여 하나님의 이름이 거룩하게 여김 받도록 하는 것이다. 이것이 하나님께서 죄인을 성도로 만드신 목적이다(시 31:3; 살후 1:11-12).

따라서 우리는 우리의 모든 삶에서 하나님의 이름이 우리로 인하여 욕되지 않도록 해야 한다. 만약 우리가 주의 이름을 고백하고 나서, 주의 말씀대로 살지 않는다면 하나님의 이름을 욕되게 하는 것이다. 위선자들은 그리스도의 이름을 고백하지만, 그리스도의 말씀대로 살지 않는다. 그래서 자기 자신을 속이고, 다른 사람도 속이는 것이며, 더 나아가서는 하나님을 속이는 것이다(딤후 2:19; 롬 14:16). 따라서 우리의 언어와 삶을 통해 다른 사람으로 하여금 하나님께로 돌아오도록 도전하고, 그로써 하나님을 영화롭게 해야 한다(시 51:13; 마 5:16).

제48주

질문 123. 두 번째 간구의 의미는 무엇입니까?

답 | '나라가 임하시오며'라는 것은 하나님의 말씀과 성령으로 우리를 다스려 달라는 간구입니다. 그 결과로서 우리는 더욱더 우리 자신을 주께 굴복시키게 되고[01] 주의 교회가 보전되고 증가되며,[02] 마귀의 일들과 하나님께 대항하는[03] 모든 폭력과 주의 거룩한 말씀에 대항하는 모든 악한 궤계를 무너뜨리게 됩니다. 그러므로 하나님 나라가 완성되어 주께서 만유의 주가 되시기까지 그렇게 해달라는 것입니다.[04]

❶ 하나님 나라는 자연으로부터 구별된다. 그 안에서 하나님께서 모든 피조물 위에 다스리시는 주권이 나타나기 때문이다(시 135:6). 하나님 나라는 세상으로부터 구별되는데, 세상은 죄를 통해 사탄의 주관 아래 있다(요일 5:19).

---

01 시편 119:5, 105; 143:10; 마태복음 6:33.
02 시편 51:18; 122:6-9; 마태복음 16:18; 사도행전 2:42-47.
03 로마서 16:20; 요한일서 3:8.
04 로마서 8:22-23; 고린도전서 15:28; 요한계시록 22:17, 20.

세상 안에는 하나님 나라가 있지만, 세상에 속하여 있지 않다(요 18:36). 하나님 나라는 세상의 방식을 따라가지 않으며, 세상을 넘어서 하늘에 이른다(단 2:44). 따라서 하늘의 왕국이라고 부르기도 한다. 이것은 시간을 넘어서 영원에 이르는 것이다(단 4:34).

하나님 나라는 하나님의 은혜와 능력, 영광의 계시의 영역으로서 하늘 안에, 그리고 땅 위에 있는 것이다. 이 세상에서 삼위 하나님이 의와 은혜로 인간의 마음을 다스리는 곳에서 발견된다. 외형적인 가견적 교회는 세례 받은 사람들로 구성되어 있지만 하나님 나라는 그렇지 않다. 이 땅에서의 하나님 나라는 교회 안에 포함되어 있으며, 이러한 의미에서 교회 밖에는 구원이 없는 것이 사실이다.

❷ 하나님 나라는 비유적인 표현으로서 인간의 관계로부터 나온 것이다. 이 땅에서의 왕국은 통치자에 의해 질서 있게 다스려지는 공동체를 말한다. 하나님의 왕국은 성경에서 문자적으로 하나님 나라, 천국으로 불린다. 왕은 삼위 하나님이시며, 구속이 완성되기까지 아버지께서 아들에게 하늘과 땅의 모든 권세를 주셨다(시 110:1-2; 마 28:18). 그리고 아들은 하나님의 보좌 오른편에 앉으시며, 모든 것을 완성하시기까지 권세를 가지고 구속의 사역을 수행하신다(고전 15:27-28).

이 땅에서 하나님 나라의 실제적인 백성은 그리스도인들이다(요 18:37; 시 110:3). 하늘에서는 천사들이 있으며, 성도는 그곳에서 완전하게 된다. 하나님 나라의 백성은 이 땅에서 특정 나라에 속한 백성으로만 국한되지 않는다(행 10:35). 자기가 속해 있는 나라로 인해 하나님 나라에서 배제되는 사람은 아무도 없다(골 3:11). 따라서 하나님 나라는 제한이 없다(행 1:8).

❸ 하나님 나라의 법은 성경이다(사 2:3). 하나님 나라의 축복은 그리스도의 보혈을 통한 구속이다. 이것에 모든 은덕들이 동반된다(롬 14:17). 하나님 나라의 법령은 하나님의 말씀을 선포하는 설교이며, 성례의 시행이다(엡 4:11-12). 하나님 나라를 대적하는 원수들의 우두머리는 사탄이다. 따라서 하나님 나라는 죄와 어두움이 지배하는 것을 무너뜨리며 전진하는 것이다. 이 전쟁에 있어서 무기는 하나님의 말씀과 기도다(엡 6:12, 17; 마 17:21). 결국 하나님 나라의 목적은 하나님의 영광이다. 이 땅에서의 하나님 나라는 이미 시작되었다. 그러나 우리는 하나님 나라가 임하기를 위해 기도해야 하는데, 우리 안에서와 밖에서 보다 강력한 힘을 가지고 확장되기를 기도해야 한다.

❹ 우리는 하나님께서 우리를 다스려주시기를 기도해야 한다. 왜냐하면 우리는 그의 백성이기 때문이다. 하나님께서 우리의 모든 생각과 목적과 소망과 언어와 행동들을 하나님의 은혜에 따라 지도해주시기를 기도해야 한다(골 3:15; 사 48:17). 하나님께서는 말씀(시 25:4-5)과 성령(시 143:10)으로 우리를 다스리신다. 하나님의 말씀과 성령은 따로 역사하는 것이 아니라 결합되어 있다. 그래서 우리가 기도하는 목적은 모두 하나님께 굴복되기 위함이다. 중생하였지만 아직도 완전한 순종에 이르지 못한다. 그러나 반드시 순종을 증가시켜야 한다. 하나님 나라는 말에 있지 않고 능력에 있다(고전 4:20; 출 24:7; 히 12:28).

❺ 교회는 하나님을 모든 것을 다스리시는 왕으로 인정하는 가운데 독특한 사명을 가지고 있다. 권위를 가지고 하나님의 말씀을 선포하는 것이다. 하나님은 이 땅에서의 하나님 나라의 일을 인간의 연약한 손에 맡기셨다(고전 3:7-9). 따라서 우리는 성령의 능력에 의해 하나님의 교회가 유지되고 증

가 되도록 하나님께 기도해야 한다. 하나님께서는 자신의 교회를 말씀으로 보존하시고 유지시키신다. 그러나 인간의 나태함에 의해 하나님의 말씀이 무시될 때, 그들로 어려움을 겪게 하신다. 고난을 통해 결국 생명의 떡에 대해 갈구하게 하시며, 하나님의 말씀을 구하게 하신다. 교회가 하나님의 말씀을 무시하면 미신적인 우상숭배의 온상으로 변질된다(시 51:18; 68:28). 그래서 종교개혁을 통해 다시 말씀을 촛대 위에 놓으신 것이다.

❻ 살아 있는 모든 것은 증가하게 되어 있다. 이 땅에서의 하나님 나라도 마찬가지다. 따라서 우리는 하나님께서 내적으로 자신의 교회를 강화시키시고, 외적으로도 증가시키시도록 기도해야 한다(행 2:47). 하나님 나라의 확장은 선교를 통해 이방인들과 유대인, 그리고 무슬림들에게도 일어나야 한다. 따라서 주기도문의 두 번째 간구는 선교적인 간구다. 겨자씨와 누룩의 비유는 하나님 나라의 확장에 대한 것이다(마 13:31-33). 따라서 하나님 나라의 확장을 위해 그의 백성이 깨어 기도해야 하는 것이다.

❼ 하나님 나라는 세상과 죄의 반대편에 서 있다. 세상은 하나님 나라와 그리스도에 대해 대적하고 있다. 따라서 우리는 하나님께서 마귀의 일을 멸하시도록 기도해야 한다. 하나님 나라에 대해 방해하고 대적하는 것이 마귀의 일이다. 마귀는 하나님의 진리에 대해 거짓말로 반대한다. 육적인 심령을 가진 자들은 진리보다 마귀의 말을 더욱 신뢰한다. 마귀는 잘못된 교리로 꾀어 오류를 믿게 하고 미신적인 신앙을 갖게 하며, 불신앙에 이르게 하여 결국 죄에 빠지게 한다.

마귀는 항상 믿음의 사람들로 하여금 서로 싸우게 하고 분쟁하도록 유혹한다(요일 3:8; 롬 16:20; 엡 4:27). 따라서 마귀의 궤계가 무력화되고 헛되게 해달라고 하나님께 기도해야 한다. 마귀는 교회 내에서 하나님의 말씀을 희석하거나 바른 교리를 어그러뜨려 교회의 근본을 뒤흔든다. 이것은 전형적인 마귀의 궤계다. 따라서 이러한 마귀의 방법들이 헛된 것이 되도록 하나님께 기도해야 한다(시 83:3; 빌 3:18; 시 5:10).

❽ 하나님 나라의 영광은 그것이 완성될 때(세상의 끝 날) 드러나게 되어 있다. 영광은 하나님 나라의 모든 백성이 연약함과 유혹에서부터 해방되며, 주께 붙어 있는 백성이 주와 함께 나타나는 것이다(계 21:2; 22:17, 20). 즉, 마지막 날에 하나님 나라에 속한 자들이 드러나게 된다(딤후 4:18). 따라서 하나님 나라의 완성을 바라보고 기도해야 한다.

제49주

질문 124. 세 번째 간구는 무엇입니까?

답 | '뜻이 하늘에서 이루어진 것같이 땅에서도 이루어지이다'라는 말은 우리와 모든 사람이 자신의 뜻을 버리고, 불평함이 없이 주의 뜻에 순종할 수 있게 해달라는 것입니다.[01] 오직 이것만이 선한 것입니다. 하늘에 있는 천사들이[02] 자발적이며, 신실하게 순종하는 것과 같이 우리 각 사람은 자신의 부르심과 위치에 따라 맡겨진 의무들을 수행해야 합니다.[03]

❶ 세 번째 간구는 하나님의 드러난 뜻과 계명에 관한 것이다. 이 간구는 우리와 모든 사람이 주의 계명에 순종해 주의 뜻이 성취되기를 요청하는 것이다. 본성상 인간의 의지는 악하고 부패되어 있으며, 하나님의 뜻에 대항한다. 따라서 자기를 주장하려는 우리의 의지를 버려야 하며, 죄악 된 정욕

---

01 마태복음 7:21; 16:24-26; 누가복음 22:42; 로마서 12:1-2; 디도서 2:11-12.
02 시편 103:20-21.
03 고린도전서 7:17-24; 에베소서 6:5-9.

과 욕망과 성향을 버리고, 육신적인 의지를 약화시켜야 한다(마 16:24). 우리는 자주 이러한 일을 하는 데 어려움을 겪는다. 하나님의 은혜로운 도움 없이는 이길 수 없다.

따라서 우리는 하나님께 기도해야 한다. 하나님께 이러한 것들을 극복할 수 있도록 힘을 달라고 기도해야 한다(고후 3:5). 모든 사람이 본성상 부패된 의지와 자기 사랑하는 마음을 가지고 있기 때문이다(전 12:13). 우리 스스로의 의지는 본성상 완전히 부패되었기 때문에 하나님의 뜻만이 선하다. 우리는 스스로의 의지를 버리는 그만큼 하나님의 뜻에 굴복할 수 있다. 따라서 우리는 우리의 뜻을 온전히 버리고 하나님의 뜻에 온전히 순종할 수 있는 힘을 달라고 기도해야 한다(렘 7:23).

❷ 하나님의 뜻은 비밀스러운 것과 드러난 것이 있다. 하나님의 비밀스러운 뜻은 오직 우리가 하나님의 인도하심을 받는 가운데서만 분별할 수 있다. 하나님의 뜻은 우리가 온전히 이해할 수 없을 때가 많다. 따라서 우리는 어떤 불평도 없이 하나님의 뜻에 굴복하고 순종할 수 있도록 힘을 달라고 기도해야 한다. 주의 뜻이 우리 가운데 이루어지기를 기도해야 한다(벧전 4:19, 행 21:14).

하나님의 드러난 뜻은 우리가 그의 말씀으로부터 배울 수 있는 것이다. 즉, 율법과 복음이다. 때로는 특별한 경우 우리는 자신을 속이지 않도록 조심해야 한다. 우리가 하고 싶어 하는 것을 하나님의 뜻이라고 여기는 일이 없어야 한다. 그리스도께서는 자신의 삶과 고난을 통해 어떻게 하나님의 뜻이 우리 가운데, 우리에 의해 이루어지는지 잘 보여 주셨다(요 4:34; 눅 22:42).

❸ 우리 각자의 부르심과 위치에서 저마다 각각의 의무와 책임들이 주어

져 있다. 우리는 이러한 의무를 소홀히 하거나 대수롭지 않게 여길 수 있다. 그러나 이것은 하나님께서 특별히 정하신 것이다. 따라서 기꺼이, 즐겁게, 성실함으로 주의를 기울여서 그 의무들을 수행해야 한다(고전 7:20; 눅 16:10). 마치 천사들이 하늘에서 각자에게 맡겨진 의무들을 성실하게 수행하는 것처럼 땅에서 성도들이 그렇게 수행해야 하는 것이다(시 103:20-21).

제50주

질문 125. 네 번째 간구는 무엇입니까?

답 | '오늘 우리에게 일용할 양식을 주시옵고'라는 말은 하나님께서는 우리의 몸을 위해 필요한 모든 것을 공급하시기를 기뻐하시는 분이심을 나타냅니다.[01] 그래서 우리가 주님을 모든 선의 유일한 근원이시라는 것을 인정하며,[02] 주님의 축복 없이는[03] 우리의 염려와 수고와 심지어 주의 선물조차도 아무런 유익이 없다는 것을 인정하며, 그래서 우리가 다른 모든 피조물을 신뢰하는 것을 내려놓고 오직 주님께만 의지하게 하려는 것입니다.[04]

❶ '일용할 양식'이라고 표현한 것은 주께서 우리가 이 세상에서 물리적으로 필요로 하는 것이 무엇인지 이해하고 있다는 의미다. 이것을 일용할 양식이라고 부르는 이유는 우리의 몸을 유지하는 데 필수적인 것이기 때문

---

01 시편 104:27-30; 145:15-16; 마태복음 6:25-34.
02 사도행전 14:17; 17:25; 야고보서 1:17.
03 신명기 8:3; 시편 37:16; 127:1-2; 고린도전서 15:58.
04 시편 55:22, 62, 146; 예레미야 17:5-8; 히브리서 13:5-6.

이다. 우리는 이러한 일용할 양식을 불법적인 수단인 도적질이나 사기, 구걸하는 것으로는 취할 수 없다. 다만 기도하는 것과 우리 각자가 일반적인 부르심 가운데 감당하는 수고를 통해 얻어야 하는 것이다(창 3:19; 살후 3:12).

❷ '우리에게 주시옵고'라는 말은 우리 자신의 필요에 대해 생각할 뿐만 아니라 지금 어려운 가운데 있는 자들의 필요에 대해서도 생각해야 한다는 것이다(사 58:7). 그리고 '오늘'이라는 말은 여러 날이나 혹은 여러 해 쓸 것을 위해 기도하지 말라는 것이다. 이러한 것들은 우리의 탐욕을 부추기며, 우리의 삶을 인색하게 만드는 것이다. 이러한 기도는 하나님께서 듣지 않으신다.

그리고 이 표현은 우리가 날마다 우리의 기도 가운데 하나님께로 나아가야 함을 가르치고 있는 것이다(마 6:34). 우리는 하루 동안에라도 무슨 일이 일어날는지 알 수 없다(잠 27:1). 따라서 이 기도를 통해 우리는 모든 선의 근원이 하나님이신 것을 인정하게 되며, 하나님의 축복 없이는 어떤 선도 있을 수 없으며, 오직 하나님 한 분만 신뢰해야 한다는 것을 배우게 된다. 따라서 우리의 믿음은 강화되어야 하며, 겸손은 더욱 증진되고, 우리의 확신은 더욱 확고해져야 한다.

❸ '일용할 양식'이 비록 자연적 산물이라 할지라도 이것은 자연과 피조물로부터 오는 것이 아니다. 오직 창조주 하나님께로부터 오는 것이다(시 104:13-14; 행 14:15, 17). 따라서 우리는 모든 선한 것을 주시는 하나님께 일용할 양식을 위해 기도해야 한다(시 85:12; 65:2). 하나님의 축복이 우리의 수고와 노동을 효과적이게 하며, 오직 하나님만이 양식을 통해 우리에게 힘을 주신다(고전 3:7; 잠 10:22; 신 8:3; 마 4:4). 세상적인 염려는 하나님의 축복을 믿지 못하는 것이며, 하나님을 반대하는 것이다. 따라서 우리는 주의해서 적절한 때에

올바른 방법으로 일해야 한다(시 127:1-2). 하나님께서 선물로 주셨다 할지라도 하나님의 축복이 없다면 아무 유익이 없다(학 2:17, 19).

❹ 인간의 마음은 피조물과 사람들 가운데서 피난처를 찾고자 하며, 자연적인 과정들에 지나치게 의존한다. 그러나 모든 피조물이 하나님의 손 안에 있다. 따라서 우리는 피조물을 신뢰해서는 안 되며, 오직 창조주 하나님 한 분만을 의지해야 한다. 하나님께서는 그의 백성이 인생을 의지하는 것을 싫어하신다. 하나님께서는 우리가 하나님께만 의지하고 그분께 대한 믿음 안에서 확신을 가질 때 기뻐하신다. 왜냐하면 하나님만이 모든 선한 것의 근원이시기 때문이다.

❺ 이 간구에서 예수님은 '나'에게 공급해 달라고 하지 말고 '우리'에게 공급해 달라고 기도하라고 말한다. 때로는 우리의 기도가 자신만을 위한 기도로 치우칠 수 있다. 자신의 필요만을 위한 기도는 합당하지 않다. 이웃의 필요를 살피고, 특별히 가난한 자들의 필요를 잊지 말아야 한다.

제51주

질문 126. 다섯 번째 간구는 무엇입니까?

답 | '우리가 우리에게 죄 지은 자를 사하여 준 것같이 우리 죄를 사하여 주시옵고'라는 말은 그리스도의 보혈의 공로로 불쌍한 죄인인 우리에게 항상 붙어 다니는 범죄함과 부패에 대해 부채를 전가하지 않기를 기뻐하셨으며,[01] 따라서 우리 안에 있는 주의 은혜의 증거로서 우리가 이웃을 마음으로부터 확고하게 용서해야 한다는 것입니다.[02]

❶ 우리에게는 하나님의 법에 따라 마땅히 감당해야 할 의무가 있다. 그러나 그 의무를 감당하지 않을 경우에는 하나님의 법을 어긴 것이 된다. 하나님의 법을 어길 경우 속죄가 요구된다. 속죄는 죄에 대해 처벌을 받든지 혹은 손해 배상을 해야 이뤄진다. 그런데 죄를 용서해주심으로써 우리에게 임할 심판이 면해졌다. 따라서 우리는 부채 가운데 있음을 인정해야 하며, 그

---

01   시편 51:1-7; 143:2; 로마서 8:1; 요한일서 2:1-2.
02   마태복음 6:14-15; 18:21-35.

럼에도 불구하고 심판과 유죄 판결로부터 자유하게 되었다는 것을 인정해야 한다. 따라서 그의 은혜를 피난처로 삼아야 한다.

❷ 지식이 있다면 고백이 있을 것이다. 가장 먼저 죄에 대한 인정이 있어야 한다. 하나님의 법에 어긋난 모든 행위들을 인정해야 한다(시 90:8; 요일 3:4). 하나님의 법을 어긴 것뿐만 아니라 그 죄의 뿌리도 인정해야 한다. 죄 된 성향과 악한 욕망들 또한 하나님 앞에서 죄다(히 12:1, 창 6:5; 8:21). 그의 거룩하심과 공의에 따라 하나님은 우리를 죄인으로 판단하시며 심판받아 마땅하다고 판단하신다(욥 9:2-3; 사 65:6-7). 이러한 죄를 부채라고 부른다(시 19:12). 우리의 부채는 반드시 갚아져야 한다.

따라서 우리의 죄를 용서해달라는 기도에서 우리는 하나님의 은혜를 피난처로 삼는다. 우리에게 죄가 있다는 것과 불쌍한 죄인으로서 그 부채를 갚을 능력이 없다는 것을 진정으로 인정해야 한다. 따라서 하나님께 우리의 부채에 대해 갚으라고 요구하지 마시고 또한 갚지 못하는 것에 대해 처벌하지 말아주시기를 구하는 것이다. 왜냐하면 우리 스스로는 감당할 수 없기 때문이다(시 51:1, 롬 4:8). 그래서 우리의 보증자이신 그리스도께 우리의 빚을 갚아달라고 호소하는 것이다. 그리스도의 보혈의 공로를 구하는 것이다(엡 1:7). 그런데 우리는 매일 죄를 짓기 때문에 매일 우리 죄의 용서를 위해 기도해야 한다. 이것은 구약 시대의 백성이 아침과 저녁에 희생을 드렸던 것과 같은 이치다(민 28:3-4).

❸ 하나님께서 우리를 용서하신 것과 같이 우리도 우리에게 죄 지은 자들을 용서해야 한다. 이것은 마음에서부터 자유롭고 완전하게 해야 한다(마 18:21-22). 이렇게 용서함으로써 하나님의 은혜가 우리 안에 있다는 것을

증거하게 된다. 하나님의 은혜는 우리의 심령을 부드럽게 만들고, 용서하는 심령을 주어서 우리에게 기꺼이 용서하도록 하시는데, 이로써 우리도 하나님께 진정으로 감사드리게 된다(요일 3:14; 골 3:13).

그러나 하나님께서는 우리가 이웃을 용서하는 것을 조건으로 삼아 우리에게 용서를 베푸시는 것이 아니다. 그렇다면 마태복음 18장 23-35절은 어떻게 해석해야 하는가? 주께서 종의 요청에 따라 종을 무조건적으로 용서해주셨다. 그러나 용서받은 종은 다른 종에게 엄격하고 인색하게 대하였다. 따라서 주께서 악한 종으로부터 은혜를 거두어 가신 것이다. 그리고 그를 심판에 합당한 자로 여겨 심판 받게 하셨다. 이 기도는 서로 용서하는 것이 마땅한 의무라고 가르친다. 따라서 우리는 우리의 죄들을 인정하고, 우리의 죄에 대한 용서를 갈망해야 한다.

제52주

질문 127. 여섯 번째 간구는 무엇입니까?

답 | '우리를 시험에 들게 하지 마시옵고 다만 악에서 구하옵소서'라는 말은 우리 자신이 너무 약하여서 우리가 한 순간이라도 설 수 없다는 것을 전제합니다.[01] 우리의 원수인 마귀와[02] 세상과[03] 우리의 육신은 우리를 끊임없이 공격하고 있습니다. 따라서 주께서 성령의 능력으로 우리를 붙드시고 힘주시기를 기도함으로써, 우리로 하여금 영적 전쟁에서[04] 승리하고, 우리의 원수들을 지속적으로 강력하게 저항하여 최후의 완전한 승리를 얻기까지 대적할 수 있게 해달라는 것입니다.[05]

❶ 하나님의 자녀에게는 영적 전쟁이 있다. 그러나 우리는 너무 약하여서

---

01 시편 103:14-16; 요한복음 15:1-5.
02 고린도후서 11:14; 에베소서 6:10-13; 베드로전서 5:8.
03 요한복음 15:18-21.
04 마태복음 10:19-20; 26:41; 마가복음 13:33; 로마서 5:3-5.
05 고린도전서 10:13; 데살로니가전서 3:13; 5:23.

스스로의 힘으로는 단 한 순간도 견뎌낼 수 없다(마 26:41; 요 15:5). "모두 주를 버릴지라도 나는 결코 버리지 않겠나이다"(마 26:33)라고 했던 베드로의 자만은 지금 우리 모두에게도 경고가 된다. 베드로는 다른 제자들보다 더욱 깊은 자만의 유혹에 빠지고 말았던 것이다(마 26:74).

한편으로 우리는 마귀와 세상, 그리고 우리 자신의 육신을 원수로 상대하고 있다. 이들 세 원수는 강력한 연합 관계에 있다. 이 적들은 우리를 강력하게 공격하며, 그들의 무기는 거짓말과 속이는 것이다. 그들은 이러한 방식으로 우리를 죄의 길에 들어서도록 유혹한다. 원수들은 우리가 슬픔 가운데 실망에 빠지도록 공격하며, 의심 가운데 불신앙에 빠지게 만든다. 그리고 때로는 이 세상의 부와 명예를 추구하게 해서 교만하게 만들고 결국 믿음의 길에서 벗어나도록 공격한다.

가장 주된 원수는 마귀다. 세상과 육신은 그의 군사들이다(벧전 5:8; 눅 22:31). 마귀는 때로는 우는 사자와 같이 달려들며, 어떤 경우에는 빛의 천사로 가장하여 성경을 사용해서 유혹하기도 한다(고후 11:14). 모든 종류의 교묘한 아첨을 사용하여 하나님의 백성으로 하여금 교만하게 만들고, 잘못된 확신을 갖게 하여 믿음의 길에서 벗어나게 한다. 결국 그들로 멸망에까지 이르도록 만들어버린다.

❷ 세상과 악한 자들은 우리가 일상생활에서 만나는 모든 기회를 유혹의 기회로 만들려고 한다. 그래서 유혹하고 때로는 위협하며 우리로 부패하게 한다. 우리의 육신은 여전히 죄에 기울어진 성향을 갖고 있다. 거듭났지만 아직도 우리에게 이런 성향이 그대로 살아 있다. 그것은 우리로 무절제하며 무자비하게 만들고, 교만하게 만든다(갈 5:17; 약 1:14).

이러한 원수들은 어디서나 넘쳐나 늘 기회를 엿보고 있다. 따라서 우리는 하나님께서 우리를 지켜주시고, 성령의 능력으로 우리를 강하게 해달라고 기도해야만 한다. 주께서는 성령을 통해 우리를 도우신다(엡 3:16). 성령을 받은 효과는 원수들의 공격에 의해 전혀 약하여지지 않고 오히려 더욱 강력해진다(살후 3:3).

❸ 원수들의 공격은 쉴 새 없고 영적 전쟁은 끊임없이 이어진다. 이러한 영적 전쟁을 치르기 위해 우리에게 주어진 방법은 저항하는 것이다. 사탄의 유혹과 공격을 허락하거나, 그것에 끌려 다녀서는 안 된다(엡 6:10-11, 13). 따라서 우리는 전신갑주를 취하여 능히 대적해야 한다. 마귀에게 대적해야 하고(약 4:7), 세상에 대해(요일 2:15), 우리 자신의 육신에 대해(골 3:5) 저항해야 한다.
이러한 전쟁에는 하나님의 도우심이 약속되어 있다. 그러나 우리가 하나님의 도움을 바르게 사용하지 않고, 마귀를 끊임없이 경계하지 않는다면 패배할 수밖에 없을 것이다. 따라서 우리는 항상 기도하기를, 이 전쟁에서 패하지 않게 해달라고 간구해야 한다. 물론 베드로와 같이 패배한 자도 주께서 다시 일으켜 주셨지만, 그 과정에서 베드로는 정말 큰 수치와 죄로 인한 고통을 맛보았다.

❹ 또한 이러한 영적 전쟁은 단지 개개 그리스도인만 아니라 전체 교회를 상대로 해서도 치러진다. 교회를 향한 유혹은 좀 더 강력한 것이다(살후 2:3; 마 24:21-22). 이 전쟁은 승리가 완전하게 쟁취될 때까지 계속된다. 그래서 우리는 이 전쟁에서의 승리를 위해 계속 기도해야 한다.

질문 128. 이 기도는 어떻게 결론을 내리고 있습니까?

답 | '나라와 권세와 영광이 아버지께 영원히 있사옵나이다'라는 말은 하나님께서 우리의 왕이 되시며, 전능하시며, 기꺼이 우리에게 모든 좋은 것을 주실 수 있기 때문에[01] 우리가 주께 모든 간구를 드렸다는 것과, 우리가 기도한 모든 것이 우리로 말미암는 것이 아니기 때문에 하나님의 거룩한 이름이 영원토록 영광 받아야 한다는 것입니다.[02]

질문 129. '아멘'이 의미하는 바는 무엇입니까?

답 | '아멘'이란 '이것이 진실로, 그리고 확실하게 될 것'이라는 의미입니다. 왜냐하면 나의 기도는 내가 나의 마음에서 하나님께로부터 원하는 것들을 느끼는 것 이상으로 하나님께서 분명히 들으시기 때문입니다.[03]

❶ 하나님께 드리는 찬양(송영)은 삼중적 형태를 가지고 있다. 나라와 권세와 영광이다. 우리는 이것을 역대상 29장 9-13절에 나오는 다윗의 찬양에서 볼 수 있다. 다윗은 "여호와여 위대하심과 권능과 영광과 승리와 위엄이 다 주께 속하였사오니 천지에 있는 것이 다 주의 것이로소이다 여호와여 주권도 주께 속하였사오니 주는 높으사 만물의 머리이심이니이다"(대상 29:11)라고 찬양하였다. 주기도문의 결론은 이 기도 전체의 기초다. 우리가 하나님께 기도하도록 용기를 주며, 하나님께서 우리의 기도를 들으시도록 청원

---
01 로마서 10:11-13; 베드로후서 2:9.
02 시편 115:1; 예레미야 33:8-9; 요한복음 14:13.
03 이사야 65:24; 고린도후서 1:20; 디모데후서 2:13.

하는 근거들을 가지고 있기 때문이다.

❷ 하나님은 우리의 왕이며 우리는 그의 나라의 신하들이다. 하나님은 그의 은혜에 따라 우리의 몸과 영혼에 필요한 모든 것을 공급하시는 분이다 (시 74:12). 하늘에 계신 아버지라 인정하는 것은 하나님께서만 우리의 유일한 주이시며, 땅과 하늘의 왕이심을 인정하는 것이다. 하나님께서는 모든 것을 창조하셨으며, 그것들을 다스리신다.

우리가 하나님을 영화롭게 해야 하는 이유는 우리에게 구원을 베풀어주시는 분이시기 때문이다. 더욱이 주께서 우리를 하나님 나라에 합당한 신하로 여겨주셔서 영원한 영광을 주셨다. 따라서 우리는 어린아이와 같이 하나님께 신뢰를 드리고, 우리의 몸과 영혼을 하나님께 굴복시켜야 한다.

❸ 하나님께서는 모든 것을 다스리시며 주관하신다. 따라서 하나님께는 불가능한 것이 없다. 하나님께서는 우리의 몸과 영혼의 유익을 위해 모든 것을 하실 수 있으며, 어느 누구도 하나님께서 우리를 도우시는 것과 스스로 행하시고자 하는 것을 막을 수 없다(대하 20:6; 롬 10:12). 따라서 주의 능력에 대해 영광을 돌려야 한다.

하나님은 우리가 기도하는 것과 이해하는 것을 훨씬 뛰어넘어 전능하신 능력을 행하신다. 하나님의 영광은 그의 나라의 은혜와 능력을 자신의 백성의 기도에 응답하심으로 드러내시는 데서 나타난다. 하나님께서는 우리의 기도를 들으시며, 자신의 거룩한 이름이 찬양받게 하신다. 왜냐하면 하나님께서는 기도에 응답하시기로 약속하셨기 때문이다. 그래서 우리는 주께서 가르쳐주신 기도를 드리는 것이다.

❹ 하나님은 영원하신 존재로서 변치 않으시는 분이다. 하나님은 신실하시다(시 146:10). 하나님은 시간에 얽매이지 않으시며, 우리가 구하기 이전에라도 응답하실 준비가 되어 있으시다(사 65:24). 우리가 완전한 상태에 이르게 되면 우리는 하나님께 기도를 중단 없이 드리게 될 것이다. 그 기도는 감사와 찬양이다(계 5:13; 7:12).

❺ '아멘'이란 단어는 히브리어로서 '진실로, 확실히 그렇게 됩니다'라는 뜻이다. 이것은 신약성경에서도 사용되고 있는데, 서원 같은 방식으로 선언된 것을 확실히 하는 용도로 쓰인다. 구약성경에서는 동의할 때나 서원을 확고히 할 때 사용하였다(신 27:15-26). 그리고 이것은 축복기도의 말미에 사용하여 믿음으로 받아들인다는 것을 표현하기도 했다(시 72:19; 롬 16:24). 때로는 강하게 강조하는 표현으로 '아멘, 아멘' 하기도 하는데, 이것은 하나님 자신에 의해서만 사용되는 것이며(히 6:13-14), 그리스도께서 자신의 강화 중에 자주 사용하셨다.

❻ 하나님께서는 우리의 기도의 응답으로 자주 성령의 증거를 통해 우리에게 확신을 주신다. 이것은 하나님께서 우리의 기도를 즉시 들으셨다는 증거다. 그러나 우리는 우리의 기도의 근거를 우리의 느낌이나 감정에 두어서는 안 된다. 항상 하나님의 약속에 근거하여 믿음의 문제로 두어야 한다. 기도의 끝에 '아멘'이라고 말하는 것은 우리 마음속의 어떤 느낌에 확신을 두기보다는 하나님께서 들으시는 것에 확신을 두고자 해서다(사 65:24; 요일 5:14-15; 고후 1:20).

사명선언문

너희가 흠이 없고 순전하여……세상에서 그들 가운데 빛들로
나타내며 생명의 말씀을 밝혀 _ 빌 2:15-16

1. 생명을 담겠습니다
만드는 책에 주님 주신 생명을 담겠습니다.
그 책으로 복음을 선포하겠습니다.

2. 말씀을 밝히겠습니다
생명의 근본은 말씀입니다.
말씀을 밝혀 성도와 교회의 성장을 돕겠습니다.

3. 빛이 되겠습니다
시대와 영혼의 어두움을 밝혀 주님 앞으로 이끄는
빛이 되는 책을 만들겠습니다.

4. 순전히 행하겠습니다
책을 만들고 전하는 일과 경영하는 일에 부끄러움이 없는
정직함으로 행하겠습니다.

5. 끝까지 전파하겠습니다
모든 사람에게, 땅 끝까지, 주님 오시는 그날까지
복음을 전하는 사명을 다하겠습니다.

서점 안내

광화문점 서울시 종로구 새문안로 69 구세군회관 1층
02)737-2288 / 02)737-4623(F)

강남점 서울시 서초구 신반포로 177 반포쇼핑타운 3동 2층
02)595-1211 / 02)595-3549(F)

구로점 서울시 동작구 시흥대로 602, 3층 302호
02)858-8744 / 02)838-0653(F)

노원점 서울시 노원구 동일로 1366 삼봉빌딩 지하 1층
02)938-7979 / 02)3391-6169(F)

일산점 경기도 고양시 일산서구 중앙로 1391 레이크타운 지하 1층
031)916-8787 / 031)916-8788(F)

의정부점 경기도 의정부시 청사로47번길 12 성산타워 3층
031)845-0600 / 031)852-6930(F)

인터넷서점 www.lifebook.co.kr